OPTIMIST ABSOLIWT

OPTIMIST ABSOLIWT
Cofiant
Eluned Phillips

Menna Elfyn

Gomer

Cyhoeddwyd yn 2016 gan
Wasg Gomer, Llandysul, Ceredigion SA44 4JL
www.gomer.co.uk

ISBN 978 1 78562 088 1

Hawlfraint ⓑ Menna Elfyn 2016 ©

Mae Menna Elfyn wedi datgan ei hawl dan
Ddeddf Hawlfreintiau, Dyluniadau a Phatentau 1988
i gael ei chydnabod fel awdur y llyfr hwn.

Cyhoeddir gyda chymorth ariannol
Cyngor Llyfrau Cymru.

Argraffwyd a rhwymwyd yng Nghymru gan
Wasg Gomer, Llandysul, Ceredigion.

Cyflwynedig i Elin ap Hywel
Cyfaill, Bardd, Cyfieithydd

Cynnwys

Diolchiadau

'Rhyw don ysgubol yn torri'n ddisymwth ar draeth aur yw
ennill coron i mi.'

Eluned Phillips

Yn yr hanes sy'n dilyn, cewch donnau llawenydd a cherrynt
geirwon i'ch dwyn i lygad yr haul ac ar dro, i ymyl y creigiau.
Dyna'r profiad o roi'r llyfr hwn ynghyd ac mae'r llu o gyfeillion
isod wedi bod yn dystion i'r siwrne forol honno. Roedd rhywbeth
cefnforol ym mhersonoliaeth Eluned, yn hwylio yn agos i'r
gwynt ond yn llwyddo i'w hwylio'i hun o gwmpas y byd barddol
heb unwaith ofyn am na chymorth na nodded. Do, hwyliodd a
gwneud ei bywyd yn un o hwyl, a gwnaeth ei chyfeillion yn sicr
na fyddai'n glanio ar ynys anial.

'Mae angen gweddïau ar y sawl sy'n ysgrifennu bywgraffiad,'
meddai'r bardd o America Mary Oliver. Atebwyd fy ngweddi
innau gan rai o gyfeillion, perthnasau a chymdogion Eluned
Phillips wrth iddynt agor eu calonnau i mi. Carwn ddiolch
iddynt am eu hawddgarwch wrth drafod un y bu ei dylanwad
arnynt yn arhosol. Ni fyddai'r gyfrol hon wedi gweld golau dydd
hebddynt a bu'r anwyldeb dwfn a fynegwyd a'r tystiolaethu
byrlymus amdani yn fodd i fyw i mi, am yn agos i ddwy flynedd.
Diolch felly i'r canlynol:

Ann Evans, Bryan Evans, Gareth Rowlands, Andrew Gilbert, Gwenno Dafydd, Ann Morgan Evans, Rhiannon a Jeff Lewis, Caroline Roper-Deyo, Dafydd Evans, Trixie Smith, Phil Howells, Jackie Edwards, June Gray, y Parchedig Ddoctor Wynford Thomas, Tim a Hettie Jones, Haydn James, Roger Hopkin, Wyn a Carol Calvin, Michael J. Lewis, David Fielding, Rosemary Beard, June Lloyd Jones, Mererid Hopwood, Idris Reynolds, Rona a Barbara.

Diolch yn arbennig i Ann Evans am roi holl gyfansoddiadau llenyddol Eluned i'm gofal, llawer ohonynt heb eu cyhoeddi hyd yma, ac mae ffrwyth y gyfrol hon wedi elwa o fod wedi pori yn y gweithiau hynny: nodiadau, llythyrau, a llyfrau breision. Diolch i'm chwaer, Siân Elfyn Jones, am ei chymorth gyda'r proflenni. Diolch arbennig hefyd i Gareth Rowlands am roi i mi gopïau o rai o'r rhaglenni a wnaeth amdani gan fy atgoffa'n barhaus mai pefren oedd hi a daflai ei goleuni dros bawb a ddeuai i gysylltiad â hi.

Diolch hefyd i Wasg Gomer am ei gofal arferol ac i'r egnïol olygydd Elinor Wyn Reynolds am ei thrylwyredd a'i hafiaith wrth hwylio'r gyfrol drwy'r wasg. Yn wir, bu ei brwdfrydedd am y gyfrol hon yn hwb arbennig i'w chwblhau mewn pryd. Ac iddi hi mae'r diolch am bob cyngor doeth wrth olygu'r testun.

Eistedded y darllenydd yn hedd, ac ambell storm egr, hanes Eluned.

Rhagymadrodd

Rwyf wedi arbenigo ar hyd y blynyddoedd ar gau drysau ar
boenedigaethau.
[Llythyr Eluned Phillips at gyfaill, 23.11.88]

Mae rhywbeth hiraethlon am fis Tachwedd, rhyw deimlad
o golled wrth i'r dail ddisgyn yn frau ac yn fraith ar draws y
ffordd. Rwy'n gyrru tua Chenarth, i chwilio am rin un person
arbennig. Ond mae'n brynhawn mwll a'r dail yn disgyn o flaen fy
nghar gan wneud i'm teiars argraffu eu diweddnodau ar darmac.
Bydd dail yn absennol o'n hymwybyddiaeth am flwyddyn arall
hyd nes y daw'r gwanwyn a'u geni drachefn gyda chneifion i'n
bywiocáu eilwaith. Ond mae'r dail sy'n disgyn ar y ffordd allan o
Genarth a heibio i fferm Yet yn atgof mai tynged debyg a gafodd
dail a thudalennau o gerddi Eluned Phillips. Hwyrach mai
palimpsest oedd ei cherddi, a'i llawysgrifau wedi ei goddiweddyd
gan ddalennau eraill mewn cyfrolau anghyhoeddedig o ddail
gwyn a fyddai'n dangos haenau hanes o'r tu ôl ymlaen. Fel trefn
gildroadwy. Fel drych ôl a sgrin o flaen y car rwy'n ei yrru.

Wrth i mi lywio'r cerbyd rwy'n meddwl amdani hi'n gyrru
Jag, a hynny mewn cyfnod pan oedd merched bach neis yn
eistedd yn barchus wrth ochr eu gwŷr. Mae'r sylw 'tu ôl ymlaen'
yn un cymwys iddi. I ryw raddau, edrych yn fy nrych ôl a wnaf

yn awr a'i gweld yn fy nychymyg yn camu tua'i chanrif yn 2014, yn dalog, yn dalentog, ond nid heb ei blinderau hefyd. Tu ôl ymlaen hefyd am iddi lwyddo i dwyllo pawb ynghylch ei hoedran wrth wrthod dweud pryd y cafodd ei geni. A dyna'r gyfrinach yn cael ei datgelu yn ystod ei phen-blwydd yn naw deg mlwydd oed: 1914. Ac eto, aeth blwyddyn arall heibio cyn ei chofrestru yn 1915 a'i newid yn 1914 ar ei thystysgrif geni – arwydd efallai ei bod o flaen ei hamser neu bod eraill ar ei hôl hi wrth geisio dal i fyny â hi.

Mae'r bont yng Nghenarth yn gul, ond dyna'r unig gulni iddi ddod ar ei draws yn ystod ei magwraeth ar aelwyd gynnes, eangfrydig. Agorwyd gardd goffa gan Gyngor Cymuned Beulah i nodi a dathlu ei geni ar 27 Hydref 1914. Rhannai'r un dyddiad a'r un flwyddyn â'r bardd arall hwnnw o Gymro, Dylan Thomas. Yn wir, cydnabu iddi osgoi dweud beth oedd dyddiad a mis ei geni am yr union reswm hwnnw, gan y byddai'n cael ei chymharu neu ei gwrthgyferbynnu â doniau rhyfeddol y gŵr o Abertawe. Ond, yn wahanol iddo ef, ni chafwyd cinio pen-blwydd nac ymweliad gan Arlywydd Iwerddon, Michael D. Higgins, fel a ddigwyddodd yn achos Dylan. Ni chafwyd ychwaith yr un noswyl o wledd gyda chriw dethol o feirdd yn Llundain i nodi'r achlysur nac ailddarlleniadau o'i gwaith yn America er iddi hi wneud ei marc yno hefyd. Yr hyn a gafodd oedd dathliad syml ond teilwng gan Gyngor Cymuned Beulah, a gardd goffa ynghyd â maen yn nodi ei lle anrhydeddus ym mhentre bychan Cenarth. Dathliad ei bro felly. A hwyrach fod hynny'n gweddu i'r ferch hon. Oni soniodd yr Athro W. J. Gruffydd am y tri thestun sy'n rhan o'n gwead fel Cymry: crefydd, bro ac angau? Ac fe ddengys y gyfrol deyrnged hon mai Cristion a ymlynai'n dynn wrth ei chapel ym Mryn Seion oedd Eluned, ac er iddi dreulio amser i ffwrdd o Genarth, y pentre hwn oedd y man y deuai yn ôl ato'n barhaus. Yno y cafodd ei geni a threuliodd y rhan fwyaf o'i hoes yn aelod balch o'r gymuned. Dathliad chwaethus, di-sbloet, felly, a gafodd gan y bobl a'i hadwaenai orau, sy'n tystiolaethu'n glir i'r anwyldeb a deimlid tuag ati. Ond Eluned y bardd, greda i, oedd un o enigmâu mwyaf yr ugeinfed ganrif ym myd llenyddiaeth Cymru. Ac un o'r rhai mwyaf dirgelaidd hefyd. Does rhyfedd i mi fethu dod o hyd i'r ardd ar y daith gyntaf. Disgwylais weld arwydd clir yn nodi'r union fan lle y'i gosodwyd. Ond trwy ddirgel ffyrdd y mae dod o hyd i unrhyw beth ynghylch Eluned.

Trois lyw'r car yn ôl am Landysul heb weld yr ardd goffa na'r maen, ond ei gweld ar Google ynghyd â lluniau o'r bobl oedd yn bresennol yn y dathlu. Rywsut, roedd methu ar y cynnig cyntaf a dychwelyd heb ei chanfod yn naratif arall. Fel chwilio am ysbryd rhywun sydd wedi ein gadael. Methu dod o hyd iddi oedd arwyddair ei bywyd llenyddol mewn ffordd. Prin yw'r gwaith a luniwyd amdani a phrinnach fyth, ar wahân i un gyfrol fechan ac un hunangofiant Saesneg yw'r gwaith a gyhoeddodd hi. Ai mynd yn ddirgelaidd wnaeth hi drwy fywyd ynteu ai dyfais ydoedd a fabwysiadodd am resymau a ddaw'n glir i mi wrth lunio'r llyfr hwn? Oherwydd, yn ystod ei hoes, taenwyd hugan o ddirgelwch drosti, gwisg lawer llai gweladwy na gwisg wen yr Orsedd.

Caiff rhai eu mawrhau a'u mawrygu yn ystod eu hoes fel beirdd, fel prifeirdd, fel archdderwyddon ac fel hoelion wyth y sefydliad barddol Cymraeg. A chaiff eraill eu troi o'r neilltu yn ystod eu hoes ac yn wir, weithiau, wedi iddynt ymadael â'r byd hwn. Mae'n dderbyniedig (os nad yn dderbyniol) fod hanes yn cael ei ysgrifennu gan y concwerwyr, gan y sawl sydd mewn grym a dylanwad tra arglwyddiaethol. Pam y mae rhai'n absennol ar draul eraill, gofynnaf i mi fy hun? Ai am nad ydynt yn perthyn i wead (nac i wae-ad) cymdeithas draddodiadol?

Yn achos Eluned, roedd yn ferch, yn ferch ddibriod, heb fod mewn coleg ac yn waeth na hynny yn berson crwydrol o ran ei hanian. I rai, nid oedd yn bodoli, yn wahanol i rai o'r sipsiwn y daeth i'w clodfori ac y treuliai ei 'Mam', sef ei mam-gu, ei hamser gyda hwy fel bydwraig ar Fanc y Shifftwn. Mewn datganiad yn y *Tivy Side* dywedwyd hyn amdani, 'well known and respected, both locally and internationally, Eluned was an inspiring character who gathered friends and admiration wherever she travelled'. Roedd darllen y geiriau hyn yn yr iaith fain yn atgno cydwybod o'r diffyg parch a gafodd gan yr union rai a ddylai fod wedi cydnabod ei dawn unigryw.

Ac ar ôl dychwelyd o'm taith fer yn y car, sylweddolwn o'r newydd y byddai'n rhaid gwneud 'Hanes yr Achos' yng nghyswllt y wraig ryfeddol hon. Y drafferth a'm hwynebodd oedd yr un y cyfeiriodd André Gide ato yn ei 'lyfr nodiadau' am yr artist:

'the artist needs a special world in which he alone has the key'.

Yn achos Eluned, fe ddysgodd yn fore iawn sut oedd cloi drysau a byw o fewn ei byd ei hunan. Pa mor bell y gallwn agor rhai o'r drysau hynny? Ddeuddydd wedi'r methiant i ddod o hyd i'w gardd, agorais ddrws y car unwaith eto a mynd amdani gan gyfeiriannu'n gywir y tro hwn a throi i mewn ar ochr dde'r bont lle mae'r rhaeadrau'n byrlymu'n egnïol. Gadael y car, a cherdded o dan y bont a draw i'r union fan lle mae'r ardd, o fewn tafliad carreg i'r afon ac ar ymyl y ffordd. Roedd yn hollol glir i mi y dylswn fod wedi dod o hyd iddi y tro cyntaf yr ymwelais â'r lle, pe bawn wedi pwyllo ac ystyried a dyfalbarhau. A dyna foeswers i mi wrth baratoi i ysgrifennu amdani. Rhaid fyddai gyrru'r geiriau gyda gofal a chamu'n araf tuag at agor y drws ar hanes ei bywyd.

Mi luniais gerdd unwaith am 'Afon Cenarth' sy'n nodi'r ddeuoliaeth a gynnig yr afon i fardd:

> Mae dwy ochr i fywyd
> fel sydd i afon Cenarth;
> y naill mor anystywallt
> yn byrlymu rhaeadrau
> a ffrwydro o'r ffrydiau
> frwydrau a breuddwydion gwyn.

Cyfeiria ail hanner y gerdd at y llonyddwch sydd i'w ganfod yr ochr arall i'r bont ac mae'n fan da i bysgota, medd y rhai sy'n gwybod o ollwng gwialen mewn pwll arbennig yno. Gorffen fy ngherdd â'r ddwy wedd yn 'pwytho'u ffordd drwy ei defnydd hi o fywyd'. Pan euthum yr eilwaith i Genarth a chanfod yr ardd, yr oedd llif yr afon yn uchel. Wrth groesi'r bont yn ôl tuag at Gastellnewydd Emlyn, taerwn fod llifeiriant bywyd Eluned hefyd yn ei chodi o'r anhysbysrwydd a ddaeth i'w rhan – oherwydd, ar wahân i glod mawr ar ddau achlysur Eisteddfodol, bu yna dawelwch a dirgelwch ynghylch y ferch eithriadol hon.

Mae'n bryd tynnu'r wialen o'r dŵr felly, a dal gafael mewn clamp o ryfeddod.

Magwraeth

Cafodd Sara Adeline Eluned Phillips ei geni yn Glynia, sef bwthyn ei mam-gu, ryw filltir o fewn ffiniau Sir Gaerfyrddin yn ymyl pentref Cenarth. Fe'i ganed ar 27 Hydref 1914 a'r Rhyfel Byd Cyntaf wedi dechrau ers deufis. Ar ei thystysgrif geni, gwelir i'w mam, Mary Anne Phillips, gael ei nodi fel morwyn ac mae croes, sef marc X, gan ei mam-gu, Margaret Phillips, yn tystio i'w phreswylfan. Gwelir llinell a gofod yn y golofn o dan enw'r tad. Nid yw'n cael ei enwi. Yn ei hunangofiant *The Reluctant Redhead*[1] a gyhoeddwyd yn 2007 gan Wasg Gomer, dywed Eluned iddo gael ei ladd yn y Rhyfel Byd Cyntaf, ond yn y gyfrol *Pwy Oedd Pwy*, dywedir mai adeiladydd-amaethwr ydoedd[2] ond ni cheir cyfeiriad at ei dylwyth na'u presenoldeb yn ystod plentyndod Eluned. Gwyddom o Gyfrifiad 1911, fod ei mam, dair blynedd cyn geni Eluned, yn ferch sengl ac yn gweithio fel morwyn fferm i Thomas Rosser a oedd yn chwe deg naw mlwydd oed ac yn derbyn pensiwn fel cyn-athro; ei wraig, Margaret Rosser, a nodwyd yn y Cyfrifiad fel y ffermwraig. Margaret Rosser felly oedd cyflogwraig mam Eluned, sef Mary Anne Phillips, a

---

[1] Eluned Phillips, *The Reluctant Redhead* (Gwasg Gomer), 2007.
[2] Eluned Phillips, *Pwy Oedd Pwy* (Cyhoeddiadau Modern Cymreig), 1983, t. 51.

weithiai ar yr aelwyd honno yn Yet, Cenarth. Yng Nghyfrifiad 1911, Cymraeg yn unig oedd iaith mam Eluned a dywed Eluned ei hun fod ei mam-gu hithau'n uniaith Gymraeg.

Digon yw nodi bod cryn amwysedd am y tylwyth a ddaeth i fod yn nythaid o blant o dan do'r fam-gu. Ni wyddys a oedd Margaret Rosser yn adnabod neu'n perthyn i'r fam-gu. Ac ai drwy berthynas neu adnabyddiaeth y daeth mam Eluned i fod yn forwyn fferm yn Yet? Galwai Eluned ei mam-gu yn 'Mam', arferiad digon cyffredin yn y cyfnod hwnnw ac mewn ambell ardal hyd heddiw ond galwai ei mam ei hun yn Mary neu 'Mari fach'. Ffurf gariadus oedd, meddai Eluned gan ychwanegu eu bod nhw'n ffrindiau mawr. Yn ôl Eluned doedd hynny ddim yn plesio rhai o'i chydnabod: 'peth pechadurus o anghonfensiynol yn y dauddege, a fe ges i sawl llond pen gan bobl busneslyd am fod mor ewn. Ond roedd Mari a fi yn deall ein gily' i'r dim. Doedd dim arlliw o amarch – yn hytrach agosatrwydd braf.'

Roedd chwaer Eluned, Margaret Elizabeth, wedi'i geni ddwy flynedd ynghynt, a châi ei hadnabod fel Madge. Aelod arall a ddaeth atynt i fyw oedd cyfnither Eluned o barthau Abertawe, Carbetta Mary, a elwid ar lafar yn Get neu Carbetta, 'os byddwn i mas o hwyl'. 'Hi oedd fy chwaer fawr,' meddai Eluned amdani a chanddi ddawn y cyfarwydd, ond roedd hefyd yn ddisgyblwraig lem, yn ôl Eluned.

Enwir un gyfnither arall ar yr aelwyd, sef Agnes Phillips a oedd yn saith mlwydd oed yn 1911. Roedd hi ddwy flynedd yn hŷn na Get ond pan symudodd y teulu i Lanawmor yn 1922 fe arhosodd Agnes yn Glynia, gyda'i gŵr, David Garfield Morgan, a'u mab Gwilym. Ymhen tipyn symudodd Agnes, ei gŵr a Gwilym y mab i fyw yn yr Hen Ysgoldy gan rentu'r llawr gwaelod tu ôl i'r eglwys yng Nghenarth. Ai'r wasgfa o ran cartrefu pawb oedd yn gyfrifol, tybed, am y symudiad i Lanawmor? Wyth oed oedd Eluned pan symudodd yno gyda'i mam-gu, ei mam, ei chwaer Madge, a Get.

O fewn ychydig flynyddoedd felly yr oedd llwyth o blant yng nghartref y fam-gu a'r angen am le mwy ei faint. Yn 1922, croesi'r afon o Sir Gâr i Sir Aberteifi a wnaethant, i dŷ sylweddol ei faint, sef Glanawmor, a chanddo goed deri o bobtu iddo a chwe erw o dir â pherllan ynghyd â nant fechan Awmor a ymdroellai tuag at afon Teifi. Sut y daeth tro ar fyd y teulu estynedig i allu symud i le mor sylweddol, ni ddywedir, ond yr awgrym a wneir yw bod ganddynt rywun wrth gefn a'u galluogodd i ymgartrefu mewn lle mwy cymwys ar gyfer magu nythaid o deulu, a'r rheiny'n ferched i gyd. Byddai hynny'n esbonio'r taliadau dirifedi am wersi piano ac ysgol breswyl yn Llundain. Mae rhai ar lawr gwlad yn dal i sôn am y lorri fawr a gyrhaeddodd Genarth o Lundain a phawb yn dyfalu beth oedd ynddi ac i ble roedd hi'n mynd. Piano oedd ynddi, yn cael ei gario i gartre Eluned. Bu'n dipyn o destun siarad!

Wedi'r cyfan, ymdrechai'r teulu i gael 'dau ben llinyn' ynghyd. Mae Eluned yn cyfaddef:

Ffermydd mawr a'r tyddynnod bach, neu'r *smallholdings* oedd yn yr ardal hollol amaethyddol hon, rhyw ddeg erw ar y dechre a rhaid oedd byw ar yr hyn a fedrai mam dynnu mas ohono.

Ac mi heria i unrhyw wyddonydd o ffermwr i ddeall ansawdd tir a throeon tywydd yn well na hi … na bargeinio yn erbyn ambell i ddiacon oedd wedi anghofio egwyddorion y Sêt Fawr ym mwrlwm masnachol mart. Doedd mam ddim yn un i'w threchu ar gam … ac o fuwch i fuwch ac o erw i erw, y daethom ar ben ein traed.

[O bapurau personol Eluned]

3

Dywed er hynny i bethau fod yn go fain arnynt pan oedd yn blentyn. Gyda'r tir o amgylch Cenarth yn eiddo bron yn gyfan gwbl i stad y Cawdor:

> . . . doedd mo'r fath beth â phrynu darn o dir *freehold* a llai i'r hanner pe bai rhywun yn ddigon diniwed i or-drystio'r cytundeb. Ele'r adeilade hynny i ychwanegu at stad yr Iarll, a hynny yn aml ar gam. A fe ddigwyddodd hynny dro ar ôl tro yn ein teulu ni ... a doedd dim syndod yn y byd fod un o gadernid Mam-gu yn rebelio yn erbyn y gorthrwm annheg hyn.

> [O bapurau personol Eluned]

Ceir stori ddiddorol am ffordd ei mam-gu o drafod pawb fel ei gilydd, beth bynnag oedd ei statws mewn cymdeithas. Dywed i'r Arglwydd Cawdor unwaith ddod i'w bwthyn mewn car drudfawr i siarad â hi. Ni ddywedir beth oedd ei neges, dim ond nodi iddo gyrraedd yr un pryd ag yr oedd ei mam-gu yn gweld Daniel Cwmllwydrew yn cerdded yn ansad ar ôl yfed gormod. Gellid dweud i lwydrew fod dros ei lygaid yntau'r diwrnod hwnnw wrth iddo geisio, a methu ffeindio'i ffordd tuag adre. Yn ôl Eluned, bu'n rhaid i'r Arglwydd aros am hanner awr nes i'w mam-gu geisio'i gorau glas i roi Daniel ar ben ffordd yn ddiogel. Fe'm gadawyd yn ceisio dyfalu beth oedd pwrpas yr alwad honno? Nid yw'n fawr o stori heblaw ei bod yn tanlinellu mor ddylanwadol o abl oedd ei mam-gu wrth drin a thrafod yr iselradd fel yr uchelwr. Ai dyma'r unig dro iddo alw yn y bwthyn? Hyd yn oed os gwir hynny, yna hawdd deall hefyd pam y gwnaeth iddo aros gan roi'r flaenoriaeth i hen frawd ar ei daith ansicr tua thre, beth bynnag oedd ei statws.

Nid yw'n ymddangos i'r caledi materol effeithio dim oll ar

y teulu. Aelwyd lawen, fyrlymus oedd hi, lle roedd chwedleua yn rhan feunyddiol o fywyd y teulu a'r drws yn agored i bobl i alw heibio a chael croeso gwresog yno. Er hynny, ni chyfeirir at lawer o berthnasau eraill, ar wahân i Anti Hannah, chwaer hynaf mam Eluned, a ddaeth yn chwedl ynddi ei hun fel pysgotwraig mewn cwrwgl ar lan afon Teifi. A daeth honno maes o law hefyd i ymgartrefu gyda'r gweddill wedi i'w gŵr farw ychydig cyn yr Ail Ryfel Byd. Talu teyrnged ymhen blynyddoedd a wnaeth Eluned i'r 'mynwod' hyn yn y teulu am lwyddo i gadw dau ben llinyn ynghyd 'i'n codi ni'n blant'. Rhoddodd hyn ryw hyder arbennig iddi a synhwyrir i'r aelwyd fod yn un llawn dedwyddwch.

Neilltuir pennod gyfan i'r fam-gu, Margaret Phillips, yn hunangofiant Eluned *The Reluctant Redhead*, a'i galwodd yn fam Solomonaidd o ran ei natur. 'Mam-gu oedd y boss yn tŷ ni,' chwedl Eluned. Mae'n amlwg ei bod yn ei hedmygu'n fawr: 'Mam-gu oedd y fenyw harddaf a welais erioed ac roedd gyda ni frenhines ar yr aelwyd. Roedd y cadernid yn ei hosgo yn ei gwahanu oddi wrth bawb. Y hi oedd Solomon yr ardal yn gwastoti cwerylon priodasol neu ffrwgwd cymdogion.'

Ni cheir llawer o gyfeiriadau at achau gwrywaidd y teulu er bod sôn bod Thomas, tad Margaret Phillips, wedi ymfudo i Boston, Massachussetts, gan adael ei wraig a deg o blant ar ôl yng Nghymru. Y bwriad oedd y byddent yn ei ddilyn yno maes o law. Ond bu Thomas farw mewn damwain, yn ôl yr hanes, ac aros ar lannau afon Teifi a wnaeth y teulu a cheisio naddu bywyd i'w hunain ynghyd yno. Yn gynnil, sonnir bod gan ei mam-gu wyth o frodyr, a'r rheiny'n grefftwyr: yn seiri, melinwyr a chogyddion. Er yr amwysedd am ei thylwyth agosaf ati, o ran ochr wrywaidd y teulu, ymhyfrydai Eluned iddi allu olrhain achau ei theulu yn ôl mor bell ag 1101. Dywed fod Syr Henry Jones, fu'n aelod o'r New Model Army adeg y Rhyfel Cartref, yn perthyn iddi ond iddo golli ei safle Urdd Marchog drwy ryw helbul neu gilydd yn yr ail ganrif ar bymtheg. Yn 1867, aeth dau o'i hynafiaid gwrywaidd allan i'r Wladfa, ac felly, meddai Eluned: 'Doedd dim dyn ar ôl ar yr aelwyd i fi gofio … y mynwod felly, yn ein teulu ni sy wedi dylanwadu arna i.'

A'r fam-gu yn anad neb arall oedd y penteulu, a honno'n wraig eofn a haelfrydig. Byddai'n teithio ar ei phen ei hun mewn trap a phoni i farchnad Caerfyrddin a hynny dros y mynydd o Gastellnewydd Emlyn, gan ddychwelyd weithiau yn hwyr y nos heb ddim ond ffon ac iddi ben haearn i'w hamddiffyn ei hun pe deuai ar draws dihirod. A'r bersonoliaeth hon a fu'n gefn i Eluned ac yn gaffaeliad iddi; hi hefyd a wnaeth ei gwreiddio ym myd llenyddiaeth. Gan i Margaret Phillips gael ei geni ar fferm Aberdwylan ar lannau afon Cych, byddai'n adrodd hanes y Mabinogi i Eluned ac yn bwydo'i dychymyg â'r straeon am y cŵn â'r clustiau coch. Gellid dweud mai 'Mam' oedd yr un a welodd rywbeth ynddi a oedd yn werth ei feithrin, sef ei gallu i drin geiriau. 'Go for it, girl, give it your best shot,' meddai Eluned oedd cyngor ei mam-gu. Ond, yn ôl Cyfrifiad 1911, ni fedrai ei mam-gu siarad Saesneg, ac eto mae'n rhaid ei bod wedi dysgu rhywfaint wedi hynny; yn sicr, digon i allu annog ei hwyres i gyflawni pethau mawrion.

Un o atgofion pennaf Eluned am ei mam-gu yw cael mynd gyda hi at y sipsiwn pan fyddai'n gweithio fel bydwraig iddynt. Byddent yn symud y tu allan i Genarth, yn ôl y sôn, at lecyn a elwid yn Banc y Shifftwn, ar lafar beth bynnag. Dyna sut y'i hargraffwyd yn *The Reluctant Redhead* ac mewn cromfachau, 'The Gypsy Embankment', felly ni wn ai gwall ydoedd ac mai

Banc y Sipsiwn oedd y gair i fod, ond hoffaf rywsut y gair 'shifftwn'. Onid dyna a wnâi'r sipsiwn wedi'r cyfan, sef shiffto, dros dro, mewn man neu i fan arall? Symudent i'r fan honno wrth i enedigaeth agosáu er mwyn sicrhau gwasanaeth ei mam-gu. Ac yn sgil hynny, daeth Eluned i adnabod llwyth ohonynt: y Lovells, y Boswells, y John Evanses a'r Duttons. Wedi'r geni byddai dathlu mawr yn digwydd, yn goelcerth ac yn wledd y byddai'n rhaid i'r fam-gu ac Eluned, os oedd hi yn ei chwmni, gymryd rhan yn y gweithgareddau. Noda ei gwrthuni at geisio bwyta 'draenog' un tro.

Mae rhamant hefyd yn y ffordd y mae'n adrodd hanes y cardotwyr a fyddai'n dod at eu rhiniog yng Nglanawmor ac fel y byddai ei mam-gu bob amser yn tosturio wrthynt ac yn rhoi bwyd a chyngor iddynt. Wedi cyfnod ei mam-gu, daeth y ddyletswydd i ran ei mam ac yna, ar ôl ei hoes hithau, dyletswydd Eluned ydoedd i barhau'r traddodiad o estyn croeso. Dywedid y byddai cardotwyr neu 'tramps', fel y'u gelwid, yn gwybod pwy oedd y bobl 'orau' ym mhob ardal; gwyddent pa ffermydd a estynnai groeso iddynt, a phwy oedd yn dangos natur garedig at drueiniaid.

Er nad oedd cyfoeth ar yr aelwyd – yn wir, dal llygoden a'i bwyta hi oedd ei dull hwy o fyw – eto i gyd byddai ganddynt ddrws agored i bobl anghenus. Etifeddodd Eluned y reddf honno felly, ac roedd ganddi barch at bobl ar eu cythlwng a'r rhai ar y tu fas i gymdeithas sefydledig. Deallai hi eu ffordd o fyw a phan oedd wedi tyfu lan, gellid gweld iddi hithau hefyd feddiannu'r ysbryd crwydrol hwn. Canodd gerdd iddynt sy'n eu moli ond y mae'r llinell glo hefyd yn ddeifiol wrth gondemnio'r rhai hynny a fyddai'n eu dirmygu:

Sisial y gwynt a chusanau'r haul
ar garafán bitw sy'n blas;
a merch fach Gwyddel o dincer
a'i nefoedd mewn awyr las.

Gorffwys o olwg erlidwyr swrth
a threm yn ddiniwed glir;
merch fach Gwyddel o dincer
yn cofleidio llain o dir.

Merch fach Gwyddel o dincer
a'i threm i'r gorwelion draw;
gwybod fod dianc eto cyn nos
rhag y dorf sy'n crochlefain 'baw'.

Merch fach Gwyddel o dincer
a'i chwestiwn i'r awyr las
sisial y gwynt, a chusanau'r haul,
'Pam, Dduw, wnest ti ddynion mor gas?'[3]

Yn ei hunangofiant, cyfeiria at rai o'r cardotwyr eraill a alwai heibio, gan hiraethu am y cymeriadau a adwaenai yn ystod ei magwraeth ar yr aelwyd yng Nglanawmor. Rhyw wedd ramantaidd a geir yn ei hatgofion amdanynt wrth iddi deimlo'n flin i'r 'Wladwriaeth Les ddwyn fy nhramps oddi arnaf'. Nododd fod yna *regulars* yn galw a chymeriadau fel Daniel Jones, Trampyn Tal, Twm Berllan, Prothero Bach, Paddy Gwallt Hir, Dic Poli, Twm Shot – oll yn 'hen ffrindiau oedd yn medru rhoi sgwrs flasus am bryd o fwyd'. Dywed hefyd fod 'Twm Berllan yn arddwr profiadol, ac yn trin y rhosys i ni bob blwyddyn;

---

[3] Ron Davies, *Llun a Chân* (Gomer 1983), t. 8.

Dic Poli yn awdurdod ar Lloyd George … a Paddy, roedd Paddy yn hoff iawn o wisgi ei wlad ac o'i chaneuon. Mynnai ganu un gân Wyddeleg i mi bob tro.'

A digon posib i'r digwyddiadau hynny feithrin ynddi ddawn ei mam-gu hithau o arfer y grefft o wrando ar y bobl a ddeuai i'r tŷ, a'i pholisi o '(d)drws agored i gymdogion a'r rhai oedd mewn cyfyng gyngor'. Cymorth hawdd ei gael felly oedd ar yr aelwyd yng Nglanawmor i'r rheiny oedd mewn cyfyngder neu fel arall. Ond ymddengys i Eluned feithrin y ddeuoliaeth o fod yn agored a chadw pethau dan gaead yn ystod ei hoes hefyd. Ar y naill law, byddai drws y teulu yn lled y pen agored bob amser ond ar y llaw arall, dysgodd Eluned, ai drwy ysgol brofiad, ys gwn i, sut oedd cau drysau'n glep ar ei bywyd personol hi ei hun. Eto, hwyrach nad yw'r ddelwedd o gau drysau yn un y byddai ei chyfeillion a'i theulu yn ei lwyr dderbyn gan mor rhadlon oedd hi gydag eneidiau hoff, cytûn.

Ac nid oedd pall arni'n mynegi ei diolch wrth sôn am ei magwraeth a'r ffordd yr oedd wedi rhoi gwerthoedd arbennig iddi. Mewn hunangofiant radio nododd fel hyn:

Fanna rwy'n credu y dechreuodd fy 'annibyniaeth barn' chwedl Waldo. A'r ffaith fod mynwod wedi llwyddo i gadw dau ben llinyn ynghyd i'n codi ni'n blant. Rhoddodd hyn ryw hyder arbennig. Fues i eriod, er enghraifft, yn credu ma sicrwydd enillion gŵr odd un o'r argymhellion pwysicaf mewn priodas. O na … rhyddid cyfartal hollol fydde'n apelio ata' i. Ma 'na rwbeth atgas mewn trefnu priodase … ryw brynu pen ffair. Ac rodd hyn yn digwydd pan own i'n ifanc … yn enwedig rhwng ffermwyr cefn-gwlad. Mae'n dal i ddigwydd wrth gwrs yn Ffrainc, yr India, China ac ati. Dwy i ddim yn rhy siŵr fod ambell i deulu fferm yn Sir Aberteifi

yn gwbwl ddieuog heddi. Dwy'n hidio grot am y ffys a'r
ffwdan sy'n mynd mlân am statws gyfartal i ferched; fues i
eriod yn teimlo'n is-gyfartal. Pan ddath yr awydd i fynd ar
gefen camel drwy ddiffeithwch Affrica, a phan gefes fy hun
ar ddamwain mewn harem yng Nghasablanca ... fedrodd
neb 'y'n rhwystro i rhag gneud y pethe hyn. O na ... os
odd mam-gu yn barod i hwylio i America heb fod ganddi
rhagor na dwy frawddeg o Saesneg, dydw i ddim yn mynd
i golli anturiaethe bywyd am i fi ddigwydd cal fy ngeni'n
ferch.

[O bapurau personol Eluned]

Dengys y sylwadau uchod mor eofn oedd Eluned ym mhob
dim a wnâi ac mor fentrus ydoedd. Cyflawnodd bob mathau o
anturiaethau ac mae'r diolch yn bennaf i'w mam-gu, 'un oedd yn
troi'r marw heibio ac yn fydwraig pan fydde geni'. Dyma gerdd
i'w mam-gu sy'n deyrnged odidog ac yn dweud y cyfan am ei
dylanwad arni; cafwyd hyd iddi yng nghanol papurau Eluned,
sy'n egluro pam mae cromfach yn y pennill olaf ond un, hynny
yw, ei bod hi'n anorffenedig:

Mam-gu

Cipiais o'i chist genetig amryw o
waddolion deinamig;
lledodd ei had pasgedig
megis derwen hael mewn gwig.

Erys ddarlun o'i harddwch – y llygaid
yn llyn o ddedwyddwch.
Nid dros dro ei thynerwch
wrth roi llaw i'r gwan o'r llwch.

Bydwraig i lwyth y Boswell, y Dutton,
John Ifans a'r Lovell.
Cofiaf garafanau del,
a mam-gu yno'n angel.

Ei dawn o wrando cwynion, a'i gallu
i estyn cynghorion,
a wna i'w llu gymdogion,
droi o'i thŷ ag ysgafn fron.

Un cyngor nad â'n ango', a bery'n
ddoethineb di-ildio:
'Os cei di dy fygwth ryw dro,
saf dy dir, paid â beco.'

Ni erchai dir tywodlyd; mewn brwydr
safai'n ddiymaelyd.
Bron uniaith, fe heria'r byd
Rhag siglo (rhwygo) gwreiddiau'i mebyd.

Fe gasglai weinion dynol i gysur
ei haelwyd ddyngarol.
Erys ôl ei throed ar ôl
Mewn concrit yn dragwyddol.

A yw'r gerdd hon i'w mam-gu hefyd yn tystiolaethu i briodoleddau
a etifeddodd Eluned wrth iddi orfod sefyll ei thir? Mae'r llinellau
'Os cei di dy fygwth ryw dro, / saf dy dir, paid â beco', hefyd
yn gweddu i ffordd y fam-gu o feithrin rhuddin cymeriad yn ei
hwyres.

Ceir cyfieithiad o'r un gerdd ganddi, a hwyrach iddi ddarllen
y trosiad yn America gan iddi gael ei gwahodd i fynd yno droeon
gyda Chôr Meibion De Cymru, i Los Angeles ac i'r Gymanfa

Ganu. Mae'n ddiddorol ei bod wedi cadw at yr un math o ffurf yn y cyfieithiad â ffurf yr englyn ddigynghanedd, ffurf a ddaeth i sylw'r genedl pan enillodd â'i cherdd 'Clymau' yn Eisteddfod Genedlaethol Môn, 1983. Mae hwn i'w weld droeon yn ei gwaith.

My Grandmother (Mam-gu)

Her gift of genes as dowry gave me
a dynamic entry,
to a world of artistry (imagery?)
and to the beauty around me.

Her memory remains in picture – her eyes
pools of tranquil splendour.
And her tenderness a sure
helping hand out of a gutter.

Midwife to gypsy clan Boswell – Dutton,
John Evans and Lovell;
their caravans magic to dwell
and Mam-gu there an angel.
(We use the word 'swell' in Wales. I don't suppose
it would work in English.)

Her gift of silent listening and her
patient way of advising
helped all with troubles calling,
made every mountain seem a hill.

The world's misfits adored her as she
travelled miles to give succour.
Her footprints will be there,
fixed in concrete forever.

Mae'n gyfieithiad afieithus, a'i gallu i weld lled-odlau fel 'splendour'/ 'gutter', 'sure' yn ogystal â 'calling' a 'hill' yn gweithio'n swynol i'r glust.

⁊

Crybwyllais enw Anti Hannah, chwaer hynaf mam Eluned, eisoes. Anfarwolwyd hi ar ôl ei dydd drwy alw darn arbennig o'r afon yn Pwll Hannah Rees. Arferai eistedd yn y fan honno'n ddyddiol a hyd at ei nawdegau hwyr, a gwialen yn ei llaw, yn pysgota. Roedd yn fan hudol ac ni fyddai byth yn mynd oddi yno heb o leiaf un pysgodyn. Pysgotwraig gwialen a lein ydoedd hi ac yn ôl y sôn amdani, roedd yn bysgotwraig beryglus hefyd, i'r fath raddau fel y byddai rhai pysgotwyr profiadol yn ffonio i weld a oedd Hannah allan yn pysgota'r diwrnod hwnnw. Os oedd hi, yna byddent yn cadw draw oherwydd fyddai dim gobaith gan neb i ddal dim os oedd Hannah yno. Dim rhyfedd felly iddi gael rhyddfraint y rhaeadrau gan y perchennog, y Capten Charles Fitzwilliams. Wedi'r cyfan, daeth yn ffigwr enwog ger y rhaeadrau a byddai'n gosod ei gŵr dall wrth ddrws agored y bwthyn tra byddai hi'n pysgota yn ei phwll arbennig. Synnai pawb weld Morgan y gath wrth ei hochr yn cario pob pysgodyn a'i osod yn daclus wrth draed Peter, ei gŵr, a hynny heb hyd yn oed sgwlcan yr un asgell ar ei ffordd yno. Ac er mor dlawd oedden nhw fel teulu, mi fyddai gan Hannah hael gwpwl bach o bysgod yn sbâr i bobl anghenus.

Byddai hefyd yn mynd â chloc gyda hi er mwyn gwybod pryd i ddychwelyd i wneud cinio i'w gŵr. Ceir llun ohoni mewn mannau fel Gwesty'r Emlyn, Castellnewydd Emlyn, ac un gan Eluned yng nghyntedd Glyn-y-mêl, a broliai Eluned fod yr un llun wedi cyrraedd sawl cwr o'r byd. A thebyg iawn bod hynny'n wir, gan y deuai pobl ar ymweliad â'r rhaeadrau o bedwar ban byd. Ymddangosodd Anti Hannah gydag Eluned mewn ffilm, *Troubled Waters*, tua diwedd ei hoes, a bu farw yn 1968, dri mis cyn ei phen-blwydd yn gan mlwydd oed.

Mewn sgript radio *Brethyn Cartref* a luniwyd gan Eluned yn dwyn y teitl 'Pysgotwyr Glannau Teifi', clywir Hannah ei hun yn adrodd ei hanes:

Eluned: Ma' 'na sbel ofnadwy er pan ddechreuoch chi bysgota, on'd oes, Anti Hannah?

Hannah: O's wir, bron pedwar ugen mlyne. Mi ges i lawer i row pan own i'n blentyn am redeg i lawr i afon fach Dwylan pan own i'n byw yn Aberdwylan a mynd i bysgota ar y slei a Mam ishe fi i olchi'r llestri neu rywbeth diflas arall

Eluned: Ond fe ddalioch yn fyw i bysgota ar waethaf pob helbul.

Hannah: Wel do, er na 'nawn i ddim llai na fues i'n go agos i starfo droeon. Rown i'n anghofio popeth wedi mynd i lan yr afon.

Eluned: Wel, o'ch yn siŵr, hyd yn oed yn mynd â chloc larwm gyda chi.

Hannah: Ma'r hen gloc 'na wedi peri llawer o sbri i bawb. O'n i'n mynd ag e a'i rhoi ar y graig gerllaw a seto'r larwm i fynd pan fyddai'n amser dal y bws i fynd i Gastellnewy' i siopa, ond cystal cyfadde os bydde 'na blwc neu ddou, ro'n i'n troi'r hen larwm *off* a byw drwy'r dydd ar bysgod.

Eluned: Ac ro'ch chi'n siŵr o ddala digon.

Hannah: Wel, o'n i'n dala'n go lew – ond rown i'n sbario rhai, wel di, i'r dynion bach odd heb fod mor lwcus.

Dyw gwragedd pysgotwyr yn deall dim am bysgota
a *look out* i'r gŵr a fentro gatre heb bysgodyn.

Eluned: A, ar yr un gwialen fuoch chi'n pysgota eriod?

Hannah: Ie, siŵr, gwialen gyll o'r claw'. Dyna beth wy i wedi
iwso eriod – ma'n ffit i ddala popeth – brithyll, sewin
neu samon. Mi fues bron a'i cholli unwaith . . .

Eluned: Rwy'n cofio'r helynt 'ny yn iawn, pan fachoch chi
bysgodyn mor fowr nes iddo fynd â'ch gwialen a'r
tackle gyda e, ac i un o fois y pentre neidio i fewn
i'r afon gan feddwl fod Hannah Rees dan y dŵr yn
dala'i gafael o hyd yn y wialen.

Hannah: Rodd e'n eitha reit – ddim yn amal o'n ni'n gollwng
gafel yn y wialen na physgodyn.

Âi'r sgript yn ei blaen gydag eraill yn cyfrannu i'r rhaglen ac
Eluned yn llywio'r cyfan yn hamddenol braf. Dyma ddarlun o
ddwy fenyw oedd yn hollol gysurus yn eu crwyn eu hunain, ac
mae hyn i'w weld yn amlwg yn y gerdd a ysgrifennodd Eluned
amdani yn nhafodiaith Sir Aberteifi, cerdd afieithus wedi'i
saernïo'n gymen a diwastraff:

Anti Hannah

Pan odd lili-wen-fach yn dechre pipo
A wedjen y shigl-di-gwt yn pinco,
Rodd hi, Anti Hannah, fel croten ugen
Yn bwrw ben bore i'r Teifi â'i gialen;
A nid ffynen ffansi, ond collen o'r claw
Odd gyda Brenhines y Pwll yn ei llaw.

Fe fache'r sewin a'r samon yn heide
A'u gwerthu i'r gwrwod gal twyllo'u gwrage;
Welodd dim ened hi'n dala'r rhai lleia:

Rodd poced glwmu dan sgert Anti Hannah;
Wastad yn tingu y deffre hi Pharo,
Tae'r *bailiff* yn mentro mor agos i whilo.

Fe fydde'r cloc larwm ar y graig yn ishte,
Yr unig fishtir i' galw hi gatre;
Yn gant namyn tri, pwy ishe dyn fecso
Fod orie gwaith yn jiangyd drwy'i dwylo;
A phan ddawnsia'r ŵyn, byddech yn gweld Anti Hannah
Yn breuddwydio gialen o'r claw i bysgota.

[O bapurau personol Eluned]

Pan oedd Hannah'n byw ar yr aelwyd yng Nglanawmor, gallai
fod yn llond côl o waith i'w rheoli, yn ôl Eluned. Pan fyddai'r ffôn
yn canu, hi fyddai'r gyntaf i'w ateb, a chyn derbyn unrhyw neges
byddai wedi holi'r galwr yn dwll wedi dod o hyd i gyfrinachau
mwyaf ei fywyd a ffurfio cyfeillgarwch mynwesol ag ef mewn
fawr o dro. Byddai Eluned yn mynd â hi yn y car i rai o'r trefi
lleol pan fyddai angen parcio mewn man lletchwith. Medrai fod
yn sicr wrth ddychwelyd at y car y deuai ar draws Anti Hannah
yn siarad yn fyrlymus gyda'r plismon neu warden trafnidiaeth.
Roedd hi hefyd yn adrodd chwedlau ac yn dipyn o fardd ei
hun. Dywed Eluned y byddai hynny weithiau'n broblem gan y
byddai'n rhaid i Eluned gael sgript yn barod ar gyfer dramâu
sebon wythnosol y BBC, a chyn wired ag y byddai'n ceisio cael y
sgript i fwcwl, y funud olaf bob amser, dyna'r union adeg y byddai
Anti Hannah yn penderfynu y byddai'n rhaid iddi ddweud stori
wrthi neu adrodd cerdd. Ond, mae Eluned yn gorffen y sylw gan
ddweud er y dylai fod yn ei weld fel rhwystr annifyr, oherwydd
ei phersonoliaeth hawddgar, byddai'r cyfan yn gorffen mewn
rhialtwch.

Un person a wnâi Anti Hannah yn ddrwg ei hwyl oedd Dewi Emrys. Pan ddeuai i aros yng Nglanawmor byddai'n rhaid cyfyngu'r naill neu'r llall i'r hyn a alwyd yn *no-entry zone*. Roedd y ddau'n eu hystyried eu hunain yn bysgotwyr dihafal a phan ddeuai'n fater o drafod materion soffistigedig fel clymu abwyd ffug, doedd rhyfel cartref ddim ymhell i ffwrdd yn ôl Eluned. Roeddynt ill dau'n meddu ar ymdeimlad o'r 'Fi fawr', yn egotistiaid llwyr; a phe bai Cynan yn dod i aros yno hefyd, yna, byddai wedi bod yn ddrama go iawn.

Dyma bortread o Anti Hannah gan Eluned mewn sgript radio a ddarlledwyd diwedd y chwedegau:

Mae'n bleser cael cofnodi dylanwad dymunol a ddaeth arnaf ddechrau'r rhyfel – daeth Anti Hannah i fyw atom. Bu farw ei gŵr a fu'n ddall am flynyddoedd ac roedd wedi ei gadael ar ei phen ei hun.

Roedd yn gymeriad hoffus a lliwgar, a bu'n un o'r teulu nes i ni ei cholli ddwy flynedd yn ôl yn gant namyn un. Un peth ddysgodd Anti Hannah i mi – nad blynyddoedd sy'n heneiddio dyn. Yr oedd mor sionc ei meddwl ac mor fyw ei hysbryd â phan ddaeth atom chwarter canrif ynghynt.

Pan holai rhywun ei hoedran, 'Chwech ar hugain dydd Calan' oedd ei hateb bob tro, ac wrth iddi wrthod gadael i'r blynyddoedd ei threchu, daliodd i fyw bywyd llawn a difyr. Byddai'n darllen, barddoni, sgrifennu storïau, gwau, pysgota – mwynhau pob munud o fywyd … Mae yna lawer yn gwybod amdani dros y byd – wedi ei ffilmio, ei phaentio, a'i phortreadu mewn papurau a chylchgronau … Y hi oedd Brenhines y Cyryglau a'r Teifi. Byddai'r tŷ yn byrlymu o hiwmor pan fyddai hi, a rhywun fel Dewi Emrys a Cynan efallai, yn mynd ati i gystadlu ar adrodd storïau tal am y pysgod a ddihangodd. Nid Anti Hannah fyddai'n ildio fynychaf.

Ysgrifennodd Cynan lythyr teyrnged cynnes at Eluned yn cydymdeimlo â hi wedi iddi golli Anti Hannah yn 1969; sylwer ar ei gyfarchiad agoriadol iddi:

Annwyl Eluned Brifardd,
Hawdd y gallaf dderbyn a deall a chydymdeimlo â'ch ymadrodd trawiadol 'fod llwydni dros wyrdd y Gwanwyn yng Nglanawmor ar hyn o bryd'. Da y cofiaf eich Anti Hannah fel matriarch groesawgar a'i hymddiddan llafar gwlad fel cadwyn o berlau.

§

Pwy a wad na allai Eluned ysgrifennu'n ffraeth ac yn llawn asbri ei hun? Efallai nad oedd dawn y cyfarwydd, a etifeddodd Eluned oddi wrth wragedd y teulu, mor annisgwyl â hynny. Roedd wedi'i magu yn sŵn a rhythmau chwedleua a storïau celwydd golau gan rai a greai eu difyrrwch eu hunain ar yr aelwyd. Dywed un cymydog iddynt y byddai ef a'i deulu yn mynd draw atynt ond ni fyddai teulu Glanawmor byth yn ymweld ag eraill. A pha angen oedd arnynt, a hwythau'n meddu ar eu hadloniant eu hunain? Roedd y reddf i ddiddanu ym mêr esgyrn Eluned a datblygwyd y reddf honno'n ddiweddarach wrth iddi drefnu digwyddiadau, llunio sgetshys a chaneuon i groesawu a chodi calon y milwyr a ddeuai yn ôl am dro o frwydro'r Ail Ryfel Byd. Ystyrid Eluned yn ddiddanydd naturiol. A bu'r awydd i gyfrannu at gymdeithas yn y ffordd hon yn ysgol brofiad iddi. Adroddwyd amdani'n cael ei chymell hefyd i gymryd rhan mewn trafodaethau a digwyddiadau diwylliannol yn y capel ym Mryn Seion. Bu'n ffodus, meddai, nad oedd gweinidog ganddynt am gyfnod hir ac oherwydd hynny rhaid oedd iddynt wneud eu siâr yn y gwasanaethau ar orchymyn y ddau ddiacon, Ben Jones a Richard Rees. Nid oes amheuaeth nad oedd dylanwad y capel yn elfen ffurfiannol wrth iddi dyfu'n Gristion. Mynnai, er mynychu addoldai o bob math ar draws y byd, nad oedd dim a roddai'r wefr iddi fel y troeon pan ai i gapel Bryn Seion, lle y cawsai ei derbyn yn nau ystyr y gair. Medd yn ei hunangofiant, *The Reluctant Redhead*: 'I have fond memories of the chapel of my childhood. I used to sit staring in pride and awe at the sculptured sedd fawr and pulpit, hand carved by a blind man. John Miles, Wern-goy, was a distant relative, so I felt I was entitled to acknowledge him with reverence and joy.'

Mae Eluned yn ganmoliaethus yn ei hunangofiant wrth adrodd am y pregethwyr a fu yno ac a ddylanwadodd arni pan oedd yn ferch fach. Byddai'n galw heibio'r Parch. D. D. Walters, Gwallter Ddu, cyn-weinidog wedi ymddeol, a byddai'n ei arwain law yn llaw gan ei fod yn ddall. Gwyddai Eluned am ei enwogrwydd fel bardd, a hoffai hithau adrodd ei hymdrechion cynharaf wrtho. Oherwydd ei ddallineb teimlai'n hyderus yn ei gwmni. Daeth i wybod yn ddiweddarach am ei ysgolheictod eang a'i allu fel pregethwr i argyhoeddi cynulleidfa. Ganddo ef y clywodd am Karl Marx am y tro cyntaf yn ogystal â llawer o enwogion eraill.

Roedd adar mwy brith hefyd yn lletya yng Nglanawmor, a hynny weithiau am gyfnod reit hir. Gan fod yna 'Gegin Fawr' sef rhyw dŷ gardd, adeilad bychan to gwellt wrth gefn y tŷ, roedd yn fan delfrydol ar gyfer lletywyr. Yr awgrym yw mai cadw lojers am dâl a wnaent, yn wely a brecwast a physgota, yn y cyfnod cyn i westai a thai llety ddod yn boblogaidd. Rhaid bod y math hwn o 'drefniant' wedi cynnal y teulu hefyd. Roedd digonedd o bysgod ar gyfer yr hwyrwest! Pwy a ŵyr na ddeuai'r gwŷr pysgota, llawer ohonynt yn ddynion proffesiynol â'u gwirod eu hunain ar gyfer y cymdeithasu hwyr y nos. Yn sicr, ni allent gael gwell llety a chroeso, a hynny dafliad carreg o'r afon.

Un o'r lletywyr hynny oedd gŵr a fu'n gweithio ar rownd laeth i'r teulu. Llydawr ydoedd a'i unig eiriau Cymraeg ar y dechrau oedd, 'Bore da'. Llysenwyd ef gan y pentrefwyr yn Bore Da tra bu yno, yn dosbarthu llaeth ar gart a wnaed o bren, ac olwynion oddi tano, a ymdebygai i bram. Haedda ymwelwyr anhysbys o Lydaw sylw pellach mewn pennod arall, ond ymddangosai Glanawmor yn dŷ a agorai ddrws led y pen i bawb. Dywedir bod gan Lanawmor drwydded i roi diod a gwirodydd i bobl a ddeuai yno wedi i'r tafarnau gau ond gwrthodai'r preswylwyr gymryd arian am y ddiod. A hynny hwyrach, yn ôl rhai, am nad oeddynt am ei droi yn fusnes. Hwyrach eu bod, fel nifer o drigolion y cyfnod, yn macsu cwrw ac yn hael tuag at y trigolion a alwai'n hwyr y nos. Ai mwynhau'r gwmnïaeth a wnaent, tybed, gan wybod bod dynion y dafarn yn fwy tebygol o chwedleua'n lliwgar?

Un person arall y dylid cyfeirio ati fel un a fu yn allweddol ym mywyd a dedwyddwch Eluned yn ystod ei hoes, oedd Get, y cyfeiriwyd ati eisoes. Gallaf eu cofio, ill dwy yn pasio heibio i'm ffenest ar eu ffordd i'r siop pan oeddwn innau'n byw yng Nghenarth am flwyddyn neu ddwy cyn ymgartrefu ym Mhenrhiw-llan. Wedi i mi golli plentyn yn 1977, hwy oedd y cyntaf i alw heibio i'm gweld, gyda basgedaid o ffrwythau a danteithion i godi 'nghalon. Roedd hyn mewn cyfnod pan oedd pobl yn osgoi siarad â mam oedd wedi colli plentyn, oherwydd lletchwithdod y sefyllfa. Dim o'r fath beth gydag Eluned a Get. Nid dod i 'gydymdeimlo' a wnaethant ond dod i godi calon, ac fe wnaethant hynny yn benigamp. Roedd yn gyfnod anodd pan nad oeddwn am fynd allan o'r tŷ rhag gweld 'coets baban' neu blentyn yn cerdded yn llaw ei fam. Wrth iddynt adael Glan yr Afon, cefais wahoddiad wedyn i fynd atynt i de. Es atynt ac roedd Get yn fy atgoffa o ddameg Mair a Martha: Eluned yn eistedd a sgwrsio gyda mi tra roedd Get yn hwylio'r hambwrdd a'r te prynhawn, yn frechdanau mindlws a chacennau bychain. Cofiaf Eluned yn chwerthin wrth ddweud mai '*chas* y gegin' oedd hi yn aml yn y tŷ; dyna oedd ei dywediad unigryw hi am ruthro o gwmpas yn wyllt yn cwato annibendod funud olaf. Mae hynny'n gweddu i'w phersonoliaeth a hefyd, efallai, i'w dull o gyfansoddi. Cofiaf i mi osgoi dweud fy mod innau hefyd yn ceisio barddoni. A da hynny gan na fyddwn wedi gallu cynnal sgwrs â neb am y broses o ysgrifennu. Flynyddoedd wedyn, dod i wybod mai yr un swildod at esbonio'r broses a feddai Eluned ei hun. Ymhen y flwyddyn, roeddem wedi symud i Benrhiw-llan a chollais gysylltiad â Get ac Eluned. Collais hefyd y cyfle i'w gwahodd yn ôl i de atom. A dyna golli cyfle, efallai, i feithrin rhyw gyfeillgarwch rhyngom. Onid arwahanrwydd a phreifatrwydd yw rhai o gyneddfau'r artist, yn enwedig artist o ferch?

Cofiaf yn dda, er hynny, y cynhesrwydd hwnnw a'r berthynas agos oedd rhyngddi hi a Get. Dengys y llythyron a anfonodd at gyfeillion wedi i Get farw mor gynnes oedd eu dealltwriaeth o'i gilydd. A lluniodd Eluned delyneg dyner o ddwys i fynegi'r golled honno:

I Gofio Get

Yng Nglyn-y-mêl, roedd carped o eirlysiau
pan aethost ar daith;
a gwlith bore o wanwyn yn gawod berlau
o'u llygaid llaith.

Y dyddgwyn hwnnw, tybed a wyddent hwy
o'th weld yn cefnu, na ddychwelet mwy?

Nid ofnaist ti wynebu tua'r gorwel
o'r armagedon hir,
a'th law yn cyffwrdd grudd wrth estyn ffarwel
cyn newid tir;
mor ysgafn-dyner, fel direidus hynt
pluen dryw bach yn ysgwyd yn y gwynt.

Mae'r dagrau heddiw'n glynu yn y fron
yn stalactidau oer;
mae niwl hen hiraeth dros ddaearen gron,
heb na haul na lloer.
Daeth storom i ddifwyno'r carped gwyn;
mae olion traed yn Angau yn y Glyn.

Ond fe ddaw yn wanwyn eto wedi'r drin
pan ddryllir pyrth y bedd;
daw Ffydd i atgyfnerthu'r galon flin
a'i dogn o hedd.
Bydd croeso drachefn i'r Artist Mawr pan ddêl
I baentio'r carped hud yng Nglyn-y-mêl.

[O bapurau personol Eluned]

O fod yn ddwy 'chwaer' a phartneres o'u plentyndod, anodd
yw dychmygu galar Eluned o golli Get. Wrth iddi adrodd am y
menywod yn y teulu, mae'n amlwg i Get olygu llawer i Eluned
nid yn unig fel 'chwaer fawr' fabwysiedig ond hefyd o ran yr hyn
a gynigiai i Eluned o ran dawn y cyfarwydd. Fe'i gwêl fel 'carreg
filltir' yn ei hanes. Bu Get yn byw am gyfnod yn Abertawe ym
more oes a'i magu yn sŵn yr iaith Saesneg yno cyn cartrefu yng
Nghenarth. Yn ôl addefiad Eluned ei hun:

Agorodd fyd newydd ac roedd gan Get y ddawn i ddweud
stori, storïau Saesneg – Robin Hood ac ati, a mi fyddwn
innau'n hongian arni bob gair. Rwy'n siŵr mai dyna'r coleg
gore ges i ar gyfer storie Saesneg yn ddiweddarach. Dysgodd
ganeuon Saesneg i ni ganu hefyd yn y cyngherddau mynych
yn Neuadd yr Eglwys neu'r 'Rysgoldy fel y bydde'r brodorion
yn ei galw.

[O bapurau personol Eluned]

Ond o bob un o storïau Alice-aidd Get, stori Gymraeg a'i
gwefreiddiodd, sef stori Nest. Dywed ymhellach: 'Plannodd hon
falchder gorfoleddus o hanes fy ngwlad yno' i. Nest oedd yn fy
mreuddwydion bob nos, a gwynfyd plentyn oedd cael mynd
gyda Get i Gastell Nest, ym Manc y Brain, ger Gellidywyll, ar
gwr Cocsed, gallt enfawr, lle yr oedd olion hen blas.' Dim ond un
sy'n meddu ar ddychymyg byw a allai fod wedi ysgrifennu sylw
mor gyffrous am effaith hen chwedl arni. Mae'n eironig mai Nest
yw testun gwaith mawr olaf Eluned, nad yw eto wedi'i gyhoeddi
na'i berfformio – hyd yn hyn. Ond er nodi iddi adrodd straeon
Saesneg, dywed Cyfrifiad 1911 mai uniaith Gymraeg oedd Get.
Ai gwall oedd hyn, ynteu swildod o arfer y Saesneg ar goedd?

Efallai mai meddwl am D. J. Williams a wnawn wrth feddwl
am bwysigrwydd y 'filltir sgwâr' i awdur ond mae'r filltir sgwâr
rhwng Cenarth ac Aber-cych lawn mor arwyddocaol i'r math
o fardd yr oedd Eluned yn ei dyddiau cynnar. Adrodda Eluned
amdani ei hun yn llunio cerdd yn saith mlwydd oed ac i'r darn
hwnnw gael ei anfon heb yn wybod iddi a'i gyhoeddi yn y papur
lleol. Gwelodd coediwr o stad y Cawdor, Tom Morgan, Garreg
Lwyd, y gerdd a dweud wrth ei mam na allai Eluned fod wedi
ysgrifennu'r gerdd honno. Dim byth, meddai. Fe'i gwysiwyd ef
i'r tŷ gan roi pensel a phapur yn llaw Eluned a'i rhoi i eistedd

wrth y bwrdd. Gofynnodd i'r gŵr da roi testun iddi a dewisodd un agos at ei galon, sef dyn yn torri coed. Ar ei hunion, lluniodd gerdd am y dyn fel llofrudd am iddo dorri ei hoff goeden i lawr. Mae'r ffaith iddi gael gwersi ar y cynganeddion gan Mrs Clement Davies yng Nghastellnewydd Emlyn yn ei harddegau hefyd yn dangos mor awchus oedd hi a'i theulu iddi lwyddo fel bardd.

Canodd rigymau dirifedi i achlysuron a chymeriadau ardal. Wrth sôn am fro ei mebyd dywed: 'Rwy'n siŵr fod Cenarth yn y dauddegau yn ddigon llwm a digalon fel llawer lle arall. Ond i ni a gafodd ein geni 'no roedd 'na ddigonedd o awyr iach, a natur wedi cael bonws i wau ei phrydferthwch yn got gynnes amdanom i gadw allan dlodi'r cyfnod.' Ac wrth feddwl am 'got gynnes', ni ellir ond meddwl amdani'n cerdded i'r ysgol bob dydd, rhyw ddwy filltir a hanner ym mhob tywydd i'r pentref nesaf – Aber-cych: 'Ond er y pellter a'r sanwejis go fain yn lle cinio ac ambell botelaid o de oer yn fonws, mwynheais bob diwrnod o'r ysgol … ar ras wyllt yr es drwy'r dosbarthiadau gan basio mas i Ysgol Ramadeg Aberteifi cyn mod i'n ddeg oed.'

Dyna ddangos ei hawch am addysg, a hynny er gwaethaf Moshtir (Prifathro) Aber-cych, dyn annwyl a 'ffein'. Wrth edrych yn ôl, daeth i'r casgliad nad oedd o blaid addysg uwchradd i ferched. I ategu hyn, mynnodd na chafodd hi fwy nag un noson o 'homework' ar gyfer y 'Scholarship' i'r 'County School', yr 11 *plus* bondigrybwyll. Awgrymir iddo fod mor ddifater ynghylch addysg bellach fel y bu i Madge, ei chwaer, golli'r cyfle i sefyll yr arholiad, a chanlyniad hynny oedd y bu'n rhaid i'w mam dalu am ysgol Madge. Mae'n cydnabod, os bu iddi hi lwyddodd i ennill ei lle, y byddai Madge wedi gwneud hynny tan ganu am ei bod yn 'fwy galluog na fi'. Ond trwy ddyfalbarhad a hyder ei mam a Get i 'gadw pethe i fynd gartre', dywed Eluned i'r ddwy 'gael yr addysg ore posibl'. Mae'r ffaith mai Madge oedd y ferch gyntaf yn ei blwyddyn yng Ngholeg y Brifysgol, Aberystwyth, ac iddi ddisgleirio yn ei hastudiaethau gwyddonol gan fynd wedyn yn wyddonydd mewn labordy, yn dangos nad oedd pall ar ddycnwch yr aelwyd i fynnu bod y ddwy yn llwyddo yn eu meysydd gwahanol. Bu'r fagwraeth yn ddylanwad cryf ar Madge hithau. Ar ôl priodi a symud i fyw i Stafford, bu'n cynnal gwasanaethau gan bregethu yn Saesneg yn eglwysi'r ardal fel pregethwraig leyg gydnabyddedig am nifer o flynyddoedd.

Ond daeth cyfnod newydd, cyffrous i ran Eluned wrth iddi adael ei milltir sgwâr a throi i fyd dieithr a dinesig Llundain ar ddechrau'r tridegau. Nid yw'n glir pam nad aeth Eluned fel Madge i goleg. Yn ôl un o'r teulu, roeddynt yn credu y byddai cyfnod yn Llundain yn gwneud lles iddi. Mynychu ysgol breifat Bestreben High School for Girls wnaeth hi, yn 197 Willesden Lane, Llundain. Roedd ysgol Bestreben yn un o nifer o ysgolion preifat ar yr heol hon a flagurodd ar ddechrau'r ugeinfed ganrif.

Nid yw'n glir ychwaith sut y llwyddwyd i gael ysgol breifat i Eluned mewn cyfnod pan oedd amgylchiadau'r teulu yn fain. A oedd cymwynaswr hael wrth law i helpu gyda'r costau? Sut y daethpwyd o hyd i'r ysgol breifat honno yn y lle cyntaf? Awgrymir mai trwy gysylltiad prifathro ysgol Aberteifi y daeth hyn i fod. Nid yw Eluned ei hun yn deall pam yr anfonwyd hi yno. Yn ei hunangofiant, dywed:

> When I left Cardigan Grammar School I was sent to London to a boarding school. I'm not quite sure why, but I think the family's reasoning was that maybe I would dislike the noisy wicked city and would want to come home and settle for going to university and becoming a teacher. My mother's friend Katy, trying to explain to an inquisitive neighbour,

said that I had been 'sent there to be polished off'. Sorry, but the polish was obviously the wrong brand. I didn't shine, but, step by step, I entered a life totally different from the one of my home village.

Does dim rhyfedd i ryw gymydog busneslyd holi ynghylch ei hymadawiad yno. Wedi'r cyfan, roedd y ffaith i Eluned fynd i ffwrdd i ysgol breifat a hithau'n byw ar aelwyd heb fawr o gyfoeth yn siŵr o fod yn destun trafod i'r pentrefwyr. Unwaith eto, mae Eluned yn gyndyn i egluro'n llawn y rheswm dros ei hanfon i ysgol Bestreben ac yn ôl ei harfer mae'n llwyddo i roi taw ar unrhyw ymholiad drwy ddefnyddio hiwmor.

Nid 'nythaid o feirdd' aelwyd Rhydcymerau Gwenallt oedd ar aelwyd Glanawmor yn ystod plentyndod Eluned, ond nythaid o ferched parablus, a'u llafaredd yn ennill calonnau cymdogion ac ymwelwyr. Aelwyd oedd hi hefyd lle roedd cyd-dynnu a rhannu dyletswyddau, gan groesawu hwn ac arall i rannu eu cwmnïaeth, yn rhan o'u byd a'u bod. Dyna ddeall efallai brifiant Eluned fel 'egin yn blaendarddu', wrth iddi ddatblygu ac aeddfedu'n ferch gadarn a chanddi feddwl pendant a dychymyg byw.

Llundain a Dewi Emrys

Er mai cael ei derbyn yn ddisgybl yn ysgol Bestreben i ferched yn Llundain a wnaeth Eluned, ni ddywed fawr ddim am yr addysg a gafodd. Mewn un cyfweliad mac'n dweud iddi gael ysgoloriaeth i fynd yno ond ni ddywedir a olygai hynny nad oedd yn rhaid i'r teulu dalu am yr ysgol arbennig honno. Awgrymwyd gan aelod o'r teulu mai math o 'finishing school' oedd hi ac fe nododd Eluned ei hun i'r 'polish' fethu arni. Tebyg iddi ddysgu sut oedd ysgrifennu llythyrau a chael hyfforddiant yn y maes teipio gan iddi deipio'n hynod gymen gydol ei hoes. Dywed iddi ddilyn cwrs newyddiaduraeth ond nid oes tystiolaeth ymhle roedd y cwrs hwnnw'n cael ei gynnal er iddi efallai ddod o hyd i gwrs fel rhan o Brifysgol Llundain.

Un peth sy'n sicr yw iddi feistroli'r cyfrifiadur yn hynod o dda, a hynny pan oedd yn ei nawdegau. Prynodd gyfrifiadur a chafodd sesiynau hyfforddiant gan gwmni lleol ym Mlaenachddu, Capel Iwan, cwmni sydd bellach yn dwyn yr enw BCC IT, a'i swyddfeydd yng Nghastellnewydd Emlyn. Bedyddiodd ei chyfrifiadur cyntaf yn Siencyn ac ar ôl tranc hwnnw, mabwysiadodd ap Siencyn fel ei olynydd.

Yr hyn y gellir ei gasglu am ei haddysg yn Llundain yw iddi fanteisio ar y math o hyfforddiant oedd yn gyffredin, yn enwedig i ferched, lle y byddai dysgu cadw cofnodion a chadw llyfrau yn ei pharatoi ar gyfer gyrfa dda ar wahân i'r swyddi arferol oedd ar gael i ferched, fel gweini neu wasanaethu mewn siopau. Mae'r ffaith iddi fedru cadw trefn ysgrifenyddol efallai'n esbonio pam y mynnodd clerc y llys ei chyflogi i'w helpu yn y llysoedd flynyddoedd yn ddiweddarach. Go brin y byddai wedi mentro'i chyflogi ar y sail ei bod yn un o gyfeillion ei mam a byddai profiad dinesig Eluned o wneud rhai gorchwylion ysgrifenyddol wedi'i sicrhau o'i chymhwyster at y gwaith mewn llaw.

Nid yw'n dweud llawer am yr ysgol breifat ac ni chedwir archifau na gwybodaeth amdani yn y Llyfrgell Brydeinig nac mewn llyfrgelloedd eraill yn Llundain heblaw nodi'r cyfeiriad a'r athrawon a ddysgai yno. Dywed Eluned iddi aros yn Llundain wedi iddi orffen ei haddysg gan geisio byw ar ei henillion drwy ysgrifennu storïau rhamant i gylchgronau ac iddi lwyddo'n rhyfeddol i gael ei stori gyntaf wedi'i derbyn ar y trydydd cynnig. Prin yw'r wybodaeth am y storïau hynny y llwyddodd i'w gwerthu ond ceir yr argraff iddi fwynhau holl fwrlwm y ddinas â'i bosibiliadau o wneud cysylltiadau – hanfodol i egin-awdur uchelgeisiol.

'Ddim wedi bod yn Llundain' yw un o ddywediadau cefn gwlad Aberteifi am rywun nad yw'n ei medru hi mewn rhai pethau. Nid oes awgrym i Eluned fethu yn yr ystyr hwnnw ar unrhyw adeg o'i chyfnod yn yr ysgol yno, a llwyddodd i weld y tu allan i furiau'r ysgol hefyd wrth sleifio allan gyda'i ffrind Joan, merch i uwch-swyddog diplomyddol yn India. Rhyngddynt, cawsant amser wrth eu boddau'n anturio trwy strydoedd Llundain. Cawn hanes amdanynt yn mynd i'r pictiwrs ac yn cael eu hunain yn Fleet Street, lle gobeithiai Eluned gwrdd â'r bardd enwog Dewi Emrys. Daeth hynny i fwcwl drwy hyfdra Joan a'i cyflwynodd ei hun iddo a hynny er mwyn medru cyflwyno'i ffrind Eluned iddo.

I ferch o gefn gwlad, roedd Llundain fel byd newydd ac yn newid byd llwyr iddi. Er bod problemau economaidd dyrys ym Mhrydain yn y tridegau yn arbennig, ni roir yr argraff gan Eluned iddo effeithio dim arni a'i bywyd dinesig. Cyfnod ydoedd pan oedd merched yn cael mwy o amlygrwydd yn gymdeithasol, yn enwedig ar ôl cynorthwyo gyda gwaith 'dynion' yn ystod y Rhyfel Mawr, ac erbyn 1928 roedd pob merch dros 21 yn cael pleidleisio. Adeg oedd hi i ferched fwynhau eu rhyddid newydd, yn enwedig y rhai di-briod, gan chwalu defod a thabŵ drwy fwynhau adloniant gyda'r nos. Dyma gyfnod y cylchgronau merched poblogaidd, gyda ffasiwn ac oriau hamdden yn cael eu priod le ynddynt. Does rhyfedd felly i Eluned fanteisio ar hyn oll pan ddaeth ei chyfnod yn yr ysgol i ben a phenderfynu aros yn Llundain a bwrw iddi i ysgrifennu ar gyfer y cylchgronau niferus. Gan iddi ysgrifennu o dan ffugenw, does dim modd gwirio'r union gylchgronau lle cafodd ei gwaith ei gyhoeddi, er yr honnir iddi ysgrifennu ar gyfer Mills & Boon hefyd.

Ni chyfeiria at unrhyw gapel Cymraeg a fynychai yn Llundain nac at gyfranogi yn y cymdeithasau Cymraeg niferus a fodolai bryd hynny. Wedi'r cyfan, roedd un ar ddeg ar hugain o eglwysi Cymraeg yn Llundain ar drothwy'r Ail Ryfel Byd yn 1938[4] ac ymhlith y rheiny roedd un capel yn Willesden ac o fewn cyrraedd i ysgol Bestreben, a oedd hefyd yn yr ardal honno. Siawns na fyddai unrhyw ysgol wedi gwrthod yr hawl i'w myfyrwyr fynd i oedfa o'u dewis. Ni sonnir ychwaith am gymdeithasau diwylliannol Cymraeg y bu'n ymweld â hwy er iddi fod yn

---

[4] Huw Edwards, 'Llawenydd a Llanast', bbc.co.uk/cymrufyw 17 Hydref 2014.

aelod mor allweddol o gymdeithasau felly ym mro ei mebyd. Rhyfedd hefyd na fyddai Eluned wedi cyfeirio at siopau llyfrau yn Llundain, yn enwedig siop Foyle's gyda William Griffith yn bennaeth ar yr adran Gymraeg sef Foyle's Welsh Depot, yn 1931 ac yn gyhoeddwr llyfrau fel *Williams Pantycelyn*, gan Saunders Lewis yn 1927 a *Llydaw*, gan Ambrose Bebb yn 1929. Yr argraff a geir yw mai ymgolli'n llwyr yn y byd Saesneg a wnaeth Eluned yn Llundain. Nid bod hynny'n rhyfedd ychwaith. Hwyrach fod yna fwy o apêl i'r math arall o gymdeithas, a mwy o ramant mewn cymysgu â phobloedd anghenedl. Credaf fod yr allwedd i'r dirgelwch hwn yn y ffaith iddi weld y byd dinesig yn un a apeliai at ei chwilfrydedd. Hynny yn ogystal â synhwyro iddi ddioddef ryw ychydig o gymhlethdod y taeog. Dywed fel hyn am gymdeithas y Café Royal, ar Regent Street, lle roedd y beirdd a'r artistiaid yn ymgynnull:

> to someone from Cenarth, the Café Royal in my younger days was not a home from home. It appeared to me to be forever bursting with odd, creative geniuses, like Edith Sitwell. I was in awe of her, but also had a somewhat envious admiration of her courage in bellowing out her poetry to all and sundry through the hugest old-fashioned gramophone trumpet I'd ever seen. She appeared to have a cast iron self-defence against the world. No doubt it was Dewi Emrys's concern for my welfare that kept me, almost compulsively, hinged to this mottled crowd.

Gwirioni ar ddieithrwch a wnâi felly ymysg pobl 'brith' ond mynnai weld yr athrylith ym mhob artist y closiodd ati neu ato heb weld rhagoriaeth ei disgleirdeb ei hun. Eto i gyd, yn y math hwn o gymdeithas y cyfarfu ag Augustus John, a gyflwynwyd iddi gan Dewi Emrys. Disgrifiodd yntau Dewi Emrys fel ei ffrind, 'but who was also taking fatherly care of this lonely girl from Wales'. Adroddir yn helaeth yn ei hunangofiant am Augustus gan ddweud iddynt fod yn ddau enaid cytûn er 'our only point of contact was our wayward impulsiveness of acting first and getting into complications after'.

Mae'r ffordd y mae Eluned yn ysgrifennu am y cyfarfyddiad cyntaf gyda Dewi Emrys yn ddadlennol ac yn ddechrau ar gyfeillgarwch cymhleth a barodd hyd at ei farwolaeth yn 1952:

> roedd ffrind ym Mestreban [*sic*] … Joan, optimist wrth fodd fy nghalon … Cyn fawr o dro fe ddysgon ni'n dwy i wisgo mewn sodlau tal, lipstic tanbaid ar ein gwefusau … a lawr y *fire escape* nes cyrraedd Fleet Street. Rown i'n ddigon diniwed i gredu o gerdded ar hyd Stryd y Fflyd, y deuai'r awen i gyfansoddi. Ond hyd yn oed i blentyn drwg oedd yn mitshio, fe dda'th 'na wobr. Cael cyfarfod am y tro cynta' â Dewi Emrys … A thrwy fenter Joan y siaradon â'n gilydd o'r diwedd. Siarad â Bardd y Ffordd Fawr – dyma garreg filltir sy'n sefyll allan yn hollol weladwy.

Mewn man arall yn ei nodiadau dywed:

> Roedd bywyd yn lliwgar a finnau wrth fy modd yng nghanol y cewri – Dewi Emrys, Augustus John, Caradoc Evans, Dylan Thomas, Roy Campbell, Edith Sitwell ac amryw o fohemiaid y cyfnod. Ond yn sicr, y mwyaf o'r rhai hyn yn Llundain oedd Dewi Emrys … Y cysylltiad yn para 'nôl yng Nghymru. Yr oedd yn ymwelydd cyson â'n tŷ ni, ac er na fûm yn cystadlu, er iddo fy annog droeon, erys ei ddylanwad yn fendithiol.

Mae Eluned felly yn cyfaddef mai ychydig o farddoni a wnâi yn Llundain, a hwyrach mai enwogrwydd Dewi Emrys fel ffigwr cenedlaethol o fardd a'i denai yn y cyfnod cychwynnol yn fwy na'i hawydd i'w weld fel mentor arni. Yna, o ddod i'w adnabod yn dda fel cyfaill, dyfnhaodd ei hedmygedd tuag ato a'i thosturi wrtho. Hwyrach mai ei farwolaeth a'i hysbrydolodd i ysgrifennu cerdd o foliant iddo ac mae'n deg nodi mai ennill yng Ngŵyl Fawr Aberteifi yn 1965, ar bryddest o dan y ffugenw Rebel oedd ei llwyddiant sylweddol cyntaf fel bardd. Pwt yn unig o'r gerdd a gyhoeddodd yn ei chofiant iddo, *Dewi Emrys*, a gyhoeddwyd yn 1971 gan Wasg Gomer.

O dan y teitl 'Mieri lle bu Mawredd' gludiwyd ffotograff o Dewi Emrys ac oddi tano'r sylw, 'O barch i Dewi Emrys'. Mae'r dilyniant yn dechrau yn Rhos y Caerau; ceir pedair rhan i'r gerdd, gan ddilyn ei fabinogi ar hyd llwybrau ei fywyd hyd at Bwllderi.

Y Prifardd R. Bryn Williams oedd yn beirniadu a dywedodd mai 'creu darluniau yn gynnil gan sawru awyrgylch a lle a welir yn y gerdd hon'. Dywed hefyd, 'Y mae hwn yn artist sy'n gallu rhoi i ni ddarlun mewn ychydig eiriau'. Mae'n cloi ei sylwadau drwy ddweud: 'Y mae hwn yn rhagori ar y lleill o ran gwreiddioldeb gweledigaeth, hefyd fel crefftwr, ond yn bennaf fel bardd. Cerdd annwyl yw hon.'

Mae'n rhaid bod Eluned wedi ymfalchïo yn y llwyddiant hwn oblegid yr oedd copi o'r gerdd wedi'i gadw ganddi, er i draul y blynyddoedd ddweud arno, ynghyd â'r ffoto o Dewi Emrys ar flaen y deipysgrif. Ond pam na chyhoeddodd gerdd aruchel hon gyda gweddill yr ysgub a gafwyd yn ei hunig gyfrol o farddoniaeth, *Cerddi Glyn-y-mêl*, yn 1985? Yn wir, gallasai ymddangosiad y gerdd honno fod wedi tynnu sylw at ei gallu i saernïo pryddest gyfoethog a sefyll yn dystiolaeth ddiamheuol o'i gallu i gyfansoddi'n gywrain a phwerus.

Un esboniad yw ei bod erbyn hynny wedi alaru ar y sibrydion mileinig mai Dewi Emrys oedd gwir awdur ei cherddi ac nad oedd am roi modfedd arall i'r amheuwyr i allu ymestyn eu llinyn cred. Yn lle hynny, bodlonodd ar ddyfynnu llinellau o'r bryddest yn y cofiant iddo. Credaf y byddai'r gerdd wedi bod yn ddigon i roi taw ar dafodau unwaith ac am byth ond mae'n rhaid nad felly y gwelodd hi bethau. A theimlaf yn drist os mai hynny oedd y tu ôl i'w phenderfyniad. Efallai mai rheswm arall dros beidio â'i chyhoeddi yn y cofiant oedd mai person diymhongar ydoedd Eluned, heb ddymuno brolio'i dawn ei hun mewn cyfrol deyrnged.

Cyn llunio cofiant i Dewi Emrys, trefnodd, fel ysgrifennydd Fforddolion Ceredigion, gyhoeddi cyfrol goffa o'i waith yn dwyn y teitl *Wedi Storom* gan Wasg Gomer ym mis Mai 1965, rai misoedd cyn iddi ennill coron Gŵyl Fawr Aberteifi. Golygwyd y gyfrol gan y Parch. D. Jacob Davies a'r Prifardd W. J. Gruffydd. Dyma a ddywed yn y rhagair i'r gyfrol:

> Pan fu farw Dewi Emrys penderfynodd Fforddolion Ceredigion fynd ati i goffáu eu llywydd mewn modd ymarferol.
>
> Ffurfiwyd pwyllgor i gasglu Cronfa Goffa ac y mae dyled y pwyllgor yn fawr i bawb a gyfrannodd, i Syr David James, ac i Bwyllgor Gorsedd y Beirdd am help a chefnogaeth. Dymuniad Dewi Emrys oedd cael cofgolofn ym Mhwllderi, a phenderfynodd y pwyllgor gofio amdano mewn tair ffordd:
>
> (a) Codi cofgolofn ym Mhwllderi.
> (b) Rhoi gwobr goffa yng nghystadleuaeth yr Englyn yn flynyddol yn yr Eisteddfod Genedlaethol.
> (c) Cyhoeddi cyfrol goffa o'i weithiau.

Dewiswyd yr Archdderwydd Cynan a'r Parchedig William Morris i ddethol o weithiau Dewi Emrys, ac y mae dyled y pwyllgor yn fawr iddynt. Rhaid talu teyrnged i'r diweddar Barchedig Seymour Rees am ei waith gofalus o gasglu a chadw gweithiau ei gyfaill, a rhoi eu benthyg er hwyluso'r detholiad hwn.

Dyma *Wedi Storom*, i gofio am Dewi Emrys – bardd, llenor, pregethwr, darlithydd, a chymeriad mawr. Gobeithio y caiff y gyfrol dderbyniad teilwng o'r awdur.

Eluned Phillips (Ysg.)

Cenarth

Y tu mewn i'm copi i o *Wedi Storom*, a brynais mewn siop lyfrau ail-law, y mae dalen ac arni'r geiriau, '8/- in credit. 26/8/65' – motif eironig braidd o gofio i Dewi Emrys farw heb geiniog goch i'w enw. Ac eto, trwy drugaredd criw arbennig Fforddolion Ceredigion, llwyddwyd i anrhydeddu ei enw mewn cyfrol deyrnged gydag Eluned yn arwain yr ymgyrch. Nid dyma'r unig gymwynas a wnaeth Eluned â'i harwr barddol.

Rai blynyddoedd yn ddiweddarach, dechreuodd Eluned ar y gwaith o lunio cofiant iddo gan ysgrifennu at lu o lenorion, beirdd a beirniaid. Mae ei rhagair i'r cofiant hwnnw, *Dewi Emrys* (Gomer, 1971), yn dangos cryn anwyldeb, anhaeddiannol hwyrach, tuag at ei gwrthrych wrth iddi sôn sut y dechreuodd hwnnw arllwys hanes ei fywyd wrth griw dethol yng Nglanawmor, a hithau'n tynnu at 'bump o'r gloch y bore'. Cyffes enaid yw ei ffordd o ddisgrifio hyn a dywed iddyn nhw fod yn gwrando ar Cynan yn adrodd ei brofiadau'n gynharach y noson honno. Ac meddai: 'Wedi'r wledd, yr oedd Dewi, yn ôl ei arfer, ar lwgu ac fe ymneilltuodd ef, bargyfreithiwr adnabyddus a chyfaill o arlunydd o Baris a minnau, i ysbeilio'r pantri. Yna hawliodd Dewi y llwyfan.'

Mae'r sgwrs rhwng y ddau'n ddadlennol wrth iddo sôn am Bwllderi. Dywed iddo, flwyddyn neu ddwy ynghynt, ddweud mai ym Mhwllderi, Sir Benfro, y 'carai ef gael y gofeb fawr i'w gofio'. Yna, yn annisgwyl i Eluned, trodd ati a 'gorchymyn yn ddiseremoni':

'Rwyf am i ti 'sgrifennu llyfr amdanaf. Wyt ti'n addo?'

Addewais innau'n ddiniwed heb gyfrif y gost o geisio ffrwyno 'seren wib'. Un cwestiwn yn unig a ofynnais: 'Odych chi am i fi ddweud y gwir i gyd?'

Safodd y wawr a ninnau i dderbyn yr ateb:

'Be wyt ti'n feddwl, w? Rwy'n dderyn digon mawr, nag wy' i, i unrhyw un anelu ei ddryll ataf?'

Ni ofynnais gwestiwn arall; ymhen y flwyddyn, dieithriaid oedd yn byw yn y Bwthyn.

Dim ond rhywun a fyddai â'r gallu i adrodd stori yn gynnil a chywrain a allasai fod wedi llunio'r pwt yna: 'Safodd y wawr a ninnau i dderbyn yr ateb.' Ac oni ddengys y frawddeg mai dieithriaid oedd yn byw yn y Bwthyn ymhen y flwyddyn ei dull cynnil o gyfleu'r neges? Mae'n gameo bychan tra huawdl o'r berthynas rhyngddynt hefyd: 'Addewais innau'n ddiniwed.' Ar adegau, mae greddf lariaidd Eluned yn peri syndod. Mae'r gair 'diniwed' yn un sydd yn britho'r cofiant hwn. Ac yn achos Dewi, yn fwy nag mewn unrhyw sefyllfa arall, gwelwn iddi addo cyflawni tasg nid bychan, o gofio am nifer ei weithiau cystadleuol a'i gymeriad lliwgar. Ond cadwodd at ei gair ac mae hynny hefyd yn rhan o'i phlwc, i wireddu ei haddewid i'w chyfaill.

Pan ddaeth yr adeg i ysgrifennu amdano, dywed, 'cynnwys y ffeithiau y medrais eu profi yn unig a wnaf yn y gyfrol hon'. Ond mae'r frawddeg nesaf yn un sy'n sigo rhywun pan yw Eluned yn cyfaddef:

Cytunais i adael allan ran bwysig o'r cyfanwaith ar gais taer un a fu â chysylltiad agos â'r bardd yn ei fywyd personol, gan fod yna bosibiliadau, mae'n debyg, o adwaith seicolegol trychinebus petawn yn datgelu'r gwir. Nid diben y gyfrol yw creu cyffro o unrhyw fath, nac elwa drwy roi cyhoeddusrwydd i droeon anffodus bywyd.

Hwyrach y byddai cofiannydd mwy uchelgeisiol wedi mwynhau datgelu pethau am y bardd dadleuol o dan sylw. Gyda chilwg yn ôl, hwyrach y dylid bod wedi agor cil y drws ar bob rhan o'i gymeriad a'i bersonoliaeth, hyd yn oed os deuai hynny ag anfri iddo yn ei sgil. Ond i Eluned, yr oedd 'cais taer' yn ogystal ag 'adwaith seicolegol trychinebus' yn eiriau digon cryf i'w pherswadio mai lles y rhai 'byw' oedd ei hystyriaeth bennaf. A ddaeth hi i wybod ymhen y rhawg am y pethau nad oedd am eu datgelu? A beth oedd y rhan bwysig o gyfanwaith y 'bersonoliaeth' nad oedd i'w datgelu? Mae'n anodd bod yn bendant ond mae'n hawdd dyfalu bellach. Os oedd Eluned yn ymwybodol o unrhyw gamymddwyn a cham-drin ar aelwyd Dewi Emrys, mae'n drueni na fu'n ddigon dewr i fynegi hynny, hyd yn oed pe bai'n rhaid iddi fod yn ofalus wrth eirio'r gwirionedd.

Gwyddom fod datgelu cyfrinachau yn dibynnu yn aml ar gydweithrediad a chaniatâd rhai a adwaenai'r bardd, hyd yn oed pe bai'r cofiannydd ei hun heb unrhyw ddirnadaeth o'r cyfrinachau a gedwid tan glo. Hawdd dychmygu hefyd na fyddai dyn fel Dewi yn dymuno dangos ei hun mewn goleuni llai na ffafriol gydag un a oedd bron yn ei eilunaddoli. Ai ei bersonoliaeth liwgar yn ogystal â'i ddawn awenyddol a apeliai ati? Personoliaethau felly a groesewid ar aelwyd Glanawmor, un eangfrydig ei chroeso tuag at bob mathau o bobl, o'r brith i ambell athrylith.

Yr hyn sy'n dod i'r amlwg yw bod aelodau'r teulu wrth eu

boddau – yr aelwyd lawn 'mynwod', chwedl Eluned – yn croesawu gwesteion o ddynion adnabyddus i aros yn eu plith. Ymhlith y rhai fu'n lletya yno yr oedd Cynan, Dewi, yr artist o Baris, a'r bargyfreithiwr adnabyddus. Dyma'r math o gymdeithas a oedd wrth fodd calon y rhai oedd yn byw ar yr aelwyd hon a'u hawydd am gwmnïaeth ddysgedig, ddiwylliedig, gan ganiatáu iddynt ddyfnhau eu gwybodaeth o ddiwylliant drwy roi croeso haelionus iddynt dro ar ôl tro.

Erbyn i'r cofiant am Dewi Emrys ymddangos, yr oedd pymtheg mlynedd wedi mynd heibio ers yr addewid a diau i'w golli fel cyfaill awenyddol bwyso'n drwm arni. Gwireddodd ei haddewid iddo drwy fynd ati â nerth deg ewin i groniclo a nithio'i gampau a'i ddiffyg campau eisteddfodol. Tebyg i'r ymbellhau oddi wrth y gwrthrych roi amgyffrediad cliriach iddi o'r modd y 'diflannodd cymeriad lliwgar ac annwyl o Gymru'. Wrth iddi olrhain ei fywyd a'r siomedigaethau a ddaeth i'w ran hwyrach i'w theimladau tuag ato gael eu dwysáu, am iddo yntau, fel hithau gael 'ei eni allan o'i gyfnod'. Dyma sylw ei gyd-oeswr Caradog Prichard am Dewi: 'Biti garw na fuasai wedi ei eni un ai hanner canrif ynghynt, i ddisgleirio yn huodledd chwyddedig y ganrif ddiwethaf, neu ei eni saith canrif yn ôl, i fod yng nghwmni Dafydd a'r gwir artistig gynganeddwyr.'

Tybed a yw'r sylwadau hyn hefyd yn atseinio'i theimladau hithau amdani hi ei hun? Roedd yna agweddau eraill a wnâi anianawd Eluned a Dewi Emrys yn gynghreiriaid o gyfeillion pan ddywed mai, 'Un o'r trasiedïau mawr yn hanes Dewi oedd na chafodd y cyfle i fynd i'r Brifysgol. Cronnodd rhyw chwerwder ynddo tuag at y rhai mwy ffodus a mynnai yn fynych eu herio'.

Wrth geisio barn y beirniaid llenyddol a'r ysgolheigion ar waith Dewi, dywed Eluned hyn:

Ceisiais gael ymateb rhai o'n gwŷr blaenaf. Yr oedd diddordeb mawr yn Dewi Emrys fel person, ac yr oeddynt, bron yn ddieithriad yn fodlon iawn i gynnig barn aeddfed ar ôl cael amser i astudio ei gynhyrchion; ychydig ohonynt oedd yn ddigon cyfarwydd â'i weithiau i gynnig barn uniongyrchol. Er yr holl ymrysonau yn y wasg; yr holl wobrau cenedlaethol; y cyfrolau a gyhoeddodd, ni fu sôn am gynnal cwest ar ei gynnyrch erioed. Ai am nad oedd yn un o'r Sefydliad?

Gellid cymhwyso'r un sylw at Eluned ei hun wrth iddi geisio achub y cam a wnaed â Dewi. Erbyn i'r gyfrol ymddangos yn 1972, yr oedd pum mlynedd wedi mynd heibio ers iddi ennill coron y Bala yn 1967, a'r holl suon ym mrig y morwydd wedi lledaenu ymysg y 'sefydliad' ac ar lawr gwlad. Teimlaf innau bwl o euogrwydd, gan mai cynnal cwest ar Eluned Phillips fel person oedd uchaf yn fy meddwl innau wrth ddechrau ar y gwaith o ddidoli a dehongli ei gwaith. Ond, yn wahanol iawn i Dewi, nid ymdrybaeddu mewn hunandosturi mo'i ffordd hi o weld bywyd ac mae'n cystwyo Dewi am hyn gan ddweud:

Roedd y ffaith iddo ganu, bron yn ddieithriad, i'w anlwc ei hun, ei alltudiaeth, ac yn erbyn y gymdeithas y tybiai ef ei bod yn ei erlid, o reidrwydd yn gwneud y gwaith yn undonog ac yn ffugiol; cyffredin yn hytrach na mawr. Clymodd ei feddwl yn ormodol wrth hyn, gan fethu cyffwrdd â'r cyffro cymdeithasol a allasai fod wedi cydio yn ei ddychymyg o gofio iddo fyw drwy ddau ryfel byd. Talodd ormod o sylw i'w hunandosturi. Hyd yn oed yn ei gampwaith 'Pwllderi', mynnodd ergydio yn erbyn ei genedl. Cofiaf amdano yn dweud wrthyf mai efe oedd y morwr yn y gerdd – a bod Cymru wedi ei anwybyddu a'i wrthod:

A'r morwr druan o'r graig yn gweiddi
Yn gweiddi, gweiddi a neb yn aped
A dim ond hen adarn y graig yn cliwed.

Dywed mai'r 'cythreuliaid' yn y gerdd oedd 'yr ysgolheigion'. Ond, yn rhyfedd iawn, achub cam y rheiny a wna Eluned gan ddweud: 'Bu o dan gysgod y bwgan hwn ar hyd yr amser. Credaf erbyn hyn fod yr ysgolheigion yn bur agos i'w lle; ac mai'r cystadleuydd eisteddfodol, a'r pregethwr dramatig ynddo, fu ei elynion pennaf, wrth geisio mesur ei daldra llenyddol.'

Onid ydoedd hi'n graff ei sylwadau, yn dangos crebwyll beirniadol? Mae'r sylwadau cytbwys o eiddo awdur y cofiant yn dangos yn glir y medrai, er eu cyfeillgarwch agos, weld ei wendidau llenyddol yn fwy na neb.

Er hyn, cydymdeimlo â'i natur fregus a'i gwnaeth yn gymwynaswraig iddo – llenwi silffoedd pantri'r Bwthyn a thalu am brydau bwyd drosto. 'Yr oedd y plentyn diniwed yn rhan o hanfod Dewi,' meddai.

Tosturiai ato oherwydd iddo gael ei ddal rhwng dau olau: byd parchusrwydd Cymru'r cyfnod a'r byd mwy heriol a bohemaidd oedd yn ymledu ar draws Ewrop. Dadlennir sgwrs a fu rhyngddynt am ei ymarweddu anwadal fel hyn yn y cofiant:

Hwyrach ei fod yntau yn Gymro o bregethwr, na fu ganddo, o'r cychwyn, siawns i fod yn fîtnig absoliwt ei gyfnod. Ni fedrodd dderbyn ei helbulon priodasol na'i ymlyniadau rhamantus chwaith gyda gonestrwydd agored y camp bohemaidd. Roedd pellter gorwelion rhyngddo ef ac ymddygiad ei gyfeillion Augustus John a Dylan. Hoffai feddwl amdano ei hun fel y trwbadŵr Dafydd, ond pan holais ef ynghylch denu'r merched, ei ateb oedd mai hwy

a'u canlynodd ef ar hyd ei oes, ac na fedrodd eu hosgoi.
Os na fedrodd gyrraedd penllanw artistig ambell fohemiad
o wledydd eraill, yn sicr, erys y cof amdano yng Nghymru fel
un o gymeriadau mwyaf lliwgar yr ugeinfed ganrif.

Wrth olygu cofiant Dewi, cyflawnodd Eluned Phillips waith
trylwyr gan gasglu deunydd o amrywiol ffynonellau a holi nifer
o feirniaid a beirdd. Ceir rhai ymatebion yn y gyfrol. Eto, y mae
ambell lythyr a dderbyniodd Eluned yn dilyn ei chais am ymateb
i waith Dewi yn ddiddorol. Hwyrach mai ei dull ffwrdd-â-hi a
olygodd iddi ofyn i lawer ysgrifennu 'paragraff neu ddau ar
farddoniaeth Dewi'. Ond byddai gwneud hyn yn groes i natur
ambell feirniad craff a gymerai'r swyddogaeth honno o ddifrif.
Yn wir, ymatebodd Derec Llwyd Morgan mewn modd cwrtais yn
nodi hynny gan ddweud, 'testun ysgrif neu erthygl annibynnol
yw beirniadaeth ar farddoniaeth, yn fy marn i'. Sylw teg gan
ychwanegu hefyd, 'Diolch i chwi am fy ngwahodd i fwrw fy
sylwadau ar Dewi Emrys, ond yr wyf yn amau yn fawr ai mewn
Cofiant gan un a'i adwaenai fel chwi y dylid gwneud sylwadau
felny'.

Ceir sawl llythyr cynnes ac anogol fel y canlynol:

Baner ac Amserau Cymru,
11, Bryn-teg
Dinbych

Annwyl Miss Eluned Phillips,
    Mae'n dda iawn gen i glywed eich bod ar fin cwblhau'r
cofiant i Dewi Emrys: roedd yn bryd cael un iddo. Hoffwn
eich helpu trwy fynegi fy marn am farddoniaeth yr hen gyfaill.
Mi wnaf hynny â phleser, ond y mae un anhawster – yr wyf
dros fy mhen a'm clustiau yn awr yn ceisio tafoli (gyda Euros

Bowen ac Eirian Davies), 37 o bryddestau'r Goron ar gyfer Rhydaman! A rhyw ddwsin o nofelau ar gyfer cystadleuaeth y Fedal Ryddiaeth [sic] ym Mhont-rhyd-fendigaid! Ac y mae cerddi o'r Rhyd-fendigaid i ddod eto! Gwelwch fy mod – mewn awr wan – wedi addo gormod. Os gellwch aros nes bod y pentwr gwaith yma wedi ei gyflawni, mi a'ch helpaf. Golyga aros tan ddiwedd Mai, mae arnaf ofn. Iawn?

Gan ddymuno ichi bob hwyl gyda'r gwaith pwysig o roi cofnod teilwng i fardd y mae gennyf i gryn feddwl ohono.

Yn ffyddlon iawn,

Gwilym R. Jones

Derbyniodd Eluned sawl llythyr a roddodd hwb iddi wrth fwrw ymlaen â'r gwaith, fel y llythyr hwnnw oddi wrth Alun Llywelyn Williams sy'n cloi drwy ddweud:

Mae'n wir ddrwg gennyf orfod eich gwrthod, oherwydd, fel y gwyddoch, cefais flas ar eich pryddestau chi yn y Bala a charwn pe bai'n bosibl fedru talu peth o'm dyled i chi.

Yn gywir iawn,

Alun Llywelyn-Williams

Daeth llythyr cynnes hefyd oddi wrth Bedwyr Lewis Jones ym mis Ebrill 1970 sydd, fel eraill, yn nodi prysurdeb ei waith ac yn gofyn am ragor o amser i lunio'i gyfraniad. Mae'n cloi'r llythyr gan ddweud: 'Rwy'n amgáu llythyr ynglŷn â *Cerddi '70*, ac yn eich gwahodd i gyflwyno cerdd at y gyfrol'.

At ei gilydd, mae'r llythyrau'n rhai cwrtais am y gyfrol arfaethedig. Cadwodd Eluned lythyrau'r beirniaid yn ofalus ond mae llawer ohonynt yn methu cydsynio â'r gwahoddiad oherwydd pwysau gwaith. Ceir llythyrau cynnes oddi wrth rai megis Pennar Davies a Gwyndaf. Er i rai ymateb, yn brifeirdd,

academyddion a beirniaid adnabyddus, nid oes tystiolaeth i
Eluned dderbyn dim oddi wrth Dilys Cadwaladr – prifardd ei
hun, wedi iddi ennill coron yr Eisteddfod Genedlaethol yn Rhyl
yn 1953 – a hithau'n fam i Dwynwen, merch Dewi Emrys.

Ni wyddys yn iawn, am y berthynas na'r ddeinameg rhwng
Eluned a Dilys, nac ychwaith y pryd hwnnw am y berthynas
rhwng Dwynwen, merch Dewi, a'i mam. Ond mae ambell
lythyr a gadwodd Eluned yn ei bwndel o lythyrau'n tystio bod y
cyfeillgarwch rhyngddi a Dwynwen wedi goroesi dyddiau Dewi.
Yn Saesneg y ceir y llythyrau hyn:

> [Cyfeiriad dan gêl]
>
> My dear Eluned,
>
> It was very nice to see you and also to see the MSS – it
> looks very good and you've done some remarkable research.
> Pity you are prevented from saying a lot that's important,
> but I'm afraid it is always the way when relatives are alive. I
> suppose complete biogs can only be written when the subject
> has been dead about 200 years!
>
> Of course, I'll be glad to see a copy MS and approve it in
> writing, *to save you any later trouble* [mewn llawysgrifen].
>
> Do let me know when you are coming next, a few days
> before if poss., so that perhaps you can come for a meal and
> meet a few literary types etc. I have quite a lot of interesting
> friends who would be thrilled to meet you. Also I should
> like to see the whole text of the poem at the end of the book,
> which was most effective.
>
> Cofion cynnes,
>
> Dwynwen

Mewn llythyr at gyfaill, flynyddoedd yn ddiweddarach, cyfaddefa
Eluned ei syndod i rai gredu iddi fod yn gariad i Dewi Emrys:

Glyn-y-mêl
Cenarth,
Castellnewydd Emlyn
Dyfed SA38 9JP

16.2.88

Annwyl gyfaill,

... Er syndod a sioc i mi rwyf newydd ddeall yn ddiweddar fod hanner y byd yn credu fy mod i a Dewi Emrys yn gariadon. Does dim yn bellach o'r gwir ac nid oedd wedi taro fy meddwl erioed fod neb yn gwneud y fath osodiad.

... Mae'n wir flin gen i eich boddi â'r holl ebychiadau. Maddeuant i bechadur, plis. Rhaid mynd yn awr i symud y llwch o un dodrefnyn i'r llall. Mae Sam (babi newydd y teulu) ar ei daith i Glyn-y-mêl. Rhaid ei gyflwyno yn barchus i'r lle.

Gobeithio fod ... yn dal i fwynhau bywyd. Ar ddiwedd y dydd, er fy holl gwyno, rhaid cyfaddef fod bywyd yn werth ei fyw,

Cofion cynnes iawn
Luned

Gyda llaw ... ma 'Nhw' wrthi unwaith eto ... y tro 'ma yn mynnu mai fi yw awdur *Teulu'r Mans*.[5] Duw a'm gwaredo! Sori am y brys.

Anodd credu na ddaeth y taenu cleber amdani hi a'i pherthynas â Dewi i'w chlyw cyn 1988 gan fod y si yn rhemp. Y peth cyntaf a wyddwn i amdani oedd yr union berthynas honedig honno

---

[5] *Teulu'r Mans*, cyfres gomedi ddadleuol ar S4C ddiwedd yr wythdegau, 1987–90, ac nid y gyfres radio y bu Eluned yn ei sgriptio yn y pumdegau.

rhyngddi hi a Dewi Emrys. Roedd y ffaith i Dilys Cadwaladr a hithau ennill coron yr Eisteddfod Genedlaethol yn rhwym o wneud i 'ddau a dau wneud naw', chwedl Eluned. Dengys hefyd mor ddiniwed ydoedd na fyddai wedi ystyried y byddai'r mân siarad amdanynt yn sicr o gael ei sefydlu ym meddyliau gwyrdroëdig rhai pobl.

Efallai mai oherwydd bod Dewi'n treulio cyfnodau yng Nglanawmor fel cyfaill i'r teulu ac fel pysgotwr brwd y dechreuodd y sïon hyn. Bu hefyd yn aelod o'r gymdeithas a sefydlodd Dewi, sef Fforddolion Ceredigion, ac yng ngolwg 'clonc cae', bathiad gwych Eluned am gario clecs. Ond ai ffôl oedd hi i gadw ymlyniad mor glòs a diwyro at un mor ddadleuol? Yn wir, fe waeth hynny niwed i'w henw hi ei hun yn y pen draw.

Mae'n anodd dirnad beth oedd gafael Dewi Emrys ar bersonoliaeth mor hynaws ag Eluned Phillips. Gellid ei ystyried heddiw yn debyg i ddilynwyr cantorion enwog sy'n eu dilyn i bobman ac yn edrych arnynt fel bodau uwchlaw'r meidrol. Bron nad yw'n drofaus meddwl amdani yn y cyswllt hwn fel yr eneth ifanc, anaeddfed, yn ffoli ar ddyn yn ei oed a'i amser. Gan dderbyn mai ymserchu ffôl ydoedd, byddid wedi disgwyl iddi daflu oddi arni'r fath eilunaddoliaeth wedi iddi gyrraedd oedran arbennig ac ar ôl profi ychydig o'r byd ei hunan ym Mharis ac yna yng Nghaerdydd, a thrwy hynny, ganfod ei llwybr ei hun a'i ffordd ei hun o feddwl, heb gario iau anghymarus personoliaeth hunanol fel Dewi. Ond cadw yn agos ato fel y ddelfryd o fardd a chymeriad a wnaeth Eluned drwy gydol ei hoes gan wneud i rywun siomi ynddi wrth iddi ymlafnio'n ddygn i'w gofio, hyd yn oed ymhell wedi iddo farw. Rhoes hynny rwydd hynt i rai amau ei dilysrwydd fel bardd annibynnol ei barn a'i dawn. Hawdd deall pam y credodd rhai i'w pherthynas ag ef fod yn un mwy na chyfeillgar. Yn sicr, roedd bai arni am beidio â thynnu oddi arni fantell daeogaidd wedi iddi sefydlu ei henw fel sgriptwraig ddawnus. Hyd yn oed yn ei henaint, byddai ei enw ef yn britho pob sgwrs a sylw a wnâi ynghylch barddoniaeth, fel pe bai'n ei weld fel y pennaf brydydd a gerddodd dir Cymru erioed. Digon yw dweud i'r moli syrffedus hwn bardduo ei henw hithau mewn cylchoedd llengar a sarnu ei henw da fel bardd arobryn ei hun. Rhyfedd onid e, o ganlyniad i'w hedmygedd di-ben-draw ohono, i'w henw hithau gael ei sarhau, a'i difenwi ar lawr gwlad gan bobl a welai drwyddi hi, ysbryd ei 'dewin'.[6]

---

[6] Ceir deunydd a nodiadau manwl a dadlennol ymhlith ei phapurau, ynghyd â rhai o weithiau Dewi Emrys, na ddefnyddiwyd ganddi yn y cofiant.

Paris y Tridegau

Ar ôl diwedd y Rhyfel Mawr, heidiodd artistiaid i Baris, a galwyd ugeiniau'r ganrif yn *les années folles*, y blynyddoedd gwallgof. Yn y tridegau hefyd, roedd y mudiad Rhamantaidd yn ei fri, creodd ddelwedd o'r artist fel athrylith. Ar ochr chwith afon Seine, ar groesffordd y Boulevard du Montparnasse a'r Rue de Rennes, roedd caffis a mannau diota, a llawer o dai bwyta Llydewig. Dyma galon bywyd artistig a deallusol Paris. Yn ôl Jean Cocteau – artist a edmygai Eluned yn fawr ac un y damsangodd Eluned arno'n ddamweiniol un tro yn fflat Édith Piaf ym Montparnasse pan oedd yn cysgu yna ar lawr – man oedd Paris lle roedd tlodi a moethusrwydd yn cyd-fyw â'i gilydd. Byddai rhai ar eu cythlwng, yn wir, yn byw ar y gwynt, gan mai creu a chyfansoddi oedd yn llywio'r fan arbennig honno. Llwyddai rhai i fyw yn gymunedol mewn *communes* bychain a thalu rhent isel iawn am y fraint honno. Yn aml, doedd dim dŵr, dim gwres, a byddai llygod ffyrnig hefyd yn ffynnu yno, ond rywsut ni faliai'r tenantiaid gan mai pennaf pwrpas eu bodolaeth oedd cyflawni gwaith artistig. Ymhlith rhai o sêr artistig y ddinas yr oedd Picasso, Apollinaire, Jean Rhys, Max Jacob, Joyce, Hemingway, Ford Madox Ford, Pound, Max Ernst, Rousseau, Giacometti, André Breton, Jean Miró, Degas a Gertrude Stein. Yn ychwanegol at y rhain roedd cannoedd o gyw artistiaid eraill neu rai a obeithiai ddal ar ychydig o lewyrch y sêr amlwg.

Ni wyddys pryd yn union nac am ba hyd y bu Eluned Phillips yn lletya ym Mharis, ac ni cheir gwybod ychwaith ymhle roedd ei phreswylfan yn y ddinas na sut y bu iddi gynnal ei hunan yn ariannol tra bu hi'n aros yno. Nid oes sôn iddi orfod golchi llestri fel yn hanes George Orwell, na gloddesta yn rhai o'r bwytai crand. Beth bynnag a'i cynhaliai, rhoddodd agoriad llygad iddi i'r math o fywyd y medrai artist, y sawl oedd â'i fryd ar lenydda, ei gael. Mae'n dra thebygol iddi ffoli fel rhyw fath o *flâneur* ar strydoedd y ddinas a gwahanol *quartiers* Paris. Hwyrach iddi hi, fel y nofelydd Patrick Modiano, adleisio'r ffordd y bu i ddirgelwch Paris ddylanwadu arni. Cyfeiriodd Modiano yn *The Guardian* ym mis Hydref 2015, mewn cyfweliad ag Euan Cameron, at ei blentyndod cynnar ym Mharis fel ag y sonnir amdano yn ei gyfrol *Pedigree*, 'It was there on Rue Fontaine, Place Blanche, Rue Frochot, that I first brushed against the mysteries of Paris and, without quite realising it, began dreaming of a life for myself.'

I'r pwerdy creadigol hwnnw y disgynnodd Eluned un diwrnod a'i chael ei hun wedi ei hudo'n lân gan y ddinas hardd, ramantus. Os ystyrid Llundain yn ddinas oedd ym mhen draw'r byd o'i milltir sgwâr yng Nghenarth, yna roedd darganfod Paris yn fwy o ryfeddod fyth i Eluned. Ac roedd Paris yn y tridegau yn lle llawn cyffro i ymweld ag ef.

O'r cychwyn cyntaf pan gafodd ei thraed yn rhydd o bentref Cenarth, gellid synhwyro rhyw ddeuoliaeth ym mhersonoliaeth Eluned. Ar y naill law, roedd ei thraed wedi'u plannu'n solet yn nhir cefn gwlad Cymru ac ar y llaw arall, roeddent yn cyffwrdd yn ysgafndroed o wibiog ar ddaear cyfandir Ewrop a thu hwnt.

Teithiai i wahanol fannau ar adeg pan nad oedd llawer o bobl yn croesi'r dŵr hyd yn oed am wyliau byrhoedlog. Âi ar ei phen ei hun, er ei bod yn ferch ac yn ddibriod, rhywbeth a ddirmygid gan rai a gredai mai yn y cartref yr oedd lle'r ferch, yn gofalu am ei gŵr, neu'n bwrw gofal dros rieni oedrannus. Ond nid rhyw 'Gwladys Rhys', fel a bortreadwyd yng ngherdd W. J. Gruffydd, oedd Eluned. Ac nid mewn teulu confensiynol y'i maged ychwaith ond gyda'r nythaid o ferched cryfion hynny a gredai mewn rheoli eu tynged eu hunain.

O'r adeg pan laniodd hi ym Mharis, ffolodd ar y ddinas oherwydd ei hatyniad rhyngwladol ac estron, ac roedd hynny'n rhoi rhwydd hynt iddi hithau ymddwyn yn wahanol. Roedd yr hinsawdd yno'n berffaith ar gyfer anturio'n greadigol, gydag artistiaid o wahanol feysydd yn ffynnu wrth ymwneud â'i gilydd ym maes cerddoriaeth, llên, theatr neu gelf.

Eto, gwibiog yw'r argraffiadau a gyflwynodd Eluned i ni o'i hamser ym Mharis, hyd yn oed os bu ei ddylanwad yn ddwfn arni gydol ei hoes. Hwyrach mai Paris oedd y foment ddiffiniol yn ei bywyd a hynny am ei bod mor wahanol i Genarth 'gysglyd', chwedl Eluned. Agorwyd ei llygaid hefyd i weld ffordd arall o fyw heb na hualau na gwaharddiadau. Roedd y ddinas yn wrthgyferbyniad llwyr i'r parchusrwydd Cymreig y'i magwyd ynddo yn ei hardal enedigol er nad oedd aelodau ei theulu ei hun yn biwritanaidd eu buchedd, a digon anghonfensiynol oedd ymagweddau ei theulu estynedig, fel y dywed yn ei hunangofiant.

Ond roedd croesi o Lundain i Ffrainc yn haws o lawer na threulio diwrnod cyfan yn ceisio mynd adre i orllewin Cymru a'r siwrne honno'n un drafferthus. Ni ddywedir ymhle yn union yr oedd yn lletya ond dywedir bod brawd Joan, ei ffrind o ysgol Bestreben, yn gerddor ym Mharis ac iddyn nhw mewn dim o dro gael eu denu gan hud a lledrith Bohemia'r *Left Bank*. Llwyddodd yn achlysurol i smyglo caneuon cyfansoddwr ifanc o'r enw Noel a recordiwyd yn Ffrainc drosodd i Brydain, ond nid oes llawer o fanylion am y math o ganeuon oeddynt na pha mor anghyfreithlon oedd ei rhan hi yn y fenter honno. Mae'n anodd dychmygu'r Eluned ifanc fel rhyw droseddwraig brofiadol. Ai naïfrwydd a barodd iddi gytuno i'r fath weithgaredd? Ai ofni siomi ei chyfaill, efallai? Cyfnod oedd pan gymysgai â rebeliaid a rhai nad oedd yn poeni rhyw lawer am drefn y wladwriaeth. A thrwy ymwneud â rhai oedd yn meddu ar wahanol ddaliadau a chymhellion, daeth i adnabod rhai eraill, ac yn arbennig un dyn, Llydawr a gipiodd ei chalon. Ond i'w gyflwyno rhaid adrodd hanes ei chyfarfyddiad ag un person arall a fu'n bresenoldeb pwysig yn ei bywyd.

Yn sgil ei chyfeillgarwch â'r cerddor Jean-Noel Pierre cyfarfu ag Édith Piaf, ac ymweld â hi yn ei chartref. Dywed iddo ofyn iddi un noson a ddymunai gwrdd â rhywun arbennig ac wedi iddi ateb yn frwdfrydig yr hoffai wneud hynny, cafodd ei hun yn fflat Édith Piaf. Fel hyn y disgrifia'r profiad ar ddalennau o nodiadau Cymraeg: 'I grombil y ddaear fel cell gwahadden, ryw seler anghofiedig yn y Rue Pigalle a'r damprwydd yn creu lluniau angau ar y wal … trwyn a llygaid oedd Piaf, a'i chorff fel cocŵn wedi ei rowlio mewn pedair cot fawr ddu, i gadw'r oerfel a'r diafol mas.' Â ymlaen:

> Gofynnwyd i mi yn sydyn un tro sut fyddwn i'n disgrifio Édith Piaf a'r ateb union a ddaeth oedd 'Annisgwyl'. Ac yn wir, o feddwl, fedra i ddim gwella ar y disgrifiad. Dyna'r apêl – y gymysgedd o rinweddau, ffaeleddau, ac athrylith – yr un gymysgedd, mae'n siŵr, a roddodd y pŵer annisgwyl i'w llais.

Ac ni fu hi erioed mor annisgwyl â'r noson gyntaf i mi ei chyfarfod ... yng ngolau un gannwyll gwelwn gadair ar ganol y llawr, ac yn eistedd ynddi, rhywbeth yn tebyg i fymi Eifftaidd, bron o'r golwg o dan lwythi o gotiau duon – pedair yn ôl y cyfrif wedyn. Yng nghanol y duwch, gwelwn drwyn a darn o dalcen oer-wyn lle disgynnai'r pelydryn golau.

Penderfynais fod fy nghyfaill yn cael hwyl wrth dynnu fy nghoes ac ni wnes fawr o sylw pan gefais fy nghyflwyno fel un o Gymru. Tynnodd Jean-Noel Pierre botel o win o'i boced gan ddal yn daer ei berswâd am i'r bwndel du ganu, ond teimlais gymaint o drueni ein bod yn poeni rhywun mor anhapus ac isel ei byd, nes awgrymu y buasai'n well inni fynd. Er syndod i mi, dyma'r corff mad fyw yn ysgwyd yn rhydd o'r gadair, plufio'r cotiau oddi arni ac yn dechrau canu. A'r llais cwbl annisgwyl, a chwbl drydanol – y llais o liw wystrysen – rhyw gyfuniad cyffrous o donnau gwyllt yn torri ar greigiau a thonnau'r haf yn cusanu tywod sidan.

Fel yr oedd Piaf ei hun yn gwbl annisgwyl, deallais ar ôl hyn ein bod wedi ei dal mewn un o gyfnodau'r falen. Gofynnodd imi ddod yn ôl i'w gweld mewn deng niwrnod. Teimlais reidrwydd i gadw'r cyhoeddiad, a dyna sut daeth y siawns i mi adnabod yr annisgwyl.

[O bapurau personol Eluned]

Yno, ar y noson gyntaf y'i clywodd yn canu am y ferch fach a grafai fywoliaeth ar y stryd:

> Elle est née comme un moineau;
> Elle a vécu comme un moineau
> Elle mourre comme un moineau.

Yn ddiweddarach, lluniodd Eluned y geiriau hyn amdani a'i galw'n 'Llwyd Bach y Baw':

Aderyn bach llwyd yn trydar am fwyd
Ym Mharis, prifddinas Ffrainc,
Y dyrfa'n ddihidio, gan ruthro a gwawdio,
A'u clustiau yn fyddar i'r gainc.

Fel angel o'r ne', daeth Louis Leplée
Adnabu y weddi'n y llais;
Achubodd y bitw o gysgodion du, garw
Rue Troyon, y butain a'r trais.

Cytgan:
O, llwyd bach y baw
Yn dy ddillad ail-law
Yn canu'n ddi-daw
Ar y stryd yn y glaw,
Gan estyn dy law
Am y manna na ddaw,
O, llwyd bach y baw.

Non, rien de rien
Non, je ne regrette rien …
Ehedaist yn rhydd, ar ddwy adain ffydd,
O ganol trueni y ffos;
Cyrhaeddaist gopaon tu hwnt i obeithion,
A'th lais yn serennu ein nos.

Cytgan:
Calonnau ar dân, deil angerdd dy gân,
Yn oesol i'n denu'n ddi-daw,
Mae'r byd yn dy garu, dy garu, dy garu,
Ein llwyd bach, ein llwyd bach y baw,
Ein llwyd bach y baw.

Non, rien de rien

Non, je ne regrette rien …

Cyhoeddwyd y gân hon yn 1997, gan Gyhoeddiadau Pen Dinas, Dinas yr Angylion, UDA, a cheir y geiriau canlynol ar ddalen flaen y sgôr:

Cyflwynir i'r Arglwydd Gordon Parry a Chôr Meibion De Cymru 'Llwyd Bach y Baw' (Teyrnged i Édith Piaf) Unawd Soprano, Telyn, Côr Meibion.
Geiriau Eluned Phillips. Cerddoriaeth Michael J. Lewis.

Ceir cyfieithiad Saesneg o'r gân hefyd gan Eluned ac fe gyfeirir ati fel, 'an enchanting melody by Michael J. Lewis to the words of Eluned Phillips'.

Er mai prin yw'r wybodaeth am ei chyfnod ym Mharis, pwysleisia Eluned iddi uniaethu â'r lliaws o artistiaid a oedd yn ymgymull yn fflat Édith Piaf. Treuliai nosweithiau yno ar gwr y Bois de Bologne, lle y byddai rhai yn cysgu ar soffa neu gadair, ond prin oedd y dodrefn. Meddai: 'Yr unig gelfi oedd piano, set radio a theledu, *record player*, cadeiriau i eistedd ac aml i ford isel i ddal y gwydrau hanfodol. A bagiau teithio o dan draed ym mhobman. Byw i ganu dyna'i bywyd.'

Nid yw ei hadroddiadau'n gyson bob amser, oherwydd yn ei hunangofiant dywed nad oedd Piaf yn defnyddio mwy nag un ystafell yn aml iawn. Mewn nodiadau eraill o'i heiddo, heb eu cyhoeddi, dywed fod gan Piaf naw stafell ac mai tair o'r rheiny a ddefnyddiai. Wrth gwrs, gellid bod wedi defnyddio un ystafell fawr ar gyfer y cyfeillion a fyddai'n galw ac yn aros dros nos, a'i bod yn defnyddio'i hystafell wely ei hun fel dihangfa ynghyd ag un ystafell arall ar gyfer gwestai arbennig. Nid oes tystiolaeth i

Eluned aros ar ei phen ei hun yng nghartref Piaf ar wahân i fod yno, yn hwyr y nos neu hyd at oriau mân y bore, ymysg y cwmni brith. Yn sicr, roedd ymwneud â chriw Piaf yn agor y drws i Eluned gwrdd ag enwogion eraill. Y mwyaf o'r rhai hyn oedd Picasso.

Yn ei hunangofiant dywed: 'I have always known that it was sheer luck that I met Édith Piaf on that momentous night … It was a kind of surreal life visiting Piaf in the Bois de Bologne . . .' Yn yr ystafell fawr honno byddai nifer o offerynnau a phiano mawr: 'To this day, I don't know how I fitted in. But I did.'

'Y llais cwbl annisgwyl a chwbl drydanol' yw'r disgrifiad barddonol o'r wraig ryfeddol a oedd i ddylanwadu ar Eluned weddill ei dyddiau. Mewn sylwadau yn rhifyn 24–30 Ebrill 2015 o'r *New Statesman* dywed yr awdur Tracey Thorn am y ffordd y byddwn yn ymateb i ganwr neu gantores: 'When we respond to a singer, often we don't really see or hear the actual person. We see and hear an imagined version of them, a projection of our own needs and desires.'

O'r cyfnod pan gâi wersi piano ac y lluniai eiriau ar gyfer caneuon, gellid casglu bod gan Eluned ddiddordeb mewn cerddoriaeth. Ni fyddai wedi'i galw ei hun yn gerddor efallai ond hwyrach fod ganddi ddyheadau cerddorol a thystiodd Jackie Edwards, perchennog siop trin gwallt yn Aberteifi, i'r ffordd y byddai'n canu ag arddeliad, boed hynny mewn gwasanaeth capel neu o dan sychwr gwallt yn y siop trin gwallt.

Ar gamera, yn y rhaglen a wnaeth am Édith Piaf ar gyfer S4C, a gynhyrchwyd gan Gareth Rowlands yn 1994, fe'i gwelir yn adrodd rhan o gerdd a luniodd iddi. Nid rhan o'r gerdd ail orau yn Eisteddfod Genedlaethol y Bala 1967 oedd hon ond cerdd arall, sef 'Trioleg yr Oet', a gyhoeddwyd yn ddiweddarach yn *Hel Dail Gwyrdd*[7] ac yn ei chyfrol *Cerddi Glyn-y-mêl*.[8] Mae Eluned yn cyfaddef iddi fethu mynychu angladd Édith Piaf yn 1963 gan ei bod yn America ar y pryd. Cafodd gyfle wedyn i gynnau cannwyll yn yr eglwys a wrthododd gynnal gwasanaeth angladdol i Piaf. Bu'n rhaid i swyddogion yr eglwys honno ildio, yn rhannol oherwydd lleisiau niferoedd o'i chefnogwyr. Ar y rhaglen deledu, dywedodd y byddai'n adrodd y gerdd fechan hon bob tro yr ymwelai â Pharis, ac â bedd Piaf ym mynwent Père Lachaise:

> Oet fflam yn bwyta Amser yn y cnawd
> Mewn tymestl ysgeler.
> Darfu pabwyr dy hyder;
> Ni bu haul, na lloer na sêr.
>
> Oet rosyn yng ngwae'r hirlwm yn gwywo
> Er ein diod-offrwm.
> Cyn i Angau direswm
> Dy fwndelu i'r pridd llwm.
>
> Eto, yr wyt yn aros – a'th bêr lais
> Yn sirioli'r hirnos.
> Uwch drycin mae llais eos
> Hi yw llawenydd fy nos.

Er ei bod hi'n anodd gwybod faint o amser a dreuliwyd ym Mharis, bu dylanwad y lle'n ffurfiannol i'w gyrfa fel artist. Yn ei hunangofiant, rhoddodd Eluned dri lle fel pennawd, sef

---

[7] *Hel Dail Gwyrdd*, Menna Elfyn (gol.) (Gomer, 1985).
[8] *Cerddi Glyn-y-mêl*, Eluned Phillips (Gomer, 1985).

London, Paris and Cenarth, fel petaent yn perthyn i'w gilydd, gan orffen bob tro yn ddwfn yn ei milltir sgwâr. A diau y byddai dychwelyd i glydwch Cenarth yn gysur iddi er ei chrwydradau dinesig; hwyrach mai cerrig sarn oedd Llundain a Pharis er y dynfa i ymweld â hwy. Dyna'r ddwy wedd ar bersonoliaeth Eluned: y modd y carai rialtwch dinasoedd ond y crefai hefyd am symlrwydd bywyd cefn gwlad.

Beth, tybed, oedd yr atyniad rhyngddi a Piaf? Ai amwysedd ynghylch eu hadnabyddiaeth o'u tadau? Efallai bod yr amddifadrwydd hwnnw wedi ysgogi'r ddwy i greu ystyr o'u 'hiraeth' gan fwrw eu lleisiau uwch dwndwr y golled anniffiniadwy honno. Er y cyfaddefai Eluned na feddai ar lais canu, 'canu' yn yr ystyr letach a wnâi'r ddwy. Roeddynt ill dwy hefyd yn grefyddol ac yn arddel crefydd seml, er y credai Piaf yn y gwyrthiau ac yn fwy llythrennol yn y Beibl nag a wnâi Eluned. Fel hyn y dywed Eluned amdani:

> Efallai mai y wythïen fwyaf annisgwyl yn ei phersonoliaeth i mi oedd dyfnder ei chrefydd. Ac nid rhywbeth dros dro oedd hyn. Credai, gyda diniweidrwydd plentyn, yn hollol absoliwt felly, wyrthiau Duw. Bu bron colli ei golwg pan yn bedair oed, a rhywsut bu'r driniaeth yn llesol. Nid anghofiodd byth.

Mae yna un rheswm arall pam yr edmygai Eluned y gantores Édith Piaf, a hwnnw'n rheswm nad yw'n ddealladwy ar yr wyneb efallai. Câi ei hadnabod fel un a weithiodd yn galed gyda'r *French Resistance* gan smyglo gelynion y Natsïaid allan o'r wlad yn ystod blynyddoedd yr Ail Ryfel Byd. Noda Eluned iddi wybod am un o leiaf a oedd yn ddiolchgar am ei help. Ni cheir enw wrth yr honiad, ond yn ddiweddarach yn ei hatgofion mae'n cyfaddef iddi hithau'n ogystal ddilyn ôl camre Piaf ac achub Llydawyr cenedlaetholgar rhag y gosb eithaf.

Sonia yn ei hunangofiant am reswm arall pam y bu iddi ymserchu'n llwyr yn ninas Paris:

> Paris has been known along the years as a city of lovers. Any one who has walked along the Champs Élysées in the spring sunshine when the chestnut trees are full of bloom, or at night when the flowers are about to close their sleepy eyes, must have felt the blood in their veins dancing with the hope that around the corner could be one's own special joie de vivre. So be it. The unexpected can play see-saw with one's life.

Mae'n cyfaddef nad oedd yn hoff iawn o'r partïon a'r gyfeillach: 'I have never been an enthusiastic party animal, preferring a quiet talk with friends or soft music but the Left Bank was always aglow with invitations and, in Paris, you do as the Parisians do.'

Byw un dydd ar y tro a wnâi Eluned gan gofleidio llawenydd bywyd a'r gymdeithas a'r cyfeillion a'i hanwesai. Os oes un llinyn yn rhedeg trwy ei bywyd, ei hedmygedd o bobl yw hynny. I raddau, portreadir hwy weithiau mewn modd hagiograffig, braidd; bron nad ydynt uwchlaw trueiniaid gwael y llawr. Mae hynny weithiau'n syrffedus o drist, gan ei bod yn dyrchafu rhai ar draul ei mawredd a'i hunanddelwedd ei hun. Canmola Augustus John, Picasso, Jean Cocteau, Dewi Emrys, Cynan a llu o bregethwyr a chymeriadau ei bro i'r cymylau. Mae hynny ar un wedd yn ganmoladwy ond ar y llaw arall yn gwneud i rywun dosturio na welai ei hun yng ngoleuni'r lleill nac fel un oedd gyfuwch â hwy. Edmygai Piaf hyd at eilunaddoliaeth. Ac eto, dyma a ddywed mewn llythyr am y cyfryw gymeriadau:

Glyn-y-mêl,
Cenarth
Castellnewydd Emlyn
Dyfed SA38 9JP
16.2.88

Annwyl gyfaill,

. . . Ac ar ben hyn, y cymal hollol ddamniol i mi, yw'r un ynglŷn ag Augustus John. Yma eto y mae bron pawb yng Nghymru – yn enwedig y cyfryngau – yn mynnu mai fi yw'r unig Gymraes sydd wedi cwrdd ag Augustus erioed. Bob tro y bydd yna sôn am y dyn, mae'r cyfryngau ar y ffôn yn syth i fegian am gyfweliad. Rwy'n gwrthod bob tro gan awgrymu'n bendant fod 'na eraill yn sicr yn ei adnabod yn well na mi. Ond does neb am wrando . . .

'Run peth am Piaf. Pawb yn credu mai fi oedd yr unig un i'w chwrdd erioed.

Eluned

A dyna sy'n wir, onid e? Do, daeth Eluned i'w hadnabod a chanodd amdani'n angerddol mewn cerdd a fyddai, oni bai iddi ennill gyda cherdd arall, wedi cipio'r Goron yn 1967. Ond prin yw'r dystiolaeth fod Eluned yn ffrind mynwesol i Piaf, ac er iddi wneud addewid y deuai i ymweld â Chymru, ni ddaeth. Felly, mae rhywun yn ensynio mai ffoli ar y bersonoliaeth ddawnus honno ond ag elfen gref o dosturi ac edmygedd didwyll a wnaeth Eluned. Dwy yn herio'r gymdeithas batriarchaidd ond ill dwy'n cael elfen o ymryddhad wrth breswylio yn awyrgylch bohemaidd Paris. Digon posib i'r ddwy weld tebygrwydd ym mhersonoliaethau ei gilydd: yr elfen encilgar yn rhoi mwgwd dros yr hyder ymddangosiadol gyhoeddus y bu'n rhaid i'r naill a'r llall ei arddel. Y ddwy hwyrach yn crefu am gynhesrwydd cwmnïaeth ac yr un mor gyndyn i fod yn agored yng nghanol y llu cymdeithasgar.

Wedi i Eluned ddod yn ail yn Eisteddfod Genedlaethol y Bala, 1967, am ei cherdd i Édith Piaf o dan y teitl 'Corlannau', gofynnodd am y gerdd yn ôl ac o'r herwydd nid oes copi ar gael yn y Llyfrgell Genedlaethol. Ond wrth dwrio drwy ei phapurau, deuthum o hyd i gopi cyflawn o'r gerdd. Dyma rannau o'r gerdd sy'n bortread barddonol o Édith Piaf, ei thras werinol, ei chrwydradau 'o balmant i balmant / o seler uffern i seler uffern'.

Corlannau

(Edmygedd o athrylith La Môme Piaf – Édith Piaf – cantores fawr Ffrainc)

Botymais fy enw yng nghot fawr y byd
Â diferion duon y defaid.
La Môme Piaf,
aderyn y to,
Llwyd bach y Baw! . . .

Mam o reidrwydd!
Trwbadŵr y gân yn ceinioga o gaffi i gaffi;
ei hego yn tiwnio ar hyd llinyn y cydio
i gronni'n athrylith ynof . . .

Gadael ei ysglyfaeth yn grychgoch ar stepen drws siop,
y ffenestr yn ddu a'r nos yn galaru am gwsmer.
Helgwn yn llyfu wyneb a thafodau sgandal.
Llaw mewn maneg yn sleifio o'r tu arall heibio,
a'r frest yn drom o arwydd y Groes.

Carcus yw'r betws!

... Tlodi!
Am nad oedd y bugail wrth law i'm cario i'w gorlan.
Ciliodd i grombil y nos
gan briddo'i glustiau rhag rhewynt y Rhyfel Mawr.
Minnau'n ddinod,
Dygodd balchder mam yr Édith oddi ar Cavell yr arwres
yn stamp ar fy noethni
a mam fel gwcw yn troi ei chefn-gwcw i chwilio am nyth arall.

Pentrefi dwy nain
a blynyddoedd fy chwarae yn rhedeg i gwato
rhwng barfau'r ysgall a bysedd cloc dant y llew.
... Y gynnen
yn gwmwl tragwyddol rhyngof â glas y gors.
Ac ni sawrais friallu Mair
ond ar bapur wal yng nghlybiau Cwmnioedd y Cythraul ...

... Clymu fy ngwanwyn wrth garafan grwydrol fy nhad
o syrcas i syrcas.
Y baw yn wên ar wyneb,
pob drych yn ddall yn saith mlynedd fy anlwc ...

... Tyfais yn ras bywyd
o fonclust i fonclust y mamau a newidiai fel lleuadau anghyfrifol.

Mae'r angerdd yn nisgrifiadau'r bardd yn ysgytwol wrth ddarlunio
gerwinder bywyd Piaf. Ond ceir peth goleuni pan ddaeth at y
ffydd Gristnogol:

Un nos cynhebrwng – y lleuad a'r bwci-bo ar gerdded –
cofiodd y ddraenen am y gwlith o waed.
A phlygodd ffon yn llaw y Santes Therese
i'm harwain i gorlan Liseux.
Ac at Allor y Goleuni.

'Ein Tad yr hwn wyt ...'

Ar y degfed dydd o benlinio ifanc
estynnodd Duw ei oleuni gwyrthiol
a dawnsiodd y canhwyllau cnawd.

... 'Yng nghysgod y gorlan
Mae digon o le ...'

Traed yr unig yn crinsial rhew ar Lôn Di-serch.
Nos y stryd yn llawdynn i'r gân yng ngharchar y galon.
Closio at wên;
at getyn o air;
at dyniad anadl wrth fynd heibio
ac at gorff ar hap siawns yng Nghorlan Tir Neb.
Fair Fwyn!
Y dyrneidiau cerrig yn nwylo'r ffodusion!
A yw Duw o Fainc y Pethau Byw
yn gwysio sgerbwd o'r oerfel i ddiffodd tân nwyd?

Mae rhannau teimladwy yn y gerdd, a'r darn sy'n cyfleu hyn
orau yw'r un lle mynegir ing Piaf o golli ei hunig blentyn drwy
afiechyd. Yn ei hiraeth, byddai'n holi, 'A oes ystyr i fywyd?'
O ganlyniad, trodd at gysuron eraill:

Rhwng drain a danadl y naw mis esgor
tyfodd cariad mam.
Ac o anlwc y nos daeth Marcelle i fodelu fy nghnawd.
Gydag offer min-balchder, trwsiais y ffens.
Ceisiais hi yng nghorlan y galon.
Ac ni bu crwydro am y ddwy flynedd o'i benthyg.

Ond beth a ŵyr y blaidd Angau am ing gwahanu?
Am ddwylo bach cyrliog yn llacio am wddf?
Am fwrlwm bloesgni yn cilio ... i'r gwyll. Am byth ...

Yn storm y stumog wag erys y glust yn fyddar
a Bywyd yn goma uwch pentan y dirgelwch.
Mynd i lwybr fy mhen, ac i gorlan Anghofrwydd
yn seler La Nouvelle Eve – cynt o dan enw Gomorra …

Yn y byw cyffuriol
mud oedd caneuon y galon,
eu llefain yn ddiflas fel babanod yn eu gwlybanwch.

'Elle est née comme un moineau,
Elle a vécu comme un moineau,
Elle mourra …'
Marw yn Llwyd Bach y Baw!

Gellir deall sut y cydiodd y gerdd yn nychymyg beirniaid
cystadleuaeth y Goron, gyda'i ffresni a newydd-deb thema oedd
yn hollol ddieithr i farddoniaeth Gymraeg yn y chwedegau. Yn yr
un modd, llwyddodd Eluned i dystiolaethu am fywyd argyfyngus
a gwewyr merch mewn byd trofaus.

Y Llydawyr

Nid oes ryfedd i Eluned fod yn betrusgar yn ei hunangofiant wrth sôn am ei chysylltiad â'r Llydawyr cenedlatholgar adeg yr Ail Ryfel Byd gan fod hanes y gwahanol garfanau o fewn y mudiad yn un cymhleth. Mae hi yr un mor gynnil wrth adrodd hanes ei chariad tuag at Per, y Llydawr carismataidd. Er i'r berthynas fod yn llinyn di-dor yn ei hanes – a'i hatgofion, pery'r dirgelwch am y garwriaeth wrth iddi gyfaddef ei hun iddi 'gau drysau ar boenedigaethau'. Hon, hwyrach, oedd y loes fwyaf a ddaeth i'w rhan yn ystod ei bywyd. Cyflwyno'r cyfan fel stori ramantus a wna, y math o stori y carai ei hysgrifennu er mwyn ennill ei bywoliaeth pan oedd yn byw yn Llundain. Pa ran sydd gan rith a pha ran sydd gan realiti yn y storïau hynny, tybed? Dengys rhai dogfennau a gadwodd iddi ffoli'n llwyr ar ddelfrydau'r Llydawyr am hunanreolaeth i'w gwlad, ond golygodd hynny ei bod hithau wedi'i chyfyngu a'i chlymu ac ymhen amser, cafodd ei siomi ganddynt.

Gellid dweud mai ei chariad at Per oedd yn bennaf cyfrifol am ei hymwneud â'r mudiad hwnnw o genedlatholwyr. Ond pa genedlatholwyr Llydewig sy'n gwestiwn dyrys gan fod yna grwpiau amrywiol ohonynt, a chredai un garfan neu gell o genedlatholwyr Llydewig y byddai ochri gyda Hitler a'r Almaen yn caniatáu hunanreolaeth iddynt gan wireddu dyhead nas cafwyd gan lywodraeth Ffrainc.

Dywed fel hyn am Per yn *The Reluctant Redhead*:

He was a Breton called Per living outside Rennes. He spoke
Welsh, having learnt it from a man originally from Llandeilo,
who had been working in his village and who had given Welsh
lessons to a few interested students. He graduated as a scientist
and had been working in Berlin as a scientific correspondent.
This was 1938, and we spent all the time we could together,
whenever we both could be in Paris at the same time. He was
sometimes uneasy, as there were rumblings of war in Germany
beneath the surface. We discussed Wales and Brittany. We had
so much in common ... Per was an ardent Breton Nationalist.

Mewn cwta dudalen a hanner mae'n cloi'r bennod â'r geiriau hyn:

As time went on, the bond between Per and me strengthened
and I knew that it was not the impetuousness of a redhead that
decided that here was my soulmate. Per was equally certain.
When a declaration of war was too imminent for me to stay
longer in France, Per and I made a vow on parting that even
if we found it too difficult to communicate, we would meet
again as soon as armistice was declared. With the optimism
of the young we did not foresee complications ahead.

Daeth llawer o gymhlethdodau i darfu ar y berthynas obeithiol
a'r dyfodol teg. Bu'n rhaid gwahanu, a hynny am fod sôn am
ryfel yn yr awel. Yn wir, gwahanu oedd geiriau llywodraethol
y dydd wedi 1938. Eto i gyd, llwyddodd y ddau i weld ei gilydd
am y tro olaf a mynd law yn llaw ar hyd y Champs Élysées: 'Not
really believing, but with the stubbornness of youth, absolutely
refusing to accept that our separation would be a long one.'

Er iddynt wybod am yr anawsterau, ni wnaeth hynny eu
rhwystro rhag cynllunio'r dyfodol, meddai:

Per knew he would be roped in as a war correspondent. I, knowing I would be called to serve, would volunteer to be a Red Cross ambulance driver in France. I rattled off the reasons why I would be accepted. They sounded sound. With impudent confidence, we settled on meeting the moment the war was over. Then we would continue our personal slanging match over which our respective countries would have the first Parliament, Wales or Brittany?

Ond doedd y drafodaeth ddim i'w pharhau. Roedd cynlluniau eraill ar y gweill, cynlluniau gan ei mam, yr oedd effeithiau clefyd Parkinson yn dechrau cydio ynddi. Cyn hir, byddai Eluned yn ei chael ei hun yn cynorthwyo clerc yr ynadon yn Sir Gaerfyrddin. Ond nid dyna ddiwedd ar ymdrechion Eluned dros ei chymrodyr Celtaidd a chyfoedion Per – o bell ffordd.

$$\maltese$$

Hwyrach mai camgymeriad digon diniwed oedd i mi archebu cofnodion cenedlaetholwr o Lydaw yn y Llyfrgell Genedlaethol ac i mi gael, yn lle hynny, lyfr 'log' siopwr o Geredigion. Rhyfedd yw ffyrdd amryfusedd. Hawdd gwneud camsyniad rhwng un rhif ac un arall. A hwyrach fod honno'n ddameg am y ffordd y bu i rai Llydawyr gael eu rhifo a'u cyhuddo ar gam o fod yn gyd-weithredwyr â'r gelyn Almaenig tra oedd eraill yn euog o'r cyhuddiad hwnnw. Mae hanes Llydawyr cenedlaetholgar yn y cyfnod ansicr a chythryblus hwn yn llawn o gamsyniadau, o ddyfaliadau ac o ddeongliadau wedi'r cyfan. Mewn erthygl dreiddgar o dan y teitl 'The Breton Collaborators and the Welsh Llenorion' yn rhifyn 216 o *Planet*, gaeaf 2014, mae Rob Stradling yn ysgrifennu am y gymynrodd i'r Llyfrgell Genedlaethol gan gyn-aelod o gyd-weithiwr yr SS yn Llydaw. Cyfeiria yn ei erthygl at y storm a godwyd yn 2011 rhwng Llywodraeth Cymru a'r Llyfrgell Genedlaethol am rai milwyr a oedd yn rhan o uned arfog o genedlaetholwyr Llydewig, sef Bezen Perrot. Wedi'r rhyfel, llwyddasant i ddianc i Iwerddon rydd. Bu rhai ohonynt yn byw yn Iwerddon a chododd cynnen oherwydd i un ohonynt, Louis Feutren, adael £30,000 i Lyfrgell Genedlaethol Cymru, yn hytrach na'i adael i'r wlad a roddodd loches iddo, gyda'r amod y byddai'r Llyfrgell Genedlaethol yn derbyn ei archif breifat.

Llwydda Rob Stradling i amlinellu cefndir yr hanes a'r gwrth-daro mewnol fu yn Llydaw yn ystod tridegau'r ugeinfed ganrif. Roedd aelodau Plaid Genedlaethol Llydaw wedi anesmwytho ynglŷn â'r aberth a wnaethai dros chwarter miliwn o Lydawyr yn ystod y Rhyfel Mawr. Teimlai nifer cynyddol o Lydawyr eu bod wedi'u dieithrio oddi wrth wladwriaeth Ffrainc, gan ofni am ddyfodol Llydaw, ei hiaith a'i diwylliant. Wedi i Hitler ddod i rym yn 1933, teimlai rhai Llydawyr fel Olier Mordrel, newyddiadurwr blaenllaw, wrth drafod polisi tramor Hitler, y gallai'r Almaen fod yn gyfaill i Lydaw: 'France's difficulty equals Brittany's opportunity.' Daeth Gwenn ha Du (Gwyn a Du), cell derfysgol gudd, i fodolaeth.

Cyn i'r Almaen feddiannu Ffrainc yn ystod yr Ail Ryfel Byd, roedd rhai aelodau o Blaid Genedlaethol Llydaw yn credu mai dyma'u cyfle i ennill annibyniaeth. Roedd eraill am ymgyrchu dros ffederaliaeth. Mae'n debyg i dri chenedlaetholwr fynd i Berlin i drafod ac i wneud cytundeb i gefnogi'r Almaenwyr. Ond ni ddaeth hynny i fodolaeth. Ar ôl i'r Almaen oresgyn Ffrainc yn 1940, nid oedd angen cydweithrediad y Llydawyr ar arweinwyr yr Almaen, oherwydd gwnaed cytundeb â llywodraeth Ffrainc i rannu'r wlad yn ddwy ran – byddai un rhan dan feddiant militaraidd yr Almaen ym Mharis a'r gogledd, a byddai gwladwriaeth Ffrainc yn cael ei llywodraethu mewn enw yn unig gan y Ffrancod yn y de, yn Vichy. Bodloni arweinwyr yr Almaen oedd yr unig ffordd i fodoli yn y sefyllfa honno, a dyna a wnaeth llywodraeth Vichy am bedair blynedd tan ddiwedd y rhyfel. Er i arweinwyr y Blaid Genedlaethol geisio ennill cydnabyddiaeth dan drefn newydd Hitler, a bod Llydaw yn cael ei hystyried yn dalaith ar wahân i Ffrainc, methiant fu hynny.

Wedi'r rhyfel, bu cyrch ar gannoedd o rai yr amheuid eu bod yn gefnogwyr i'r Natsïaid, a'u cosbi'n llym. Saethwyd rhai – rhai yn unig am eu bod yn Llydawyr ac yn genedlaetholgar; carcharwyd eraill. Cafwyd dial o bob cyfeiriad ymysg y bobl eu hunain hefyd. Nid oedd de Gaulle ychwaith am ddangos llawer o drugaredd tuag at ddyheadau'r Llydawyr am hunanreolaeth.

Dyna'n fras gefndir y sefyllfa oedd yn wynebu Eluned yn ystod pedwardegau'r ganrif. Roedd Per yn genedlaetholwr pybyr a deellir iddo gael ei garcharu. Ni wyddys a oedd wedi cydweithio â'r Almaenwyr. Credai Eluned ei hun yr hanes iddo gael ei adnabod fel cydweithredwr, am fod ganddo gyfaill o'r enw Otto a oedd yn swyddog milwrol Almaenig. Beth bynnag yw'r gwir, dywed rhai o gyfeillion agosaf Eluned iddo gael ei arteithio tra oedd yn y carchar. Effeithiodd hynny'n ddirfawr ar ei iechyd. Felly, nid yr un dyn iach, delfrydgar ydoedd y person hwnnw y bu Eluned mewn perthynas ag ef pan oeddynt ill dau ym Mharis flynyddoedd ynghynt. Daeth rhyfel egr i'w gwahanu ac yr oedd Eluned ym mhen draw'r byd megis, yng nghlydwch Cenarth, tra oedd yntau yng nghanol y gwrthdaro. Ni cheir manylion am ei weithgareddau, ond wedi'r rhyfel deuai'r newydd amdano i glyw Eluned gan rai oedd wedi dianc o Lydaw, ac o dipyn i beth ceisiodd hithau ei gorau glas i ymgyrchu dros eraill oedd o dan fygythiad o gael eu dienyddio.

Nid oedd Eluned mor wahanol â hynny i'r cenedlaetholwyr yng Nghymru o ran ei hanian, sef aelodau blaenllaw o'r blaid genedlaethol, yn 1945. Credir eu bod hwy hefyd naill ai'n ddiniwed am eu bod yn adnabod rhai o'r cenedlaetholwyr Llydewig a heb gredu fod gan y rhan fwyaf ran yn y gell derfysgol gudd. Hynny, neu iddynt deimlo tosturi tuag at y dial a'r erlid ar Lydawyr diwylliedig. Gwnaed ymdrech bwrpasol i geisio arbed bywydau rhai artistiaid, llenorion ac athrawon rhag yr hyn y credid oedd yn gyfiawnder gwyrdroëdig ac i dynnu sylw at ormes yn erbyn y rhai a siaradai Lydaweg yn Llydaw. Nid Eluned oedd yr unig ferch o lenor a geisiodd achub bywydau rhai a ddedfrydwyd i garchar. Roedd Kate Roberts a'i gŵr, Morris Williams, perchnogion *Baner ac Amserau Cymru*, mor gynnar ag 1946, wedi dychryn ynghylch achos llys Roparz Hemon ac wedi llwyddo i gael y diweddar Farnwr Dewi Watcyn Powell, a oedd newydd raddio o Rydychen, i fod yn sylwedydd yn yr achos llys hwnnw. Gwelwyd y sefyllfa fel achos o iawnderau dynol yn ogystal â gweithred o fynegi gofid am ddyfodol yr iaith Lydewig.

Gellid ymhelaethu ynghylch trybestod yr hanes hwn a'i droellennau sy'n arwain i wahanol fannau, heb wybod yn iawn ymhle na beth yw gwirionedd y sefyllfa. Digon yw dweud i'r hanes ei hun gorddi amwysedd yr emosiynau a'r meddylfryd a feddiannodd gwladgarwyr Cymreig y cyfnod hwnnw. Mae'r ffaith i'r Llyfrgell Genedlaethol dderbyn yr arian a adawyd iddynt gan genedlaetholwr eithafol Llydewig, a hynny'n groes i ddymuniad Gweinidog Diwylliant Huw Lewis, yn cadarnhau'r ddau begwn.[9]

---

[9] Addawodd y Llyfrgell Genedlaethol y defnyddid yr arian i ymladd ffasgaeth.

Dengys yr enghraifft uchod mor rhwygedig yw holl hanes y Llydawyr a'u hymwneud â'r Almaen, ac mae hyd yn oed y canfyddiad o'u hymwneud yn ddigon i godi'r tymheredd a theimladau cymysg o hyd. Dyna fu hanes Eluned a Per – y ddau wedi'u rhwygo gan ryfel am yr eildro. Fel pe na bai'r rhyfel yn ddigon i'w gwahanu, dyma yn awr wewyr arall a wynebai Eluned wrth iddi orfod dygymod â'i swyddogaeth neu'r posibilrwydd o ymwneud â charfan y tybid eu bod yn genedlaetholwyr terfysgol a arddelai ddulliau trais.

Dim ond yn rhannol y medrwn adrodd y stori ramantus hon a drodd yn stori lawer mwy cymhleth mewn gwirionedd. Stori driot ydyw am awyddfryd dau ifanc yn darganfod ei gilydd ym mhenrhyddid Paris gan ganlyn ei gilydd a mwynhau bywyd ffwrdd-â-hi ar strydoedd y ddinas. Yna, ymhen rhyw flwyddyn, sigwyd eu byd. Daeth bygythiad rhyfel, gan roi taw ar ddyheadau ac addunedau am fyw'n gytûn fel deuddyn. Chwalwyd breuddwyd y Gymraes a'r Llydawr, a da o ddwy ynys a ddinistriwyd erddi. Daeth môr tymhestlog i'w gwahanu.

Adroddir yr hanes mewn ffilm lled-fywgraffyddol a wnaed yn 1989, *Rhith y Lloer*, sgriptiwyd gan Ewart Alexander, lle mae ffaith a ffuglen yn cydgerdded. Ond mae'r erthygl a luniodd y dramodydd ei hun oedd i'w weld yn y *Western Mail* ar 1 Mawrth 1989 yn adrodd yr hanes yn groyw o effeithiol:

> *Ruffled Water* (*Rhith y Lloer*) is about a girl who lands herself in one hell of a mess. Is that it? Well, if you're prepared to stand in the drizzle … there's more.
>
> The story begins in the late thirties and ends in 1945. It tells how politics of a marginal kind became mixed up with love of the universal type. It starts in Wales, crosses to Brittany with a glance or two at Ireland and ends in Wales.

So what about this girl, then? At first she treated her sense of nationalism with the sometime flippancy of youth, until she senses condescension in London, and became converted in Paris. It may seem bizarre that some Bretons could see the German invasion of France as a means of liberating Brittany.

Her Wales is, therefore, put into perspective and she begins to see the similarities and feel the difference ... she confuses her growing love of country with her love for the Breton she met in Paris. After all, it's not all that difficult to assure or toy with an alien set of values if your loved one happens to hold them strongly. The Romantic Notion and Romance are persuasive bedfellows at the honeymoon stage. Things seem simple. All problems solvable.

But alas, the attrition of time, and the conspiracy of events force their compromises and, in some cases, herald a bitter dawning. Yet our girl, still perversely in love, still a convert to the simplistic Nationalist faith, won't give up her man, won't allow reality to intrude.

She can't understand, for instance, why, after the war, the French took such a vicious turn against some Breton collaborators. Summary trials and executions were the order of the day. The Bretons learned that independence presumes a correct choice of allies ...

So who's to dismiss our girl, real Welsh, real proud, as some half-baked country girl who went out into the world following her heart for all it was worth? There's something fine and (pardon the word) noble in staring straight at disastrous odds and deciding to go on ... at whatever cost.

But ... Our girl isn't an island. The delicate web of friendships and relationships are all the more cruelly sundered when the place in which it happens is quiet and in west Wales. It's all very well to shout your slogans, display your heartache, often forgetting to stand on other people's shoulders, other people's feelings, so to do.

Our girl therefore, is driven into a corner, at odds with the people she needs most, and who care for her most. Gestures of support and caring are seen as unfeeling attacks. The offered hands of lover are perceived as talons.

With exhausted post-war Europe groaning under the effects of its cruel excesses, when millions were displaced by the cold fog of war, our girl with a self-indulgence born of the irresponsible, chooses an internal exile in the only places she can now be – home.

They say that home is where the heart is. Her's is elsewhere. She marks her days with the this and that of earning the crust.

She's been on an immense journey for a girl of her place, of her time. Yet, she's back where she started counting the days to the new beginning which she knows will never come.

All this agony and agonising is of nothing unless the story is well told and interests you.

Mae ymateb cymysg Eluned i'r sylw a fu ar *Rhith y Lloer* i'w ganfod mewn llythyrau a anfonodd at gynhyrchydd a chyfarwyddwr y rhaglen, Gareth Rowlands:

Glyn-y-mêl
Cenarth
Castellnewydd Emlyn

19.4.89

Annwyl Gareth,

... Ond 'nôl at y stori arall rwy'n ofni. Rwy'n dal yn fyw – o brin. Does neb wedi ymosod arnaf yn gorfforol hyd yma, ond fe ddaeth yn lled agos. Mae yna un neu ddau o gwestiynau y carwn i gael atebion iddynt cyn cau'r drws unwaith yn rhagor, ac am byth y tro yma, gobeithio. Oes gyda chi ychydig o eiliadau i'w sbario yn y dyfodol? Os nad ydych yn digwydd bod i lawr y pen yma, rwyf yn rhydd bellach i fedru dewis fy amser i ddod i Gaerdydd.

Ar wahân i'r bobl fusneslyd fu'n turio o'r tu allan, roedd yna ganmoliaeth haeddiannol iawn i'r cynhyrchiad.

Gobeithio fod pawb yn llawn hwyl
Cofion cynnes
Eluned

Mewn llythyr arall, dywed eto mor falch yw o'r cynhyrchiad:

Glyn-y-mêl,
Cenarth
[dim dyddiad]

Annwyl Gareth,

Mae'n flin gennyf fy mod eto yn hwyr yn diolch am y tâp. Mae wedi bod yn amser caled yma. Ond yr oedd y cyfan, fel roeddwn yn disgwyl, yn gwbl effeithiol. Rwy'n wirioneddol falch fod *Rhith y Lloer* wedi tyfu yn ddrama mor fawr o bwysig; yr ydych chi ac Ewart yn bartneriaid di-guro.

Ond yr oedd gweld Annie yn edrych arnaf o glawr *Sbec* yn boenus o ysgytwol. Y gwallt coch a chot yn union yr un fath ag un sydd mewn llun ohonof yn y tŷ yn rhywle! Mae'r Llydawyr yn curo hyd yn oed y Cymry am glonc, ac rwy'n gwybod y bydd yna ymateb oddi wrth un – gobeithio nad aiff hi dros ben llestri ac achosi helbul i eraill. Cyn hyn, yr oeddwn yn gofidio am ymateb Get iddi – ond mae'r gofid yna drosodd bellach ac rwy i'n hen arfer â brwydro dros fy hun.

Maddeuwch y nodyn byr ac aflêr. Mae'r bobl yn dal i alw ac mae'r meddwl wedi ei barlysu. Mae'r dagrau ar y funud yn

stalactidau yn hongian yn y frest. Anodd, anodd dygymod
â'r ffaith nad yw Get yma i hoelio'm sylw. Amser, mae'n
debyg, a leinw'r gwacter.

Rwy'n dymuno pob llwyddiant eto i *Rhith y Lloer* – yn
anffodus i mi mae'n rhy dda ac yn sicr o dynnu sylw allan o'r
cyffredin.

Cofion cynnes atoch fel teulu,
Eluned

Plis rhowch wybod os fydd yna holi ynghylch ein cyfeillion
yn Iwerddon – mi fydd yn well gen i gael gwybod – gobeithio
fy mod yn mynd o flaen gofid ac y bydd tawelwch mawr!

Mae'r llythyrau'n mynegi ei balchder yn yr hyn a wnaed o'i stori
ar ffurf y ddrama *Rhith y Lloer*, ond hefyd ei hofnau ymhgylch yr
ymatebion i'r ddrama honno. Cyfeiria'n benodol at rai a adwaenai
a oedd yn rhan o'r mudiad cenedlaetholgar eithafol yn Llydaw.
Mae'r sylw at Iwerddon yn cyfeirio at y rhai hynny a ymfudodd
yno ar ôl glanio yng Nghymru. Ai gwir felly'r honiad y bu
Eluned yn fwy na lletywraig hael ac iddi fod yn rhan o gynnwrf
y cyfnod hwnnw, yn gyfryngydd, os nad yn drefnydd cudd, i
alluogi rhai i ddianc i Iwerddon? A oedd hi erbyn 1989, yn teimlo
elfen o gywilydd o fod wedi cynorthwyo'r Llydawyr ac yn teimlo
anniddigrwydd ynghylch hynny? Dywed yn ei hunangofiant fod
byrbwylltra yn rhan o'i chynhysgaeth. A oedd diniweidrwydd
anwleidyddol hefyd yn elfen o'i phersonoliaeth? Tybed nad
oedd treigl amser wedi gwneud iddi ystyried goblygiadau ei
chymwynasgarwch?

Ceir un llythyr arall sy'n moli gwaith y cyfarwyddwr a
anfonodd gopi o'r ffilm ati:

Glyn-y-mêl
Cenarth
Castellnewydd Emlyn
Dyfed SA38 9JP

23. 11. 88

Annwyl Gareth,

Do, fe dderbyniais y tâp, ac ymhen amser ar ôl hynny, eich llythyr. Rhoddodd y tâp dipyn o ysgytwad a dychryn i mi – neidio fel arfer cyn meddwl …

Fy ymateb i'r cynhyrchiad? Gwych. Mae'r tâp yn dal i roi ysgytwad; mae yn gymaint mwy byw na'r sgript ysgrifenedig. Rwy'n credu eich bod wedi creu campwaith, ac wedi gwau'r gwahanol ffactorau yn gelfydd artistig. Mae'n ddogfen bwerus ac rwyf yn hynod falch fod yna'r fath werthfawrogiad o'ch gwaith yn Ffrainc a Llydaw. Oes 'na ddyddiad iddi fynd allan yng Nghymru? Y bobl tu allan i Lydaw sydd wedi bod yn boen i mi ar hyd yr amser, ond ta sut daw pethau, fy mhroblem i ydyw hynny bellach. Mae'r rhaglen hon yn un o'r goreuon i chi wneud erioed – i unrhyw un i wneud.

Dywed ymhellach na fyddai wedi ymddiried yn neb arall i wneud y gwaith heblaw Gareth Rowlands, arwydd hwyrach o'i synwyrusrwydd ynghylch rhai fyddai am dwrio i ddatgelu ei chyfrinachau.

Mae'r cyfrinachau'n lleng. Nid yw Llydaw ymhell o'i meddwl hyd yn oed ddegawd cyn i'r ffilm ymddangos gan fod llythyrau oddi wrth Eluned yn eiriol dros rai cenedlaetholwyr a garcharwyd. Ymhlith papurau Eluned, cafwyd llythyr gan un yn dwyn yr enw HH, yn ei hannog i ymgyrchu i geisio rhyddhau Jacques Bruchet. Mae'n cloi ei lythyr â'r geiriau 'Cofion fil' a dengys ei eiriau mai ateb llythyr Eluned a wna:

Darlington
Totnes
Devon

18.9. 75

Dear Eluned,

Many thanks for your letter. However I want only to tell you that Jacques is now on hunger strike (he started on Saturday week before last – i.e. 10 days ago).

This was to protest against the decision of the examining magistrate refusing him bail. The appeal is to be heard next Wednesday (20.9). If his application is turned down again he will stop taking any liquid and then he is not likely to last long, since he has only one kidney (in addition to his heart condition).

Amnesty International will be discussing his case; I hope the French authorities have had a change of heart by then. There is no case against Jacques. His charge is "conspiracy". He is not indicted for the Versailles affair. The person who had charged this has since recanted.

All communications in his favour to be sent to the examining magistrate:

Monsieur Gonard

Juge D'Instruction

Cour de Surete de L'Etat

71 Rue St Dominique

Paris 7

I have already contacted y *Faner* & the Blaid.

You may have more ideas,

Cofion fil

HH

Dengys y llythrennau HH fod Eluned yn gyfarwydd iawn gyda'r llythyrwr, sef Hervé Le Helloco, a elwid yn Bob. Mae Yann Fouéré yn cyfeirio ato wrth iddo ysgrifennu am y frwydr a'r anawsterau ynghylch alltudiaeth a sut y trefnodd i rai, a oedd o dan fygythiad o gael eu herlyn yno, adael Llydaw. O ganlyniad, teithiodd llawer i Gymru.[10] Aeth y si ar led yn Llydaw fod Yann wedi dianc i Gymru, ac y byddai eraill yn ei ddilyn. Rhaid oedd iddo berswadio llawer nad oedd eu bywydau mewn perygl ac na chawsant unrhyw anhawster gyda'r awdurdodau. Dywed hefyd fod cydymdeimlad y wasg Gymreig yn gysur oherwydd ei fod yn dangos i'r rhai milwriaethus yn Llydaw, yn ogystal â'r farn gyhoeddus, nad oedden nhw'n brin o gyfeillion na chefnogaeth, a hynny er y wasgfa o du'r wladwriaeth Ffrengig.

Y Llydawr cyntaf a ddaeth drosodd oedd Gildas Jaffrennou ond yr ail i gyrraedd oedd Hervé Le Helloco. Dywed Yann Fouéré am Hervé:

After a botched trial, held in secret, he had been sentenced to death in absentia at the end of June 1946, shortly before I left the continent. It was certainly preferable that he should leave there and place a border between his persecutors and himself. He was an ideal recruit, as he spoke and wrote English far better than I did. Within three weeks he had completed the English translation of the brochure which I had written for Plaid Cymru. He had completed the work with the help of a Breton student called Robert Stephan, who had contacted us. Whilst I gave my classes at the University, he dictated the English version of the French text to him.

[10] Pennod 2: *The Struggle and Difficulties of Exile: The Welsh Report.* Fondation Yann Fouéré. www.fondationyannfouere.org

Dyma Eluned yn ymateb ar ei hunion ac yn anfon at M. Gonard gyda'r neges ganlynol:

> May I on behalf of the Welsh fraternity, in a desperate effort to save the life of a Political Prisoner, Jacques Bruchet, 1928141-78, appeal most humbly for the granting of bail at this application tomorrow.
>
> E. Phillips
>
> Glyn-y-mêl, Cenarth, Newcastle Emlyn, Wales

Ymddengys felly i Eluned gymryd yr awenau wrth ysgrifennu ar ran y 'Welsh fraternity'.

> Cafodd gadarnhad i'w llythyr gael ei dderbyn yn fuan wedyn:

> Foreign and Commonwealth Office,
> S.W.1
>
> 27 September 1978
>
> The Secretary of State acknowledges the receipt of your letter of 21 September about the concern of Miss Eluned Phillips of Glyn-y-mêl, Cenarth, Newcastle Emlyn, over the detention of the Breton Jacques Bruchet.
>
> The matter is receiving attention and a reply will be sent as soon as possible.

Ddwy flynedd yn ddiweddarach, cafwyd y datganiad hwn i'r wasg o eiddo J. Bruchet, 1 rue des Cordiers, 35400 Saint Malo:

> On the 11.02.80 I sent to the Council of Europe a written complaint against the organisation of the Cour de Sûréte de l'Etat in Paris.
>
> In that paper I exposed the proceedings of the above court in the last trial of the FLB, in contravention of article 5, paragraph 3, and article 6, paragraph 1 of the European Convention on Human Rights.

My appeal to the Council of Europe is likely to be inadmissible, since the French State has refused to ratify article 25 of the said Convention, which gives citizens of the member countries of the European Community the right to appeal to European courts.

However my complaint is not a mere symbolic gesture of protest. In face of the rapid whittling away of civil liberties in France, it is the first step in the campaign towards a better protection of individual freedom, especially through harmonisation of the rights of the citizen in European countries.

Therefore the aim of my protest is twofold:

1) Warn public opinion against the dangers of judicial authority which is an exceptional court depending on the Executive.

2) Call on the Members of the European Parliament to start at once the process aimed at giving French subjects the right of individual appeal in European courts, which is enjoyed by the citizens of all the other Members of the Community

Er mai J. Bruchet a ryddhaodd y datganiad i'r wasg, mae'r ffaith ei fod ym meddiant Eluned, ac iddi gadw copi carbon ohono yn awgrymu iddi gynorthwyo gyda'r cyfieithiad. Yn ei hunangofiant, cyfeiria Eluned at y digwyddiad gan nodi'r canlynol:

I had one more small tussle with the French authorities. We had a Breton friend Jacques, who acted for his fellow Bretons in prison for their love of Brittany, and was himself in prison because he had taken up their legal grievances. He had developed heart trouble and his friends worried for his life if he was kept locked up without medical treatment. There were prominent and respected people in Wales, like Cynan, Euros Bowen, and his brother Geraint, the Rev. Dyfnallt Owen and others, trying their utmost to get him released. He was due to appear in court and that, everyone feared would further prolong his time without treatment. As usual when I was frustrated, my red hair genes would commandeer my common sense. With sheer recklessness, I cabled the judge sitting on the case with a heart-breaking sob story. It happened to be more or less true, because Jacques's wife, Elizabeth was bordering on a breakdown. When I confessed to this later, the ones who knew more about the French system than I did, thought I had done more harm than good, as the Welsh and the French have different temperaments. I agreed. But suddenly, Jacques was freed. I take no credit for that, but am only thankful that for once, the French faced up to their mistake in locking him up in the first place.

Bu Eluned wrthi'n ddiwyd yn helpu achos y Llydawyr yn gyffredinol, gan wneud mwy nag ysgrifennu llythyr at farnwr. Rhoddodd loches i'r cenedlaetholwyr a ddihangodd o Ffrainc, fel mae'n cyfaddef yn ei hunangofiant. Daethant â'r neges iddi hefyd fod Per yn iawn ond bod llawer o'i ffrindiau mewn perygl a bod yr awdurdodau Ffrengig yn gwneud cyrch ar genedlaetholwyr a'u dedfrydu i farwolaeth. Tybed a ellid eu cuddio yng Nghenarth cyn eu trosglwyddo i Iwerddon oedd ei gais.

O ganlyniad i hyn, llocheswyd dau Lydawr, a hyd at bump ar un adeg. Cawsant hafan yn y Gegin Fawr i lawr yn yr ardd yng Nglanawmor. Fel y gellid dychmygu, nid oedd y teulu yn rhy hapus ynghylch y trefniant, ond unwaith eto dangosent drugaredd gan eu bod yn gyfeillion i Per, ac yn ymwybodol mor hiraethlon oedd Eluned am ei chariad. Rhoddwyd rheolau iddynt. Os oeddynt i gael eu symud i Iwerddon, y gorchymyn oedd nad oedden nhw i fod i roi eu henwau cywir i'r teulu, rhag ofn y byddai'r enwau hynny'n llithro o'u gwefusau ar adeg argyfyngus i'r dyfodol.

Mae'r stori yn un rhyfeddol, a bron nad yw'n anghredadwy i feddwl am Lydawyr yn llechu mewn pentref bychan fel Cenarth heb i'r awdurdodau glywed a dod i chwilio amdanynt. O dipyn i beth, clywodd Eluned i Per gael ei garcharu ac y byddai'n debygol o gael ei ddienyddio. A oedd modd ei achub o'i gell a'i gludo dan gêl i Gymru, ac yna, ei drosglwyddo draw i Iwerddon?

Dywedir i hyn ddigwydd ac iddo fynd i America o Iwerddon. Nid oes tystiolaeth ysgrifenedig ond mae *Rhith y Lloer* yn darlunio'r senario hon.

Ynghylch y Llydawyr, dywedwyd wrthyf gan drigolion yr ardal am eu presenoldeb ac yn arbennig am Albert 'Bore da'. Ceir yr hanes gan Yann Fouéré yntau:

> Bob Le Helloco had been able to settle more or less permanently with the Phillipses in Cenarth, near Newcastle Emlyn, where he delivered, in all weathers and in a hand cart, cans of milk from the farm where he had found refuge. I went to visit him with L'Haridon, shortly after the latter's arrival. It was a rustic spot in a pastoral setting. The harmonious outline of green, partly wooded hills overlooked the river, alongside where the house and the buildings around it were nestled.[11]

Mae tystiolaeth felly i gyfraniad Eluned i'r mudiad cenedlaetholgar Llydewig a erlidiwyd wedi'r rhyfel fod yn gyfraniad pwysig i achub bywydau. Mae un stori yn hanes

---

[11] Yann Fouéré, www.fondationyannfouere.org

Yann Fouéré o ddiddordeb hefyd gan iddi gael ei hymgorffori yn y ddrama deledu *Rhith y Lloer*. Fel hyn yr adroddir yr hanes:

> As for Paul Perrin he had already been arrested and imprisoned shortly after the Liberation. He had escaped from the law courts in Rennes during one of the court inquiry sessions for his trial. The incredible circumstances of his escape were widely talked about. He came to visit me in Wales in the autumn of 1947, in Tre-gib, and told me the story. He had been relieved of his handcuffs to go to the toilet and had been able to climb out of the toilet window which looked out onto a narrow and infrequently used street behind the law courts, which is still called the rue Salomon-de-Brosse.
>
> Climbing out of the window, he had been able to reach a drainpipe and slide down it to the street that was five or six feet below. Admittedly he had already reconnoitered the area during a previous inquiry session. Having regained his freedom and allowed the excitement his escape had stirred up to calm down, he took the train to Paris, disguised as a woman with some make up on, and in the company of his fiancée Melle Le Breton. The latter being a social worker, found work in Paris at the B.N.C.I. Bank, through Monique Bruchet, Jacques' wife, who was herself a social worker.

Er mwyn creu drama, newidir ychydig o'r stori yn y ffilm gyda'r ferch yn achub ei chariad, ond mae elfennau o'r stori wir yn ymddangos yn y ffilm – enghraifft ddychmygus os nad rithiol o *Rhith y Lloer*.

Er i Eluned gyfarfod â'i chariad eto ddegawdau wedi iddynt ymserchu yn ei gilydd, collwyd y cyfle i wireddu dyheadau eu carwriaeth gynnar. Ac er iddi deithio i Santa Monica,

Califfornia, i'w weld, bregus oedd ei iechyd oherwydd i brofiadau erchyll carchar effeithio'n ddirfawr arno. Ond nid anghofiodd hi wefr y berthynas drydanol honno gydol ei hoes. Ac er i Eluned ddyweddïo gyda meddyg o Lundain, gan arddangos modrwy ar ei bys hyd yn oed, nid ef oedd y cymar oes y crefai amdano.

Ymddengys i bob perthynas a gafodd wedi'r berthynas â Per fod yn rhai byrhoedlog, a chred y teulu a wnaeth gyfarfod â'r meddyg un tro iddi fwynhau cymaint o'i hannibyniaeth fel y byddai mynd i Lundain i fyw fel gwraig i ddoctor wedi'i llesteirio. Yn yr un modd, cadwodd lythyrau caru oddi wrth Lydawr arall, un a ymbiliai arni i fynd i'w weld yn Llydaw. Yn wir, mae'r llythyrau'n gyforiog o'i gariad tuag ati gan gloi gyda, 'Yr eiddoch mewn serch'. Dywed ef mewn llythyr arall yn 1978, 'Now the Eisteddfod is over will you find time to come over?' Anfonodd gais drachefn iddi dreulio'r Nadolig gydag ef ond nid oedd Eluned am golli Nadolig gyda'r teulu. 'F'annwyl gariad, Eluned fach,' dywed eto mewn llythyr, 'I slept thinking of you.' Wrth geisio'i hennill, mae'n ei hatgoffa o'r cyfnodau melys a gawsant gyda'i gilydd gan orffen gyda'r geiriau ymbilgar, 'Was not this happiness?' Ceir un llythyr cariadus dros ben yn adrodd amdanynt yn treulio amser ar y traeth ac yn y môr, ac yn yfed wisgi wedyn. Ond ni chadwodd gopïau o'r llythyrau a anfonodd hi ato ef, neu os gwnaeth, hwyrach iddynt fynd i'r goelcerth fawr a drefnodd hi yn ei gardd gyda'i nith, Ann Evans. Yn y diwedd, ymddengys nad oedd modd tynnu dynes oddi ar ei thylwyth. Tybed pam y cadwodd y llythyrau hyn os nad oedd am gydsynio i'w gyfarfod a pharhau â'r berthynas? Ai i'w hatgoffa ei hun ei bod yn dal yn nwyfus yng ngolwg rhywun? Elfen o falchder, hwyrach, a phwy a all omedd iddi'r teimladau hynny fel menyw hardd, fflyrtiog ei hysbryd.

Y Bardd Mawr o Lydaw oedd hwn, sy'n cyfateb i'r Archdderwydd yng Nghymru, sef Pierre Loisel. Mae Eluned yn sôn am eu cyfeillgarwch agos yn ei hunangofiant:

> Our National Eisteddfod of Wales Gorsedd, has for years had a link with the Breton Gorsedd. The Breton Bardd Mawr would attend our ceremony bringing the Breton half of the sword of peace to be united with the Welsh one. I had known the Bardd Mawr, Pierre Loisel, for years: he would come and stay at my home and we'd travel together to wherever the National Eisteddfod was held that year.

Cyfeiria at un digwyddiad pan oedd yn aros yn ei chartref ac fel y bu iddynt, gyda Cyril, perthynas iddi, fynd i botsian un noson gan fod Pierre yn awyddus i gael y profiad. Adroddir yn ddigri sut y syrthiodd ef i'r afon y noson honno, a hynny yn yr unig grys gwyn oedd ganddo i'w enw. Bu'n rhaid i Eluned olchi'r crys a dengys nad oedd yn gyfarwydd â'r fath weithgaredd gan iddi gyfaddef, 'I'd never washed a man's shirt but I knew I had to add starch'. Canlyniad y cyfan oedd hyn: 'The shirt luckily came out white enough but it could stand on its own. It was by this time after 4 am. I crept sheepishly upstairs and went to my mother for advice. I had to re-wash the shirt and add the requisite amount of starch. We got to the Eisteddfod and no one was any the wiser.'

Roedd yna edmygwyr eraill. Gwn am un diddanwr enwog oedd yr un oed â hi a ddywedodd ar goedd wrth aelod o'i theulu y byddai wedi dymuno'i phriodi, a phe bai hynny wedi digwydd, yna y byddai'n perthyn hefyd i deulu'r Phillipsiaid. Ond ni ddigwyddodd hynny chwaith. Ni ddaeth neb yn agos at ddisodli 'Per' ei hieuenctid yn ystod ei bywyd. Parhaodd Eluned i gydio yn y ddelfryd o'r cariad annychwel hwnnw. Ond, os collodd ef fel cymar, cafodd fodd i fyw yng nghwmni cymdeithion triw eraill ar hyd ei hoes.

Hanes cymysg yw hanes Eluned a Llydaw felly. Ymrwymodd i gynorthwyo Llydawyr yn ystod ei hoes, a hynny er na lwyddodd i fod o gymorth nac yn achubydd i'r un a ysbrydolodd ei chariad tuag at y wlad honno. Synhwyrir iddi fod yn llechwraidd ynghylch ei chyfraniad i lochesu rhai cenedlaetholwyr, a hynny hwyrach am iddi droi cefn ar y math o 'genedlaetholdeb' a greodd rwygiadau a thrallod. Dadrithiwyd hi gan genedlaetholdeb eirias, ac er iddi fod yn wladgarol gydol ei hoes a Chymru yn darian yn ei chalon, pylodd y fflam a gyneuwyd gan Per a Pharis. Yn fwy na hynny, surodd ei pherthynas gydag un o'r carfanau a ymgiliodd i Iwerddon. Mynych yn ei llythyrau y cyfeiria at ei hofn o'u llid a'u cynddaredd yno. Mae hynny'n gyfrinach a dirgelwch arall. Er iddi sicrhau rhwydd-fynediad i nifer gyrraedd yr ynys werdd, ni bu ymwneud rhyngddi a hwy. Haedda'r hanes hwnnw gyfrol arall pe bai modd dod o hyd i allwedd y drws caeedig. 'Cau drysau ar boenedigaethau?' Arbenigodd yn wir ar wneud hynny.

Yng nghanol y cerddi a adawodd heb eu cyhoeddi, cafwyd y gerdd hon sy'n taflu peth goleuni ar ei chariad, ond ar yr un pryd sydd ynghlwm wrth y dirgelwch. Nid oes teitl iddi ond cyfeiria at ran ei chariad, Per, yn cael ei hactio ar sgrin fel rhan o ddrama ddychmygol yn y pennill cyntaf. Hynny, efallai, a'i sbardunodd i lunio'r gerdd gariadus hon, sydd er hynny yn gymysg oll i gyd.

> Ni fedrwn dy wahanu ar y sgrin
> oddi wrth yr un a'm carai mewn gwlad bell;
> roet yno yn ei ddelw hardd, a'i lun,
> yntau ymhell o'm cyrraedd mewn caeth gell.
> Y teulu'n dotio arnat, ac yn dy fwynhau;
> minnau'n gweld arall yn dy le, ac yn dy lwyr gasáu.

Mi fynnaist ysgwyd f'enaid gydag 'Arfer Mam',
heb im erioed dy nabod yn y cnawd;
gan adael imi feimio'r cwestiwn 'Pam?'
im gael fy nal yn rhwyd anorfod ffawd?
A'r hiraeth creulon yn fy llethu'n lân,
wrth weld dy lun, a gwrando swyn dy gân.

Ond un nos heb rybudd cyflymaist gur fy nghalon,
gan agor drws a fu ynghau yn hir;
fe'th welais di, heb gysgod, yno'n berson
gan fy ngorfodi i wynebu'r gwir.
Mor denau'r ffin rhwng caru a chasáu;
mor anodd mesur y moddion i'm rhyddhau.

Bellach, rwyt weithiau'n gusan ar obennydd blin
i'm hudo i baradwys hedd;
ym mrig yr hwyr, rwyt aristocrat y gwin
i'm dwyn ar ysgafn droed i ddawns y wledd.
Ond eto, rwyt ar dro yn dal yn seren ar ddisberod,
gan fy ngadael heb dy ddeall, yn unig heb glawdd cysgod.

Gwthiaist i mewn i'm calon gyda'th lais hudolus,
dy wyneb llasur, dy lygad yn llawn gwên;
fe'm cipiaist ar garped hud i fro'r rhamantus,
y fro sy'n fythol wyrdd, lle nad oes neb yn mynd yn hen.
Ac os daw cyfle im dy wir adnabod rywbryd,
bryd hynny, gwn y bydd imi ddeall cyfrinach hanfod bywyd.

Digon yw dweud mai chwerw-felys oedd eu perthynas oherwydd
amgylchiadau y tu hwnt i'w rheolaeth. Ai hyn oedd wrth wraidd
gwytnwch personoliaeth Eluned, a'i gallu i wrthsefyll pob siom
a beirniadaeth a ddaeth i'w rhan? Ond parhaodd fflam ei chariad
tuag at Per. Mewn eglwys ym Mharis yn 1992 cyneuodd gannwyll

er cof am Per, ac yn ôl cyfaill fu'n dyst i'r digwyddiad, wylodd yn hidl am 'yr haul na fu'.

Y Sgriptwraig

The one whose work I had great admiration, and whom I desperately wanted to get close to, was Jean Cocteau. I still clung to my twelve year-old's ambition of becoming a great dramatist.

Eluned Phillips yn *The Reluctant Redhead*

Yn y blynyddoedd wedi'r Ail Ryfel Byd, daeth enw Eluned Phillips i amlygrwydd yn gyntaf fel sgriptwraig a gyfrannai at raglenni unigol i'r BBC, yn ogystal â gweithio fel un o dîm bychan ar gyfresi radio poblogaidd. Gellid dweud iddi fwrw ei phrentisiaeth yn gyntaf wrth lunio sgetshys a chreu adloniant, a hynny pan oedd yn ifanc. Deallai hiwmor a dwyster, sut i lunio deialog slic a sut i greu drama o'r sefyllfaoedd mwyaf doniol a thrasig. Dysgodd y sgiliau hynny nid mewn adran ddrama yn y coleg, ond ar lawr gwlad, gyda chlust effro a sylwgarwch awdur.

Un diwrnod, adeg ryfel, yn annisgwyl megis, daeth cynnig na allai yn hawdd ei wrthod. Galwodd Roy Evans, clerc y llys yng Nghastellnewydd Emlyn a chyfaill i'r teulu yng Nglanawmor. Clywsai bod Eluned wedi dychwelyd adref o Lundain a chan fod ei bartner cyfreithiol wedi ei alw i'r fyddin, roedd yn awyddus i Eluned ei gynorthwyo yn y llys. Nid oedd Eluned gartref ar y pryd ond wedi iddi ddod tua thre cafodd orchymyn i fynd ar ei hunion i'w dŷ ym Mrynmarlog. Protestiodd Eluned pan ofynnodd iddi ymgymryd â'r swydd, gan fynnu nad oedd ganddi unrhyw hyfforddiant swyddfa nac ychwaith hyfforddiant cyfreithiol. Ond, er ei phrotestiadau, gorchmynnodd iddi fod yn y swyddfa erbyn hanner awr wedi naw y bore canlynol. Cytunodd yn anfoddog i'w gynorthwyo am dair wythnos, gan y byddai hynny'n rhoi digon o amser iddo gael rhywun arall yn ei lle. Pan ofynnodd pryd y dylai ddechrau ar y gwaith – ei ateb annisgwyl oedd, 'Nawr'. Ac felly y bu. Dyna ddiwedd ar ei dyhead i helpu achos y rhyfel drwy yrru ambiwlans, a thebyg i'w gwaith – a'i chyflog – fod o gymorth i'r teulu ac i'w mam ddod o hyd i ffordd o'i chael ar yr aelwyd gartref. Fel hyn y dywed yr hanes:

> Rown i ar fy ngwyliau, newydd orffen ym Mhrifysgol Llundain, [?] ac wedi setlo problem fawr fy mywyd, rown i'n mynd i fod yn awdures. Ond ar y Sul hwnnw ym Medi 1939, dyma'r gyhoeddi'r newydd am y rhyfel. Brasgamu adre, ac yn ddigon ifanc i gredu y byddai buddugoliaeth yn nes os awn i'r Fyddin fel Transport Driver ar y Cyfandir. Rown i'n dipyn o awdurdod ar rasio ceir, ac wedi colli'm ffordd gymaint o weithiau ar Gyfandir Ewrop, nes mod i'n teimlo'n awdurdod ar hynny hefyd.[12]

Nid oedd Eluned wedi bod y tu mewn i lys barn erioed ac roedd gan Roy Evans o dan ei ofal, dri llys: Castellnewydd Emlyn, Llandysul a Phencader. Yn ogystal â hynny, roedd yn gyfrifol

---

[12] Sgwrs radio 'Gwaith Merched yn ystod y Rhyfel', *Merched yn Bennaf*, Radio Cymru, a llith ymhlith ei phapurau. Nid yw dyddiad y sgwrs yn hysbys ac nid yw wedi'i chadw mewn archif, ond cafodd y gyfres ei darlledu o ddiwedd y saithdegau ymlaen ac mae'n debygol mai rywbryd tua diwedd y saithdegau hyd at ddechrau'r wythdegau y'i darlledwyd.

am ddau lys sirol, un yng Nghastellnewydd Emlyn a'r llall yn
Aberteifi. Pan gyrhaeddodd Eluned y llys y bore cyntaf hwnnw,
cafodd syndod o weld cynifer o bobl yn bresennol a gofynnodd
iddi ei hun – a oedd yna gymaint o droseddwyr mewn tref mor
dawel â Chastellnewydd Emlyn? Roedd Roy Evans hefyd yn lled
fyddar a'r pryd hwnnw byddai clerc y llys yn mela'n barhaus â'i
flwch cynhorthwy clyw. Yn gyson, mi fyddai hwnnw'n syrthio
i'r llawr a thra byddai Eluned yn ceisio'i godi drosto, yn aml
iawn byddai yntau'n plygu ei ben yr un pryd i'w godi gan greu
gwrthdrawiad rhwng y ddau glopa. Byddai'r gynulleidfa'n cael
hwyl fawr am ben hyn oll. Yn achlysurol, byddai Eluned yn ei
chael ei hun yn cymryd rhan cyfreithiwr i amddiffyn diffynnydd
pe bai hwnnw neu honno yn ddigwnsel.

Hawdd yw casglu o'r hyn a ddywed am y blynyddoedd hynny,
chwe blynedd i gyd, o gynorthwyo yn y llys, iddi ddod i ddeall ac
astudio'r natur ddynol yn drylwyr. Yr argraff a geir yw bod Roy
Evans a hithau yn deall ei gilydd i'r dim, ac yn edmygu gwaith
ei gilydd. Wedi'r cyfan, fel arall, byddai wedi rhoi'r ffidil yn y to
ac yntau wedi dod o hyd i rywun arall yn ei lle i wneud y gwaith.
Ond dyma a ddywed amdano, sylwadau sydd yn dangos bod
Eluned yn mawrygu yn gyson ddynion galluog: 'Y dyn mwyaf
miniog ei feddwl, craffaf ei welediad a gwrddais erioed; llenor
gwych, yn nai i Allen Raine y nofelydd o linach Dafi Dafis,
Castell Hywel.' Dyna ddau enaid hoff cytûn yn cydweithio mewn
cytgord â'i gilydd. Pa ryfedd felly i'r cydweithio llwyddiannus
barhau am gynifer o flynyddoedd?

Mae Eluned yn arddangos ei gallu deheuig i grynhoi
adnabyddiaeth o'r cyflwr dynol mewn ysgrif am ei phrofiadau yn
y llys a luniodd mewn llyfr bras:

Dyma fi … i Gwrt Llandysul. Y tro cyntaf erioed i mi roi troed o fewn i Lys Barn. Eistedd wrth fwrdd y Clerc, a gweld môr o wynebau o'm blaen. A meddwl – rhaid fod holl ddefaid duon y byd ar dac yn ardal Llandysul. Deallais wedyn fod 'na gynulleidfa o wrandawyr bob amser yn gymysg â'r troseddwyr. Yr elfen sadistig? Neu hwyrach fod llysoedd yn llanw lle theatrau yn y wlad? Ac yr oedd 'ma ddramâu – comedi, ffars, trasiedi ar ôl trasiedi.

Mam ddibriod ddeunaw oed ar gyhuddiad o faban-laddiad … Milwr wedi achosi niwed maleisus i gariad ei wraig … Merch dair ar ddeg yn drech na muriau un *remand home* yn crwydro o un *camp* milwrol i'r llall.

Roedd 'na gyfrifoldeb mawr. Beth petawn yn dirwyo'n rhy drwm, neu yrru dyn i garchar am fwy na'r amser penodedig. Roedd y profiad o ddanfon dyn i garchar o gwbl yn ddigon o dreth. Rwy'n cofio'r un cyntaf – Gwyddel ffraeth ei dafod o flaen y Fainc ym Mhencader am dorri i mewn i adeilad a dwyn arian a nwyddau. *Breaking and entering* oedd yr enw swyddogol. Dyfarnodd yr ynadon chwe mis o garchar a ges innau noson gyfan o grio. Ac er i mi weld nifer yn mynd i garchar ar ôl hyn, yr un oedd y teimlad o anniddigrwydd – methu derbyn fod carchar yn lle i wella troseddwr.

Ond roedd 'na achosion digri. Fel y ffarmwr oedd wedi lladd mochyn heb drwydded a sgrech ola'r creadur wedi cyrraedd clustiau'r *Food Inspector*. Ond gwelodd rhywun ei gar mewn pryd ac er chwilio'r fferm doedd dim sinc na sôn am gorff yr ymadawedig. Falle i'r ffermwr yn ei goncwest fod 'mbach yn hirwyntog wrth ffarwelio â'r swyddog. Beth bynnag, dyma'r crwt bach yn rhedeg i'r clos gan weiddi, 'Dadi, ma' Mam wedi blino ishte ar y mochyn. Ody hi'n saff iddi godi?' Chware teg i'r ynadon – dirwy fach gafodd y troseddwr am gomedi mor fawr.

Roedd gyda ni ddwy *regular* – dwy gymdoges – ac yn methu fel y gwleidydd, i weld llygad yn llygad bob tro – a'r artileri yn amrywio – dwrn, rhaca, picwarch. Rwy'n meddwl yn aml, petai Hitler wedi llwyddo i ddod draw, mi fyddai wedi cwrdd â'i fatsh yn rhain. Ac er i'r Cwrt hawlio heddwch o dro i dro (Bound over to keep the peace), byr fyddai'r cadoediad, a 'nôl fyddai'r ddwy warrior a dyrneidiau o wallt y naill a'r llall yn *Exhibit A* a *B*.

Y peth a'm trawai bob tro oedd mai pobl y troseddau bach oedd yn gofidio fwyaf – y rhai heb olau coch ar feic – heb drwydded ci. Fe wnelai rhain unpeth er cadw eu henwau allan o'r papurau. Roedd pobl y troseddau mawr fel pe wedi magu haen o groen gwydn. Dysgais lawer am y natur ddynol yn y swydd annisgwyl hon.

Rwy'n amau'n wir a fyddwn wedi medru ennill fy mara a chaws ar ôl y rhyfel wrth ysgrifennu oni bai i mi gael fy ngwthio yn sydyn i ganol y bywyd yma. Heddi, wrth glywed yr holl besychu a bustachu ynglŷn â geiriau pedair llythyren, alla i ddim llai na bod yn ddiamynedd, a chofio i mi, ar y diwrnod cyntaf yn fy mywyd mewn Llys, gael fy ngalw i fod yn gyfieithydd mewn achos o fastardiaeth. Fe ofalodd y ddau fargyfreithiwr chwim eu meddyliau fy mod i'n cael gwared am byth ar unrhyw or-barchusrwydd piwritanaidd sydd am wn i ym mhob cyfansoddiad.

§

Ond ar wahân i gynorthwyo clerc y llys, cafodd Eluned ei pherswadio i fod yn gyfieithydd achlysurol i'r rhai hynny oedd yn analluog i fynegi eu hunain yn Saesneg hefyd. Anerchodd Roy Evans y llys ar un achlysur, gan gyflwyno Eluned fel cyfieithydd cymwys gan ei bod yn aelod o Gylch yr Orsedd yn yr Eisteddfod

Genedlaethol gan ofyn iddi dyngu llw fel cyfieithydd. Bryd hynny, ni wyddai lawer o'r termau cyfreithiol a ddefnyddid ond llwyddodd er hynny i wneud y gwaith gyda graen a rhoddodd hynny yr hyder iddi fynd i helpu gydag achosion mewn llysoedd eraill. Honnodd ei bod yn ffefryn gan y Barnwr Temple Morris, a fyddai'n galw am ei gwasanaeth pryd bynnag y byddai galw am gyfieithydd mewn achos arbennig.

Dywed am y cyfnod hwnnw yn *The Reluctant Redhead*:

> I sincerely believe that those six years in police courts during the war did more for my career in writing than any college or university could ever achieve. You saw life in all its aspects. You saw the little oddities in people's thoughts. Amazingly, it was often those unfortunate persons who had been caught out in trifling offences, like riding a bicycle without a light, or failing to stop at a crossing, who were the ones to worry, and would beg, sometimes almost on their knees, to be kept out of the papers. The ones with serious offences against them, and there were many, didn't seem to care. In a way, it was a rude awakening for me. Because of Roy Evans's severe deafness, and his absent-minded meddling with his hearing aid box, I had to be prepared for all contingencies. Every night I had to take *Stone's Justice Manual* with me to study in bed. For a time also, I was in charge of the two county courts and had to read the Annual County Courts Practice to keep abreast of the legal jargon. To add to my new burden, because it was wartime, there were endless new government regulations out daily. It was quite a legalistic labyrinth.

Dyna flas o'r bywyd lliwgar y bu Eluned yn dyst iddo wrth gynorthwyo clerc y llys.

Synhwyrir iddi ennill ei lle yno gan iddi, yn ôl Eluned,

gymeryd misoedd lawer ar ôl y rhyfel i berswadio Roy Evans 'fod y cyfan drosodd'. Roedd yr ysfa ynddi i ddychwelyd i Lundain ac ailafael yn ei gwaith ysgrifennu.

Ond daeth tro ar fyd. Un noson yn y Llew Du yng Ngheinewydd, trefnwyd cinio gan gymdeithas Fforddolion Ceredigion ac yno'n ŵr gwadd yr oedd John Griffiths, cynhyrchydd gyda'r BBC. Gosodwyd Eluned i eistedd yn ei ymyl ar yr un bwrdd ag ef. Mae'n cyfaddef iddi gymryd yn ei erbyn ar y dechrau, a hynny am iddo droi ati a dweud nad oedd angen sgriptiau arno a bod hen ddigon ganddo eisoes. Mae'n adrodd am y digwyddiad yn ddifyr yn ei hunagofiant:

I was honoured to be seated next to the guest speaker. We had not met before and I began to suspect that my table companion … was of a rather nervous disposition. He was assaulting his fingernails ferociously, biting down to the quick. He also kept on repeating that he didn't need any more scripts, that in fact, he had enough to last him for at least six months. OK. So what? I wasn't offering him any. By this time he was making me nervous too, and I could feel my red hair beginning to tingle. I knew I had to do something so, and as ever, acting first and thinking later, I told him in no uncertain terms: 'Mr Griffiths, if you were the only producer in the whole world, I wouldn't offer you a script.' I gave him what I hope was a courteous nod and took myself away to the furthest corner of the room for the night. I went home with my thoughts in an incredible twist. The following day there was an enthusiastic appreciation of our guest speaker by all the Wayfarers. He had probably disliked me because I had gone to London to write in English. Did he think, maybe, I was a traitor to my Welshness? I felt a bit uneasy. But then, nobody had ever commissioned me to write anything in Welsh. And I had my dream.

Sylweddolodd yn ddiweddarach i rywun ei bryfocio yn ei chylch, gan ddweud wrtho ei bod yn ysgrifennu sgriptiau hefyd ac yn ennill ei thipyn bywoliaeth yn Llundain. Dywed fel hyn yn Gymraeg am y noson dan sylw yn y Llew Du, mewn llyfr nodiadau gwyrdd:

> Gwn y gwnaiff John faddau i mi am gyffesu 'mod i'n credu'r noson honno mai ef oedd y dyn mwyaf pryfoclyd a gwrddais erioed, er bod yr hen gyfaill Eser Evans yn ceisio reffyrîo gyda'i ddawn gynhenid. Es gartre yn fwy pendant nag erioed mai gyda'r Saeson oedd yn rhaid i fi fwrw fy nghoelbren.
>
> [O bapurau personol Eluned]

Roedd yn dipyn o syndod iddi felly dderbyn llythyr y dydd Mawrth canlynol oddi wrth neb llai na Mr Griffiths yn gofyn am sgript Gymraeg. Â ymlaen â'r hanes fel hyn:

> Es ati i wneud, ac o sgript i sgript, ac o frwydr i frwydr, dechreuais ymddiddori mewn sgrifennu yn Gymraeg am dâl.
> Daeth amryw o raglenni nodwedd a chyfresi fel *Teulu Tŷ Coch* a *Theulu'r Mans*, ac i Mr John Griffiths mae'r diolch am gadw fy nhrwyn ar y maen. Roedd cael cyfle i gymysgu â chynhyrchwyr, awduron ac actorion Cymraeg yn gwneud y gwaith o sgrifennu'n Saesneg yn fwy diflas bob dydd. Peth poenus yw trio gwneud cyfiawnder mewn dwy iaith yn gyson.
>
> [O bapurau personol Eluned]

Gellid synhwyro'r balchder hefyd o gael ysgrifennu yn ei mamiaith a dywed yr un hanes yn Saesneg yn ei hunangofiant:

I was being asked in my own country to write a script in my own language. And by a man I had thought impossible! I reminded myself sternly that redheads do not bear grudges. I cancelled London and there and then sat at home and wrote a script. It was accepted. Thereafter for years and years I wrote in Welsh, mainly for BBC Wales with the occasional story or article for London magazines. I wrote well over a dozen documentaries, mainly about rural life. In those days, it wasn't that easy sticking a microphone under a nose and then asking questions. No, a documentary in those days meant, more or less, writing a play.

Dyna agoriad llygad felly ar bennod bwysig yn hanes Eluned gan egluro sut y dychwelodd i'w hardal ac ymwneud â'r bywyd Cymraeg. Byd llawn plwyfoldeb ydoedd a thrwy drwytho'i hun ynddo daeth i ddeall holl ffurfiau'r natur ddynol. Mae'n sicr i'w gweithgareddau mewn llys barn fel cyfieithydd a chyw cyfreithiol o fath, fod yn adnodd ardderchog tuag at gael ei derbyn a'i chydnabod fel sgriptwraig fedrus. Aeth ymlaen nid yn unig i ysgrifennu sgriptiau ar gyfer cyfresi poblogaidd ond hefyd at gyflwyno rhaglenni nodwedd. Hwyrach y gellid dweud mai hi oedd yr awdur proffesiynol cyntaf o ferch yn y Gymraeg, gan ddibynnu'n llwyr ar y tâl a ddeuai o'i gwaith darlledu. Yn ffodus ddigon, mae'r sgriptiau a luniodd bellach wedi'u diogelu yn y Llyfrgell Genedlaethol, diolch i garedigrwydd Ann Evans, nith ac ysgutor Eluned. Ynddynt, ceir bywiogrwydd, hiwmor byrlymus ac afiaith cefn gwlad ar ei orau. Dywed ei hun yn ei hunangofiant:

Thereafter for years and years I wrote in Welsh, mainly for BBC Wales, with the occasional story or article for London

magazines … I tackled all sorts of rural activities – The District
Nurse; An Auctioneer; Telephone the Plumber; Call the Vet;
Gypsy Life; Harvest Home etc. There was such a demand for
radio programmes before the onslaught of television.

Hwyrach y gallai fod wedi rhestru rhagor na hanner dwsin o
sgriptiau a rhaglenni dogfennol, ond rhaid cofio mai adrodd
o'i chof a wnâi yn ei hunangofiant ac mai dyna oedd y broses
a fabwysiadwyd i gwblhau'r gyfrol *The Reluctant Redhead*. Mae
bywiogrwydd, hiwmor a dwyster yn y rhai a enwodd, o *Nyrs y
Wlad, Yr Ocsiyner, Galwch y Plymer, Bywyd y Sipsiwn*, i'r *Brethyn
Cartref.*[13] Ceir tinc o falchder a gwyleidd-dra wrth iddi sôn am
ei gwaith yn llunio'r rhain. Roeddynt yn hynod flaengar yn ei
dydd ac yn adlewyrchu a diddanu cynulleidfaoedd gwledig ar
draws Cymru. Oherwydd nad oedd yn eu gweld fel llenyddiaeth
aruchel , efallai, ac yn debyg i'r math o ysgrifennu a wnâi mewn
storïau a anfonai i gylchgronau Saesneg, cyfeiria atynt mewn
dull ffwrdd-â-hi.

Ond y maent o'r pwys mwyaf wrth gloriannu a gwerthuso'i
gwaith fel awdur ac yn sicr yn braenaru'r tir tuag at feysydd
glasach. Gellid eu gweld fel rhagflaenwyr i'w gallu i lunio
cymeriadau a chreu darluniau cywrain a chofiadwy, yn ddwys ac
yn ddigrif, yn arwynebol ac yn gymhleth.

Bwrw prentisiaeth a wnaeth felly wrth gyfrannu at *Teulu
Tŷ Coch* yn gyntaf, a chael ei gwahodd i ymuno â phanel o
sgriptwyr dethol.[14] Gellid dweud mai hon oedd y gyfres radio

---

[13] Ceir rhestr helaethach yng nghefn y gyfrol ar dudalen 299–301.
[14] *Teulu Tŷ Coch*, hanes teulu'r ysgolfeistr ac opera sebon radio ar
radio'r BBC yn y 1950au.

sebon gyntaf yn Gymraeg, a phan ddaeth honno i ben lluniodd a dyfeisiodd John Griffiths opera sebon ddyddiol arall o Abertawe o'r enw *Teulu'r Mans*. Roedd Eluned yn un o'r prif sgriptwyr o'r cychwyn cyntaf ac roedd yn dal i gyfrannu at y gyfres chwe neu saith mlynedd wedi hynny. Dywed i'r gyfres fod mor boblogaidd fel y newidiwyd amserau gwasanaethau crefyddol mewn rhai ardaloedd, rhag colli dim o'r ddrama honno.

Yn rhyfedd iawn, dywedodd nad oedd eu henwau fel sgriptwyr yn cael eu nodi bryd hynny ac mai yn ddiweddarach y daeth eu henwau i sylw ac i glyw'r gwrandawyr. Yn y cyfarfod cyntaf hwnnw a gynhaliwyd o dan ofal John Griffiths, y triawd a fu'n trafod y gyfres o'r cychwyn oedd D. Jacob Dafis, Ifor Rees a hithau. Ceir dywediadau cyfoethog yn y sgriptiau a ddeilliai o ardal Eluned ac mae'n enwi rhai o'r actorion a wnaeth y gyfres yn llwyddiant, sef yr actor Manny Price fel Joe Long. Ymunodd sgriptwyr eraill â hwy yn ddiweddarach, yn eu plith: Eic Davies, Elfyn Talfan, Islwyn Williams, T. Llew Jones ac eraill. Ystyrid rhai o'r enwau hyn yn hoelion wyth y byd diwylliannol Cymraeg a rhyngddynt roeddynt yn gyfrifol am rai o'n dramâu a'n nofelau mwyaf poblogaidd. Sut felly na chydnabyddwyd Eluned hithau'n ddiweddarach am ei dawn gynhenid i lunio sgriptiau a'i gweld yr un mor ddawnus â hwy? Yn enwedig gan mai hi oedd yr 'only', sef y term a arferid yn America am rai o'r rhagflaenwyr mewn swyddi a roddwyd i'r bobl dduon wrth iddynt wneud eu marc a chodi eu statws mewn cymdeithas.

Eithr nid yn unig ym myd radio y disgleiriodd Eluned, oblegid cafodd y cyfle yn ogystal i gyfrannu at operâu sebon fel *Y Sgwlyn* ac *Y Gwyliwr* ac ambell ddrama unigol hefyd. Un ddrama y cyfeiria ati oedd addasu un o storïau D. J. Williams lle roedd yn rhaid i'r actores Gwenyth Petty fwydo llo bach yng nghefn gwlad a phen y llo yn mynd yn sownd yn y bwced. Unwaith eto, difyrrwch y sefyllfa a apeliai at Eluned wrth ailadrodd y stori, a hynny yn hytrach na brolio'i meistrolaeth hi wrth addasu un o storïau enwog D. J. Williams – a dawn y byddai sawl dramodydd yn falch o fod wedi'i meistroli.

Fe welir rhestr helaeth o'i gweithiau dramayddol yng nghefn y gyfrol hon a gellid yn hawdd greu cyfrol fyddai'n llawn hyd at yr ymylon o ddetholiadau difyr o rai o'r sgriptiau a luniodd hi ar gyfer rhaglenni nodwedd niferus; maent oll yn dangos mor ddeheuig o amryddawn ydoedd fel lluniwr sgriptiau, gyda'u deialog fywiog a chredadwy. Byddai adran gomisiynu S4C wedi bod ar ei hennill pe byddai wedi gallu manteisio ar ei thalent naturiol, ond erbyn i'r sianel gael ei sefydlu ddechrau'r wythdegau yr oedd Eluned wedi cilio o'r byd llenyddol ac oddi wrth y gynulleidfa ddiwylliannol Gymraeg i raddau helaeth hefyd. Go brin y gwyddai neb ond y ffyddlon rai am ei gallu cynhenid i lunio drama gyhyrog. Ac o gofio'i chyffes ffydd mai dim ond ymateb i wahoddiad a wnâi ac anfon cerdd yn ateb i gais penodol, hwyrach na fyddai wedi cynnig dim i'r sianel newydd heb i rywun erfyn arni wneud hynny a chynnig comisiwn iddi. Hyd yn oed ar ôl iddi ennill ar y bryddest 'Clymau' yn Eisteddfod Genedlaethol Môn 1983, byddid wedi disgwyl i leng o gynhyrchwyr fynd ar ei gofyn er mwyn iddi ysgrifennu drama neu gyfres iddynt.

Er hynny, llwyddodd ambell gynhyrchydd i'r BBC, achub ar y cyfle gan gydnabod ei disgleirdeb cynhenid. Cynhyrchodd Gareth Rowlands sawl rhaglen amdani a bydd y rhain ar gof a chadw. Gwnaed rhaglen ar Édith Piaf yn ogystal â ffilm deledu yn seiliedig ar bryddest fuddugol Eluned yn Eisteddfod Genedlaethol Môn. Ond un o'r dramâu mwyaf dadlennol amdani oedd *Rhith y*

Lloer, a sgriptiwyd gan Ewart Alexander. Portreadwyd cymeriad tebyg i Eluned gan yr actores Catherine Tregenna, ond drama a gyfunai ffuglen a'r hunangofiannol oedd hi. Wrth gwrs, erbyn diwedd yr wythdegau, roedd Eluned wedi'i siomi eto gyda'r ymateb i'w hail bryddest fuddugol, ag ensyniadau'n codi am yr eilwaith ynghylch ei hawduraeth.

Gwn i un cynhyrchydd fynd ati gyda'r bwriad o wneud rhaglen ddogfen amdani yn y nawdegau ond erbyn hynny yr oedd drws calon Eluned ynghau, a'i drwgdybiaeth o gymhellion y cyfryngau wedi'i brifo i'r fath raddau fel mai taw a roddodd ar unrhyw gais felly. Aeth y cynhyrchydd honno adre, gan ddweud wrthyf na allai wneud na phen na chynffon o'r cyfarfod a gafwyd rhyngddi hi a'r prifardd. Adroddwyd hyn oll wrthyf fel pe bai am atgyfnerthu'r farn mai cuddio'i 'dawn' bondigrybwyll a wnâi Eluned, a hynny am mai rhywun arall oedd wrth wraidd y ddawn awenyddol honno. Deallaf o'm profiad fy hun yn well na neb erbyn heddiw mai amddiffyn ei hunan-barch a wnaeth Eluned gan ddiogelu hefyd ei hanrhydedd ei hun rhag pob gwaradwydd. Cau'r drws unwaith eto.

Ond os trodd yr Eluned agored, gyfeillgar a chynnes yn wraig amddiffynnol yn hydref ei dyddiau, yn sicr cawn weld ochr ddoniol ei phersonoliaeth wrth iddi lunio rhaglenni nodwedd sydd yn llawn rhialtwch. Mae asbri ei sgriptiau cynnar yn y chwedegau yn dangos sut y medrai lunio geiriau ar gyfer caneuon sy'n trin yn ddeheuig ystrydebau a delweddau y gallwn uniaethu â hwy.

Mae ei medr yn amlwg ddigon yn y ddwy enghraifft yma o ganeuon a osodwyd ar alawon poblogaidd yn null hwyliog nosweithiau llawen y cyfnod:

Y Patshyn Glas
(Alaw: Pant Corlan yr Ŵyn)

Daw swynol sain yn nhrwst y gwynt
O'r amser dedwydd gawsom gynt,
Yn gwmni llon ar ddifyr hynt
I batshyn glas y groesffordd;
Yn ferched llon a llanciau ffri
Yn null hamddenol 'slawer dy'
Treuliasom yma oriau cu
A chyda hyder ieuenctid hy
Gwyngalchwyd pob rhyw gwmwl du
Ar batshyn glas y groesffordd.

Pe meddai'r patshyn dafod mwyn
Ni chlywem chwedlau llawn o swyn
Ac hefyd ambell stori gwyn
O batshyn glas y groesffordd;
Daw atsain o'r cariadon lu
Yn sisial chwerthin o bob tu,
Wrth ddawnsio fel sidanaidd blu
I ddwyn yn ôl yr awr i ni
Hen ysbryd rhamant Cymru Fu
Ar batshyn glas y groesffordd.

Y Cats Eyes
(Alaw: Pen-rhaw)

Pan fyddo'r nos yn gaddug du
A'r gyrwyr lu yn drysu
Wrth i'r lein wen i fynd ar goll
Nes ein bod ni oll yn chwysu …
Y feddyginiaeth heb ei bath,
Y llyged cath amdani.

Os daw y niwl yn flanced llwyd
Fel clwyd i'r traffic handi
Nes gwneud y cloddie'n un â'r ffyrdd
A'r gyrwyr fyrdd yn crynu …
Mae'r hewl yn fyw a'r llyged bach
Yn wincio'n iach i fyny.

Mae ôl crefft bardd ar y caneuon difyr yma a'r odl gyrch fel a geir yn yr ail gân yn atseinio'n glir. Gŵyr Eluned hefyd sut i bentyrru odlau er mwyn creu elfen gomig, ac mae'r rhain yn gydnaws bob tamaid â bwriad y rhaglenni nodwedd, sef diddanu cynulleidfaoedd a gwrandawyr Cymraeg. Mae'r ffaith iddi weithio'n gyson yn y BBC am flynyddoedd hefyd yn dangos ei gallu i gwrdd â gofynion a chyfyngiadau comisiynau amrywiol. Mae ôl ymchwil ar ei gwaith yn ogystal, er enghraifft wrth adrodd am hanes y felin, â Eluned mor bell yn ôl â'r deddfau Cymreig gan dynnu sylw at y ffaith bod y felin ddŵr yn rhan o stad dyn i'w throsglwyddo mewn ewyllys ac na ellid ei symud na'i rhannu. Perllan a gored oedd yr unig ddeubeth arall a gyfrifid mor bwysig â'r felin, a chynnyrch y rhain yn unig a ellid ei rannu rhwng tylwyth. Wrth ysgaru, rhennid y garreg uchaf i'r gŵr a châi'r wraig y garreg isaf. Byddai Eluned yn rhannu'r wybodaeth helaeth hon mewn modd cynnil a chryno yn ei chyfansoddiad.

Mae'r llyfrau nodiadau a adawodd Eluned ar ei hôl yn tystiolaethu i'w mwynhad hi o ymchwilio ac mae sawl llyfr yn amlinellau o sgriptiau neu gynlluniau ar gyfer strwythuro dramâu. Yr oedd ganddi newyn am wybodaeth, a chwilfrydedd am bob pwnc dan haul. Nid yw'n syndod felly iddi ennill ei choron gyntaf yn yr Eisteddfod Genedlaethol ar gerdd oedd yn ymwneud â chrefyddau mawr y byd.

Ond sut y daeth hi o hyd i'r fath wybodaeth? Gan gofio iddi dreulio'r rhan fwyaf o'i hoes yng Nghenarth, heb yr un llyfrgell prifysgol ar gyfyl y lle, sut yn y byd y llwyddodd hi i gywain yr wybodaeth oedd ei hangen arni i gyflawni ei gwaith? Penderfynais holi ei nith, y llyfrgellydd Ann Evans. Y cwestiwn cyntaf yn fy meddwl oedd sut y daethai ar draws y Corân o bob llyfr mewn man mor anghysbell â Chenarth. Gwyddai Ann fod ganddi gopi o'r llyfr sanctaidd hwnnw:

> Yes, she did have a Koran. I think she was given it when she was in Morocco. And she found it fascinating. She got to know a family who had the Islamic faith and she talked to them a great deal about it while she was with them. I think she began to appreciate the way their faith permeated their everyday lives. And she liked that. She said that she returned to the Koran at certain times in her life. She didn't elaborate on that.

Dyna ddatrys un cwestiwn felly ac ateb y dirgelwch ynghylch atyniad y llyfr iddi. Eto, rwy'n amau a fyddai gan y teulu o Foroco gopi Saesneg o'r Corân yn eu meddiant, oni bai iddi, ar ôl derbyn copi Arabeg ganddynt, gael hyd i gopi o'r cyfieithiad Saesneg yn ddiweddarach. Ond beth am y ffynonellau eraill? Sut yn y byd y llwyddodd Eluned i wneud ymchwil ar gyfer cyflawni ei gwaith a dod o hyd i lyfrau pwrpasol? Os oedd wedi gwneud y fath ymchwil, sut nad oedd mwy o ôl hynny yn y llyfrynnau nodiadau a adawodd a'r papurau eraill a ddaeth i'm meddiant. Dyma ateb ei nith:

> As for the rest of the research, she did spend a lot of time in libraries. Often when she was up in Aberystwyth – getting thrown out at closing time because she was absorbed in something or other. I do remember once my father and

I had to dash up to Aber to return a pile of books that were overdue.

Cardigan library wasn't used as much, I don't think, as they would have had to obtain material from larger libraries anyway. Cardiff and Swansea I think were used as well. Cardiff more so as she was often there for other reasons. And there was the university. She was shameless in asking for help and information – she would ring up professors and academics and experts in the field at the drop of a hat.

I frequently got called upon to research authors and titles that she could request locally. I often wondered if her local libraries wondered where she got her information from! As she used to say – might as well use the librarian in the family! And copious notes on all sorts of things. Before she died, she and I spent some time – quite a lot – sorting papers out and so much of that was research notes she had made on all sorts of things. She had filing cabinets in the garage full of notebooks etc. We had a large bonfire. Some by then she could not even remember what was the work she did it for.

She always had an A4 notepad with her and scribbled away constantly. Poor Getta used to get into terrible trouble as she would move bits of paper in an effort to tidy up. And of course it was always some vital bit that she had moved!

Yes, books were a huge problem when we started to clear her house out. They were everywhere. Piled knee-high often. As a great many were obviously in Welsh, I contacted a bookshop in Cardigan; the owners knew Eluned and they had often researched specific titles for her in the past, and they came to the house and went through hundreds of titles. And they sorted them into saleable ones and non-saleable ones. So that helped a great deal.

Dyna esboniad am y ffaith i lawer o'i gwaith ymchwil droi'n goelcerth. Hawdd deall pam y byddai Eluned am ddifa llawer o'r nodiadau a wnaeth dros ddegawdau. Ai ei diogelu ei hun ydoedd ynteu ceisio rhoi ei thŷ mewn trefn gan wybod nad oedd y gwaith crai, amrwd hwn o bwys i neb arall? Wrth gwrs, po leiaf o ddeunydd a adawsai ar ei hôl, lleiaf oll y byddai gan rai y gallu i nithio a hollti blew am ei galluoedd. Ei hofn gwaelodol unwaith eto oedd hyn, sef y byddai rhywrai dichellgar yn twrio nid am rinweddau ei gwaith ond am ddod o hyd i'w diffygion.

Digon yw cyfeirio at ei gwaith fel sgriptwraig fedrus drwy roi detholiad o un sgript yn arbennig, un nad yw wedi gweld ei pherfformio hyd yma. Dengys ei drama *Robot* ei dawn deifiol wrth ymdrin â thestun a oedd, fel y bryddest fuddugol 'Corlannau', o flaen ei amser neu'n sicr heb fod yn cydweddu â'r mathau o destunau yr ysgrifennid amdanynt 'nôl yn y chwedegau. Ni allaf ond dyfalu mai rywbryd yn y chwedegau neu ddechrau'r saithdegau y lluniodd y ddrama hon, a hynny ar hen deipiadur ond, yn fwy dadlennol na hynny, mae tudalennau ohoni mewn glas tywyll, arwydd clir iddi ddefnyddio papur carbon er mwyn cael copi arall. Er hynny, un copi a erys ac mae ôl newidiadau mewn llawysgrifen hwnt ac yma ar y copi hwnnw wrth iddi geisio mireinio rhai dywediadau fan hyn a fan draw. Dengys hefyd ei bod yn meddwl yn y Gymraeg ac yn Saesneg – mae'r ddrama ei hun mewn Cymraeg gwerinol, rywiog o lafar ond yn achlysurol mae'n troi at gyfarwyddiadau yn Saesneg fel pe bai wedi hen arfer â gweithio i'r BBC, lle ceid yn aml ochr gynhyrchu a fyddai heb allu'r Gymraeg. Neu hwyrach i'w meddwl wibio yn ôl ac ymlaen rhwng y ddwy iaith. Rhaid bod dylanwad ysgrifennu storïau ar gyfer cylchgronau Saesneg wedi'i chyflyru i feddwl yn Saesneg ar adegau, ac eto, Cymraeg hyfyw cefn gwlad a chymdeithas uniaith, sych-dduwiol, clonciog a tholciog sydd i'r ddeialog.

Yn y cyfnod y lluniwyd *Robot*, rhaid cofio nad oedd y cyfrifiadur mwyaf syml eto'n boblogaidd. Gellid dweud iddi fod yn arloesol wrth ddyfeisio drama sy'n ymwneud ag arbrawf gwyddonwyr, a'r syndod yw bod un cymeriad yn ferch o wyddonydd hefyd. O ystyried ei hallbwn dramayddol, collodd Cymru un a allasai fod wedi datblygu i fod yn ddramodydd o safon gyfuwch â Wil Sam neu Gwenlyn Parry. Nid oedd Cymru na'r theatr efallai yn barod i anwesu merch o ddramodydd, yn fwy nag oeddynt yn barod i glosio at rywun fel Eluned fel prifardd. Unwaith eto, mae'r sgriptiau a luniodd yn dangos dychymyg rhyfeddol a hiwmor anghyffredin – rhywbeth prin yng Nghymru'r chwedegau a'r saithdegau.

Roedd y ddrama ei hun yn cystwyo crefydd, rhywbeth arall a fyddai wedi codi gwrychyn a'i dieithrio oddi wrth gynulleidfa barchus, Gymraeg, er i Eluned ei hun arddel y ffydd Gristnogol. Ond yn gyfochrog â'r darlun dychanol o fyd crefyddol yr oedd hefyd yn gosod cysyniadau gwyddonol neu ecolegol am y byd yn flaenllaw yn y ddrama. Roedd hyn ynddo'i hun yn chwyldroadol o ffres i'r ddrama Gymraeg. Mae'r gweithgareddau'n symud rhwng y ddwy garfan a'r ddau feddylfryd yn wrthwynebus i'w gilydd. Dylid cofio mai dim ond yn gymharol ddiweddar y mae ystyriaethau gwyddonol a Christnogol wedi dechrau trafod yn agored eu cysyniadau meddyliol a chrediniol ac agosáu at safbwyntiau ei gilydd. Creodd Eluned rywbeth hynod o flaengar felly, gan ddychanu'r naill fyd a'r llall cyn diwedd y ddrama. Yn sicr, byddai rhai o'r geiriau a lefarwyd am grefydd wedi bod yn ysgytiol i gynulleidfa gapelgar Gymraeg y chwedegau neu ddechrau'r saithdegau. Hwyrach erbyn heddiw y byddai'r ddrama'n cael ei gweld fel un nad oedd yn peri syndod ac na fyddai tynnu blewyn o drwyn rhagrith y cymeriad 'Ffwnda- ment' ynddi wedi gwneud dim mwy na chodi ambell gilwen.

Ar ddechrau act gyntaf *Robot* gwelwn ddau gymeriad, dwy fenyw, yn sgwrsio'n arwynebol am hwn ac arall, yn amlach na pheidio am hon a hon; yna, cawn gymeriad cwbl wrthgyferbyniol i'w deialog arwynebol gyda chrefyddwr a'i feddwl ar gyhoeddi diwedd y byd. Yn gymysg â hyn oll, cawn gymeriad o'r enw Ap Coel, sy'n newyddiadurwr ac yn chwilio am stori newydd danlli. Dyna gasgliad rhagorol o gymeriadau sy'n wrthbwynt i'r hyn sy'n digwydd yn labordy'r gwyddonwyr. Mae hyd yn oed yr enw Ap Coel am newyddiadurwr yn enw ysbrydoledig, fel enw'r robot ei hun a gaiff ei fedyddio'n 'Anfarwol'. A phwy fyddai wedi meddwl am enw lladmerydd o'r enw Wil Sffincs. Rhwng y dychan a'r difrifol mae'n dipyn o ddrama, a'r unig ffordd y gellid gweld ei pherfformio yw mewn dull gwrth-realaidd. Mae'n agor fel hyn:

LIWSA a GYRTRWD yn cerdded heibio i'r labordy dan gloncan ffwl-pelt.

JAMES ELISEUS HUWS, crefyddwr pen-hewl, yn cario sandwich boards: *'Byddwch yn barod. Diwedd y byd gerllaw'. (Ni ŵyr hwn y ffordd i wenu.)*

AP COEL, riporter ar Y Clwt, *papur lleol. Busnesa am newyddion. Byth a beunydd o gylch y fynedfa.*

Y GWYDDONWYR ar ganol y llwyfan.

PAWB a'i fusnes bach hunanol ei hunan.

Daw WIL SFFINCS i fyny'r ffordd fawr mewn stôl-olwyn, ac i flaen y llwyfan. Aros yn y fynedfa. Math o ddolen gydiol ydyw rhwng y bobl tu allan a'r Gwyddonwyr y tu mewn.

Cyfarch y gwahanol adrannau. Spot-leitio pawb yn ei dro.

WIL SFFINCS: (*Cyfeirio at y Cloncs*) Yap … Yap … Yap …

LIWSA: Heti Belle Vue … cot ffwr … a heb nicers.

GYRTRWD: Twm Rach … mynd gartre mewn coffin assistants … un gole fel gwêr. Ych-y-fi!

LIWSA: Hithe'r jifigŵ mewn leim-grîn a shŵs brown.

GYRTRWD: A llefen llond twba 'flân gwrwod.

LIWSA: Fe Dai Congeril yn y lock-up 'to.

GYRTRWD: 'So ti'n gweud –

LIWSA: I bishyn ffansi yn gleise fel cobls Maesteg …

GYRTRWD: Jiw … a ceilog Pen-top ar ôl cwenen Rod Eilan Pwll Du.

LIWSA: Meri Frances mewn trwbwl … Lord Jim ar y dôl.

Y DDWY: Yap … Yap … Yap … Yap, yap, yap … yap … yapyapyap …

WIL SFFINCS: Yap! Yap! Yap! Dim yn sanctaidd. Dim … Dim … Dim …

(*Troi at AP COEL*)

AP COEL (*Riporter* Y Clwt): Coel ar newyddion (*SBORT*). Pob eitem neis-neis yn troi fel cwdyn y cwrw.

Mae gan bawb ddyheadau yn y ddrama, ar wahân i'r gwyddonwyr ond cyn troi atynt mae'r chwyddwydr dramatig yn troi o gylch y mân gymeriadau sydd am wella eu byd. Daw hyn i'r amlwg gyda Liwsa a Gyrtrwd yn ogystal ag Ap Coel, sydd â'i olygon ymhell o Gymru lle mae'r pethau mawr, yn ei dyb ef, yn digwydd. A hynny, er mai drws nesa' iddo, fel petai, mae'r arbrofi mawr ar fin cael ei wneud.

AP COEL:	Fleet Street rwy'n dod ... rwy'n dod! Y Wasg yng Nghymru ... Bwdram Anti May. Rwy'n mynd i Lunden. Rwy' am fod yn Gymro
WIL SFFINCS:	(*Cyflwyno FFWNDA-MENT*) James Eliseus. Crefyddwr. Bwmbwl ... Bwmbwl ... Bwmbwl ... Bwmbwl ... A throi'i din ar y byd.
FFWNDA-MENT:	BYDDWCH YN BAROD. MAE DYDD Y FARN YN AGOSÁU.
WIL SFFINCS:	Tali-ho! Jam fale cwympo i'r Hen Bensiynwyr. Tsiop Siwi i dade'r bastardied. GOD IS LOVE. Chwifiwch y pajamas streip ar lein y Bywyd. Diwedd y byd am ddwy eiliad i gwarter i dri ar y drydedd ar ddeg ...

Cawn y lladmerydd Wil Sffincs yn dychanu'r darlun o'r crefyddwr mawr gan wneud hwyl am ei fwrdd dwbl sy'n dweud 'Duw cariad yw'. Gweithreda fel y gwna'r lladmerydd yn *Dan y Wenallt* gan draethu, doethinebu a gwatwar yn ôl y galw. Yna, try i syllu ar brif destun y ddrama, sef yr anturiaeth fawr i greu hanes a allai newid y byd ac yn ei sgil dynged y rhai sydd wrthi'n creu'r arbrawf:

(*Troi at y GWYDDONWYR sydd yn cerdded 'nôl a blaen ar ganol y llwyfan – gwneud sylw o neb*)

GWYDDONWYR:	X—Y+ b.B = pont ysgwydd a chyhyrau.
GWYDDONWYR:	Creu! Creu! Creu!
WIL SFFINCS:	Y NHW. Crachach y Pils, Tarw potel, y Boms a dynion di-fogel. (*Troi at y gynulleidfa*) Glou! Cwtshwch dan

gwilt patshys Mam-gu. Ma' NHW a'u bysedd clinigol yn procio'n ddiened i lyged rwth y dyfodol. (*Pwl bach o gryndod / ofn, yna mae'n cyflwyno'i hunan yn seremonïol*) WILLIAM GENESIS JONES.

LIWSA: Wil Sffincs i bawb arall.

GYRTRWD: Wil Sffincs i bawb arall.

LIWSA: Pwy yw e? (*Siglo'u pennau*)

WIL SFFINCS: Un o blant Mari (*Sbort*). Wil Bob Ochor. Gyda chi. Gyda nhw.

GYRTRWD: O ble dath e'? (*Siglo'u pennau*)

Nid yw Wil Sffincs yn brin ei eiriau wrth baldaruo yn erbyn newidiadau a digwyddiadau'r oes seciwlar:

WIL SFFINCS: Ddoe yng ngardd Efa a chwthwm o wynt yn bigitian y ddeilen. Heddi – Porthcawl a Phorthaethwy. Dol blond mewn sgert mini yn sbortian ei chewyn. Yfory – Pwy a ŵyr, fydd 'na gorff ... Fydd 'na wisg. Fydd 'na gnawd amdani?

Y DDWY: Wil Sffincs ... Tidli-wincs ... Wil Sffincs ... Tidliwincs ...

WIL SFFINCS: (*Chuckling*) Mor hen â phechod ... (*Neidio allan o'i stôl*) Mor ifanc â themtasiwn (*Jig fach, yna'n cerdded yn gloff*) Mae'r byd yn daith bell o fil o flynyddoedd ... (*Tynnu'i esgid. Edrych arni am sbel fach*) Jiawch! Llygod amser wedi colbo'r (byta'r) gwandde! (*Hercian a tharo ei dalcen fel y bydd dyn yn cyfeirio at wendid y meddwl.*)

Herc a cham.
Pwy sy' yn y Tŷ Mowr?
Pwy sy' mas?
Fi heddi ...
Ti fory ...
Beth yw bywyd?

Car ail-law Sam Pendil a'i berfedd
wedi'i stretsho i lyncu'r milltiroedd;
cusan malwaden ar grwmp cabetshen;
tân ar Nos Ystwyll; gwên rhosyn; gwg
y tair-oed; bingo; bedd gwag; bwm-
beili. A milgi Dai Beca'n troi lliw
rhwng dwy ras.

Hei! Gollwng y brêc. Ma'r wawr yn
wyrdd. A'r byd yn mynd yn ei flaen.

Dychwelwn i fyd arwynebol y merched sy'n gwneud dim, fe
ymddengys, ond clebran am y pethau materol sydd gan bawb,
a daw gwraig y gweinidog o dan y lach yn barhaus. Mae'r hyn
y trafodant hefyd yn rhoi syniad i rywun o'r cyfnod y cafodd y
ddrama ei hysgrifennu neu yn hytrach y gymdeithas gymharol
dlawd sydd yn gefnlen i'r digwyddiadau. Darlun yw o rai'n dyheu
am foethau bywyd, fel y dengys y canlynol sy'n torri ar draws llif
llafaredd Wil Sffincs:

GYRTRWD:	Be' wedest ti, Liwsa ... Mrs Jincins y Mans?
LIWSA:	*Fitted carpet*, Gyrtrwd ...
GYRTRWD:	*Fitted carpet*. Ar lawr y tŷ bach.
LIWSA:	Ar lawr y tŷ bach?

(Sbel fach)

GYRTRWD: Ych-y-fi. *Fitted carpet.*

LIWSA: Gwraig i weinidog.

GYRTRWD: 'I drad e'n oer.

LIWSA: Fowr o neb yng nghwrdd nos.

GYRTRWD: Pump a Dai Achub.

LIWSA: A Besi Bronceitus yn pedlo'r harmoniwm.

GYRTRWD: Seiclon drwy ga' rhedyn.

LIWSA: Sgolops 'i phais.

GYRTRWD: Fel tethe hen Freisan.

LIWSA: A Jac Phebi'n pipo ...

GYRTRWD: A sarnu'r plât casglu ... *(Giggles)*

(Sbel fach)

GYRTRWD: Ond – *fitted.* [*Eluned wedi croesi 'carpet' mas*]

LIWSA: Capel NHW ishe maeddu CAPEL NI.
Caersalem.
Moreia.
A Capel Split.

Y DDWY: Crefydd!

(Cerdded yn ôl heibio'r labordy)

GYRTRWD: Ond Liwsa ... *Fitted.* Ar lawr y tŷ bach.

LIWSA: Dyna yw bywyd. Bwrw yn 'i flân, los!

(AROS. Pipo ar y Gwyddonwyr)

LIWSA: Be' ma' Nhw'n neud, 'te? Wyt ti'n gwbod, Gyrtrwd?

GYRTRWD: Be' ma nhw'n neud, 'te? Wyt ti'n gwbod, Liwsa?

Y DDWY: Neb … Neb yn gwybod.

Pendilia'r ddrama rhwng dweud bachog ond ffrit-ffrat y ddwy gymdoges cyn dychwelyd at fonolog hynod ogleisiol Wil Sffincs wrth draethu am y byd a'r betws, yn amrwd ond yn llawn dweud lliwgar:

WIL SFFINCS: WILLIAM GENESIS JONES! (*Edrych ar ei draed*)
Traed Adda, myn brain i!
Hei! Glywsoch chi 'nghyrn i'n hwtian wrth raso drwy'r porfeydd gwelltog …
Critsh-cratsh ar gorn gwddwg y mwydyn
(Hi, hi, hi! Digon am flwyddyn Wil Potsier).
Racso swits y fagien rhag i'r byd watsho dou borcyn yn caru.
Gorwe'n feddw gaib yn ŷd Wil Temprans yn nos ei wylltineb, a throchi'n noeth-lymun yng Nghlywedog dagre'r haul.

Damshgel o gylla i gylla gan sarnu meicrobau pechod –
a dou gorn du yr Hen Foi yn corco.
Thenciw, Was Da! A childwrn!
Dail tafol i ddiwygio'r dinad;
wy ffesant Lord Emrys i frecwast.
A macyn les Lady Llwyn-drain i sychu trwyn Sebastian y cwrci gwyn.

	Hal-e-liw! Cawn gwrdd … Draw, draw
	yn Tseina ar Brom Rhos-on-Sea …
	a thu ôl i ysgall plot adeiladu yn Wilson
	Pared.
Y DDWY:	Tidliwincs … Wil Sffincs … Tidli …
	Tidli … etc …

Dyma benllanw agoriad y ddrama, sy'n dwyllodrus braidd am na chawn fawr ddim sôn am na robot na'r gwyddonwyr. Yn hytrach cawn lifeiriant perlewygol sy'n cyffroi'r gynulleidfa mewn ffordd a gwneud iddi bensynnu a dyfalu beth yn union yw'r berthynas, os oes yna berthynas o gwbl, rhwng y gwahanol gymeriadau. Gan gofio bod tri chymeriad heb eto ddod i'r llwyfan, mae'n amlwg nad yw'r dramodydd wedi'i llesteirio gan ofynion theatr ein hoes ni, pan anogir dramodwyr i beidio â chael rhagor na phedwar o aelodau yn y cast. Wrth gwrs, gellid llwyfannu hon fel drama gymunedol, ac mae'r ffordd y mae'r ddrama'n agor yn awgrymu mai rhyw fath o ddrama gomedi slapstic yw hi. Ond, er ysgafned y deunydd, ar ei hyd, mae'r neges yn un ddwys a'r gwewyr meddwl a ddaw yn sgil creu'r robot yn awgrymu deuoliaeth gyffrous. Gellid dweud mai dyma'r ddwy wedd amlycaf yng ngwaith Eluned, sef ei gallu i greu comedi, a chomedi sefyllfa ddihafal ac, ar y llaw arall, i dreiddio i ddyfnder deallusol syniadau cymhleth gan ymestyn ffiniau'r naill ystad a'r llall. Hynny yw, gwêl ddigrifwch y natur ddynol yn ogystal â difrifwch y natur greadigol, wyddonol a allai fod yn arswydus o beryglus. Hwyrach nad oedd hi ei hun yn gwybod yn iawn sut oedd tafoli'r ddeubeth, gan greu penbleth fel a glywn o enau Liwsa a Gyrtrwd ar ddiwedd y pwt hwn sy'n dweud yn barhaus fel cytgan, 'na neb yn deall':

WIL SFFINCS: Wps! Un munud mewn bywyd i dindroi
ar lan bedd gwareiddiaid,
a gwrando'r pridd yn dannod ei sglein
i ddwy fraich yr angel heb ben
ar garreg fawreddog yr hen sant du a
gwyn Pwllywhied.
Ca' dy lyged, 'rhen frawd rhag y clai!
Ches di 'rioed dy wala o ferched.
Ond tae ti'n dod 'nôl byddet farw o
drachwant
Merched ... merched ... merched ...
Mae'r crochon yn ffrwtian yn labordy'r
Gwyddonwyr ... (Neidio o amgylch)
Y Nhw. Ma' Nhw'n creu ... yn creu ...
creu.
Pwy ... Pwy ... Pwy ddaw o'r pair?

LIWSA: Ddeallest ti, Gyrtrwd?

GYRTRWD: Ddeallest ti, Liwsa?

Y DDWY: Neb ... neb yn deall ...

O'r diwedd, wedi'r ffanfer eiriol, lawn rhialtwch, caiff y newyddiadurwr Ap Coel ddatgelu'r hyn yw craidd y ddrama a'r ffaith fod yna dri gwyddonydd yn arbrofi i greu robot a allai weddnewid byd gwaith. Gyda'r cymeriad hwn ymdeimlir â'i rwystredigaeth ynghylch newyddiaduraeth a manion bethau sy'n dod i amlygrwydd:

AP COEL (*Swyddfa* Y Clwt. *Typing furiously. Does everything furiously. Takes out paper. Reads*):
Dirgelwch y labordy ... Tri gwyddonydd yn gwneud gwaith ymchwil ... Y Doctor Paul,

y Doctor Pwyll a'i ferch, y Dr Sarffa. Creu
peiriant i wneud gwaith dyn. Bu disgwyl
mawr am y robot ... Ond be' sy'n digwydd
... Yffach o ddim ... Yffach o ddim! Dim.
DIM. (*Torri'r papur yn ddarnau*) Damo.
Damo. Damo!

Y Wasg yng Nghymru (*Chwifio* Y Clwt) –
Y CLWT. Papur pota babis ... Jones bach. A
Jams mowr ... saco dwylo dyletswydd i bletc
pocedi a phlygu cydwybod fel macyn dy'
Sul ym mhoced frest Ein Parchus Weinidog.
Thenciw am gal byw ... Palomino Stallion a
Gossamer Plain. (*Darllen ambell eitem*) 'Mrs
Angharad Huws. Nymbar Three ... Maes
Twmdili. Ysbyty St David's (ymgrymwn
i'r sant). *Observation!* Blydi 'speinglass 'te.
Ma'r byd wedi gweld 'i faricos feins ...
'i ffendics ... 'i ylsers ... 'i gold-stôns ...
Cynghorwr R. R. R. Roberts. B.E.M. (*Parish
Cownsil*).
Cader i 'Steddfod Cwmpryfed.
A oes heddwch! Gwraig y bardd yn y 'seilam.
Llond tŷ o *dry rot*.
Village in arms over sewerage.
Band y Bed-pans! Gogoniant! Haleliwia!

Gan na wyddom i sicrwydd pryd y lluniwyd y ddrama hon, mae
rhagflas lleisiol o'r hyn a ddigwydd gyda chyhoeddi papurau bro
lleol, wrth i rai alw heibio i roi eu pwt o lith neu lythyr i law'r
golygydd. Dyna a'i gwna'n ddarlun hynod gyfarwydd i ni yng
Nghymru heddiw. Wele, unwaith eto, ymateb dychanol wrth i
Ffwnda-ment, sef James Eliseus Huws, alw heibio:

(Daw JAMES ELISEUS HUWS i fyny'r hewl at y swyddfa)

AP COEL:	Uffern! Un arall o greiriau Cymru fy ngwlad. Croeso. Croeso … Mr James Eliseus. (*Ysgwyd cadair*). *Dry rot*. Na hidiwch … Fe ddal bwys i'ch crefydd.
FFWNDA-MENT:	Er … wedi brysio. (*Mae'n eistedd*) Ar hanner y tost a'r wy meddal. Er … Llythyr i'r gornel grefyddol. (*Estyn bwndel trwchus*)
AP COEL:	Hwrê! Fe werthwn filiyne o'r *Clwt* bore fory.
FFWNDA-MENT:	Er … testun diddorol. Ffwndamental-iaeth. Cymell y bobol yn ôl …
AP COEL:	'Nôl … O ble … Majorca … Las Palmas … Cwmtydu … neu o blydi Llanfihangel-y-cynrhon?
FFWNDA-MENT:	Yn ôl at y Beibl. Ei gredu'n llythrennol. Mae diwedd y byd yn ymyl.
AP COEL:	Tato stecs ar storws Ffocshol.
FFWNDA-MENT:	Er … begian eich pardwn …
AP COEL:	Ie, begian … A chael dim. Dim, dim. Yffach o ddim. Dim stori. Dim newyddion … dim fflach ar y gorwel … Ffwndamentaliaeth … *Y Clwt* a'i gornel grefyddol … (*Pwyntio at y GWYDDONWYR*) Be' sy gyda chi i' weud wrthyn NHW. Dyna'r newyddion sy ishe ar y darllenwyr. Ymateb crefyddwyr iddyn NHW 'co …
FFWNDA-MENT:	Y NHW 'co … (*Fumbling and peeping*) Er … y Nhw 'co … er …

AP COEL: Ie. Y NHW. Y Gwyddonwyr. Y bobol sydd â'n dyfodol ni yn eu dwylo.

FFWNDA-MENT: Y ... Nhw ... Dier ... dier ... Y Nhw ... Er ... does gen i ddim i' ddweud wrthyn Nhw ... Er ... dim ...

AP COEL: Ond os na allwch chi, grefyddwyr, roi arweiniad ...

FFWNDA-MENT: Does a wnelo ni ddim â Nhw. Er ... Y NHW ... Arbrofi ar fwncis ... a ... a ... llygod ... a ... a ... brogeid ... Ych-y-fi ... be' ma' nhw'n ddeall am y Beibl ... Am ffwndamentaliaeth?

AP COEL: Uffern dâ'! Os ma' dyna ymateb yr Eglwys ...

FFWNDA-MENT: Da iawn. Da iawn, machgen i, ma'ch syniadau yn iach Uffern! Uffern a Nefoedd! Nefoedd ac Uffern! Sylfeini ein credoau. Adda ac Efa ... A Gardd Eden ... A'r Duw Mawr yn creu dyn ar y Chweched Dydd ...

AP COEL: Ar y chweched dydd – be' ddiawl odd yr Undeb yn neud, dyna leiciwn wybod. Gweithio chwe diwrnod. Torri rheolau'n yfflon. Wel – be' odd yr Undeb yn neud? Dyna be' sy ishe i chi drafod. Y pethe yng ngoleuni heddi. Nid slobran fel pompiwnen bwdwr a'i had yn slecht yn sentimentaleiddiwch y gorffennol. Fuoch chi eriod yn meddwl pe bai Adda ac Efa yn cael eu creu o'r newydd? Pe bai'r Gwyddonwyr yn taro ar fformwla ... O, yffach! Crefydd yng Nghymru!

Y Clwt a'r gornel grefyddol. Ma' 'na fwy o gic yn lwtsh nos Sadwrn y Blac na ddaw byth o winllannoedd Ffwndamentalia … Ewch 'nôl, Syr. At eich tost a'ch wy meddal … Ma' slops yr Eglwysi yn rhy wan i achosi hyd yn oed dolur rhydd. Ond am y Nhw 'co – llond pot o ddiffyg traul o leia'. (*Strides out – looking towards Scientists*) Ond be' ddiawl ma' Nhw'n neud. Dyna leicswn i wbod. A dyna rwy'n mynd i ffeindio mas. Cymrwch Y Clwt. (*Ei daflu*) Cwtshwch fel ceiliog clwc ar ben eich domen grefydd. (*Taflu'r bwndel llythyrau iddo*) Ffwndamentaliaeth! Mewn oes mynd i'r lleuad! (*Bant dan chwerthin*)

FFWNDA-MENT: (*Casglu'r llythyrau a'u maldodi*) Ond y neges i Gymru. Y Neges … Ffwndamentaliaeth …

Wedi'r ddeialog Frechtaidd braidd, daw'r dramodydd yn awr at ei brif thema, sef yr ymgais i greu robot. Down hefyd, wrth gamu'n dalog dros rai golygfeydd, at y man lle y maent yn gosod y robot at ei gilydd. Byddai'r sefyllfa ei hun yn her aruthrol o ddifyr i unrhyw gwmni drama a'r weithred o osod gwifrau yn un sy'n hen gyfarwydd i rywun heddi, boed hynny yn wifrau at ddatrys problemau ceisio deall cwsg neu at brofion clefydau yn yr ymennydd. Yn y fan hon, y nod yw creu rhywbeth sy' n meddu hefyd ar allu fel y gall y robot fod yn un sy'n medru gweithredu a hynny er lles dynion. Sylwch mor glyfar yw enwau'r gwyddonwyr: Pwyll – dewin yn ôl ei enw hanesyddol

Mabinogaidd, a Paul – apostol a'i ddylanwad ysbrydol yn bellgyrhaeddol ym myd crefydd. Gorchmynnant i'r robot i ymateb i'w gorchmynion:

PWYLL: (*Yn sefyll uwchben y robot sy'n gorwedd ar y ford – ei draed yn y golwg i'r gynulleidfa. Symud y breichiau, coesau etc. Cydio yn y bysedd … rhyfeddu.*)
Mor ystwyth â bysedd yn brodio (*wrth y robot*).
Cwyd ar dy eistedd, 'te (*codi*).
Gorwedd 'nôl (*gorwedd*).
I feddwl y gall hwn wneud gwaith mil o ddynion am flwyddyn mewn un munud.
(*Troi at Paul*) Paul. On'd yw'n rhyfeddol, Paul?

PAUL: (*Wrth ei ymchwil*) E?

PWYLL: Peiriant yn meddu ar y fath allu …

PAUL: Mowredd! Pwyll – ma'r peth yn uffernol o gyffrous.

PWYLL: O, fe ddaw'r goleuni ryw ddydd. Ma' Gwyddoniaeth yn synnu Gwyddonwyr yn amal. Ond fe gymriff amser. Drychwch ar DNA a'r broblem etifeddeg. Brwydro am flynydde … ac ar drawiad, Crick a Watson yn llwyddo …

PAUL: Ac rwy inne'n mynd i lwyddo, Pwyll. Rwy'n mynd i greu ymennydd artiffisial

PWYLL: Synnwn i fawr na newch chi ryw ddiwrnod, Paul –

PAUL: Ryw ddiwrnod … ma'r peth o fewn ergyd carreg nawr, w … Ma'r celloedd yn ymateb. Mi fedra i gario'r elfenne o un gell i'r

	llall … o'r ymennydd a thrwy'r sianelau nerfol …
PWYLL:	(*Somewhat uneasily*) Ma' 'na fywyd –
PAUL:	Ac fe all gynhyrchu ei ynni ei hun … Pwyll, fe all proses meddyliol hwn redeg am, am … wel am byth –
PWYLL:	Ond mi fydde hynny'n golygu …
PAUL:	Ein bod ni'n gallu rhoi ymennydd byw i robot.
PWYLL:	Ond mi fydde hynny'n amhosibl … y maint a'r gost –
PAUL:	Mi fedra' i gal holl batryme'r meddwl i mewn i hwn (*Batri bach*)
PWYLL:	Ond …
PAUL:	*Micro-circuits*, Pwyll … yn union fel y gnelon nhw'r set fach, fach radar. Hynny … Fe alla i neud i ffwrdd â'r holl gelloedd a'r cymhlethdod. Pwyll … ma' gyda ni o'r diwedd beiriant a all gymryd trosodd yn lle dyn.
PWYLL:	Ond fe fydd yn rhaid i ddyn ddal i fwydo'r peiriant …
PAUL:	Dim o'r fath beth. Bydd gan hwn feddwl 'i hunan. Fe fydd yn gallu derbyn ffeithiau a'u iwso yn gywir fel ni. Mowredd. Meddyliwch! Gall hwn storio peth wmbredd o wybodaeth yn fwy na dyn – a dal i weithio … am … am … wel, am dragwyddoldeb –
PWYLL:	Ma' 'na ryw arswyd i mi yn y syniad.

Mae'r ddrama yn mynd rhagddi gyda Pwyll yn driw i'w enw ac yn cymell ymarfer pwyll tra mae Paul mor gyffrous am y darganfyddiad fel ag i deimlo ysfa eithriadol i barhau'r arbrawf ymhellach. Nid yw am atal yr ymchwil ond myn fwrw ymlaen gan deimlo balchder iddo lwyddo yn y dasg. Teimla'r rheidrwydd i rannu'r darganfyddiad â'i ddyweddi, Sarffa, sydd, gyda llaw, yn ferch i Pwyll. Nid yw Paul am iddo ddweud wrthi, diau am y gwyddai y byddai hithau'n annog ymestyn yr arbrawf. Mae Paul hefyd yn fwy uchelgeisiol na'i ddarpar dad yng nghyfraith, gan ofni y byddai darganfyddiadau tebyg yn America neu Rwsia yn achub y blaen arnynt. Dyma brif densiwn y ddrama yn dod i'r wyneb wrth iddynt anghytuno'n ffyrnig ynghylch y camau nesaf:

PWYLL: Ma'r *risk* yn ormod. Dydyn ni ddim wedi paratoi ein hunen, Paul. Dewch inni ddefnyddio'r robot 'ma i wneud y gwaith ry'n ni'n gwbod sydd yn ei allu.

PAUL: A gadel i Rwsia ac America gal y bla'n arnon ni 'to? Mowredd, Pwyll! Fe roie gwyddonwyr y byd 'u bywyde i fod yn ein sgidie ni heddi. Ac os yw'r robot 'ma cystal ag y'ch chi'n ddweud, Pwyll ... meddyliwch beth all e' neud wedi cal ymennydd, 'te.

PWYLL: Ond ry'n ni'n gallu ei reoli fel mae e' nawr, Paul. Ni fydd yn dal i'w raglennu. Ond rhowch chi'r gallu iddo i feddwl drosto ei hun –

PAUL: Fe arbediff waith di-ben-draw i ddyn. A fedr dim fynd o'i le. Rwy'n sicr o hyn, Pwyll. Fedra i ddim fforddio i ddim fynd o'i le. Peidiwch chi â gofidio ... fe gymra i'r cyfrifoldeb ...

PWYLL: Ma' 'na rywbeth yn … yn … annaturiol – yn haerllug … mewn mentro –

PAUL: Dych chi ddim yn siarad fel Dr Pwyll y Gwyddonydd, nawr. 'Dos gyda ni wyddon-wyr ddim o'r hawl i gelu darganfyddiade.

PWYLL: Ond a oes gyda ni'r hawl foesol i fynd mor bell? Creu dyn – dyna mewn gwirionedd ry'ch chi'n fwriadu 'i wneud.

A dyna oedd union fwriad Paul wrth iddo weld y posibiliadau'n dod yn fyw o flaen ei lygaid. Pery'r cweryl rhyngddo a Pwyll. Ni all hwnnw ddarbwyllo Paul, sy'n benderfynol ei fod 'am greu dyn' gan orchymyn i'r robot godi ar ei draed. Dywed wrth Pwyll mai dim ond 'newid cyflymdra'r patrymau drwy'r celloedd nerfol' sy'n rhaid ei wneud a gweithio'r equation 'nes ei chael yn gytbwys'.

PWYLL: Paul, da chi, peidiwch â gneud hyn –

PAUL: Peidio … Ond ma' hynny'n afresymol, Pwyll –

PWYLL: Creu dyn artiffisial. Ma' arna i ofn –

PAUL: (*Yn ddiamynedd*) O'r yffach … pam na gymrwch chi bilsen i ddileu'ch ofnau, 'te. Ma' hon yn broblem ddyrys. A ma'n rhaid i fi gal llonydd i ail-feddwl … llonydd … ody chi'n deall … llonydd.

PWYLL: O, wel … os y'ch chi'n teimlo fel 'na – (*Mynd i bendrymu uwchben y robot*)

Daw Sarffa i mewn i ganol y sefyllfa o densiwn gan gwyno am ymroddiad llwyr Paul i'w waith yn lle iddi hi. Er mai gwyddonydd yw, gan ddilyn camre ei thad, dywed iddi ddiflasu ar y misoedd o arbrofion heb gyflawni dim, a haera nad yw hi bellach yn golygu mwy i Paul na'i 'destiwb'. Yna, yn raddol daw i sylweddoli'r hyn y mae ef wedi ei gyflawni gyda'r robot, gan orfoleddu yn ei gampwaith. Mae'r enw Sarffa hefyd yn ddadlennol a'i chymeriad yn un hynod bryfoclyd; mae'n annog Paul, fel y sarff gynt yn yr ardd, i fwrw iddi â'i arbrawf. A hithau wedi'i gollfarnu am fod 'mor ddi-uchelgais ag Arab heb bais', fe'i gwelwn yn awr yn ochri gyda'i awydd i wireddu'r arbrawf. Yn wir, hyhi sy'n annog Paul i ymlafnio i greu ewyllys rydd yng nghlopa'r robot. Fel cymeriad, cwestiyna safle Efa yn nechreuad y byd. Dywed mewn un man: 'Symbolau! Falle eich bod chi'n credu ma' merch achosodd i ddyn bechu. A'r blincin afal 'ny. Cox Pippin, Granny Smith, Golden Wonder ... neu Lady Fingers, Mam-gu – P'un odd e, Dadi?'

Wedi'u cyfosod â'r ddeialog wyddonol ac athronyddol ynghylch creu bywyd, bydd y cymeriadau mwy meidrol, o gig a gwaed, yn tarfu ar y gweithgareddau gwyddonol. Dychwel Liwsa a Gyrtrwd i'r llwyfan ac mae'r ddrama'n creu haenau gwahanol o gymeriadau fel y gall y gynulleidfa uniaethu â bydoedd amrywiol y ddrama yn ogystal â theimlo cynnwrf y byd mwy heriol a deallus. Unwaith eto dyma nod gwaith Eluned drwyddi draw – sef y syniadau pellgyrhaeddol, arallfydol, ochr yn ochr â realiti noeth ac arwynebol pobl â'u traed ar y ddaear. Mae ei chlust yn effro i dafod lleferydd cefn gwlad, fel yn y darn hwn:

GYRTRWD: Be' wedest ti, Liwsa ... Daniel drws nesa?
LIWSA: Bildo *lean-to*, ferch. Hen goffin o gegin.
GYRTRWD: Plant fel cig sanwej.
LIWSA: Mas i'r clos i droi ...
GYRTRWD: Babi 'rôl babi.
LIWSA: Fel myshrwms Ca' Pishwel ...
GYRTRWD: (Pils wir i'r India) Tase fe'r Pab yn fenyw ...

(*Sbel fach. Cerdded 'nôl am y labordy*)

LIWSA: Ma' hi Nymbar Five wedi prynu cot ... *Swagger.*

GYRTRWD: Hy ... nid cyn pryd.

LIWSA: 'Rhen gabinet coctel 'na –

GYRTRWD: (*Canu wrth agor y caead*) *Drink to me only.*

LIWSA: Ych-y-fi ... Bolied o *gin.* Ac anghofio'r bilsen.

(*Sbel fach*)

LIWSA: Bydd rhaid iddi'i gadw.

GYRTRWD: 'I thad ar y Cownsil.

LIWSA: A'n Sêt Fowr Moreia. Ble cawn ni i gyd le?

GYRTRWD: Ble cawn ni i gyd le?

LIWSA/GYRTRWD: (*Troi at y gwyddonwyr*) Be' ma Nhw'n neud, 'te? Ie. Be' ma' Nhw'n neud, 'te?

Yna, teflir y golau dwys ar Wil Sffincs sydd unwaith eto'n doethinebu am hyn ac arall yn ei ddull lladmeryddol, yn cadarnhau bod yna ryw bethau yn digwydd ym mhobman: 'Yr haul yn gwenu ar Gwen fach yn y Mwmbwls / yn llosgi croen Ashu ar fryniau Kashmir / a thaflu ei *aura* ar friallen Parc Pella. Clywn rai o'r cymeriadau eraill yn dod i'r fei: Ffwnda-ment, ac Ap Coel, sy'n dweud fel hyn:

AP COEL: Goleuni! Goleuni myn jiain i! Ma'ch crefydd fel parlwr gwahadden ... Goleuni ar y pethe sy'n mynd mlân 'ma – dyna ble ma' ishe Goleuni. Gwbod be' ma'r gwyddonwyr 'ma'n neud. Y NHW ... nid y chi, grefyddwyr – sy'n trio goleuo'r byd.

Dywed yn nes ymlaen wrth ddwrdio Ffwnda-ment:

Menyw o asen dyn! Yffach! Os oes 'na unrhyw sail i'r stori 'na ... pam lai. Y Gwyddonwyr? Pwy

ishe i'r busnes o greu dyn fod yn fonopoli. Byd
y cystadlu yw hi – a phawb wrthi hyd at ladd.
A falle 'i bod hi'n bryd i gal dynion newydd ar
y ddaear. Ry'n ni'n lot go shabi ar y gore … o
jawch … tawn i'n cal un bip miwn 'na.

Mae'r ddrama'n mynd rhagddi gyda'r robot a fedyddiwyd yn
Anfarwol yn ymddangos. Ar y dechrau nid yw'n fwriad iddo
wneud dim byd mwy nag ymateb i orchymyn Paul y gwyddonydd,
ac yna, maes o law i orchmynion Pwyll a Sarffa. Ond pan gaiff
ewyllys rydd, daw trafferthion yn ei sgil gan greu sefyllfa
hynod annisgwyl. Nid oes modd ei reoli ac mae hynny'n achosi
penbleth i'r gwyddonwyr. Mae'n ddrama glyfar ar ryw olwg am
fod y cymeriadau gwahanol yn mynegi safbwyntiau eithafol.
Un bendant ei barn yw Sarffa sy'n mynegi barn diflewyn-ar-
dafod ac yn mynegi:

SARFFA: Nonsens. 'Rodd y ddaear mewn bod ymhell
           cyn i ddynion ymddangos. Ry'n ni'n gwbod
           mai un yw'r ddaear o'r sustem *stellar*. Ac
           ryn ni'n gwbod hefyd y daw'r dydd pan na
           fydd ein teip ni o ddynion ar y ddaear –
FFWNDA-MENT: Ysgubir hwynt ymaith oherwydd eu
           drygioni megis yn Sodom a Gomorra –
SARFFA: Sori, Mr Crefyddwr. Dim byd mor ogleisiol.
           Y tywydd fydd ein tynged. Y cyfnewidiade
           yn y tymheredd yn peri i ddyn meidrol
           fethu â byw –

Dyna ragfynegiad o bwnc mawr yr unfed ganrif ar hugain ond
mae Eluned wedi llwyddo i'w awgrymu yn y fan hon. Mae'r
detholiad o'r ddrama yn rhoi blas megis o'i dawn ddiamheuol

i greu drama heriol, un sy'n diddanu ar y naill law, ac ar y llaw arall yn peri i'r gwrandawr, neu'r gwyliwr, feddwl am destunau sy'n cwmpasu ecoleg, crefydd, meidroldeb ac anfeidroldeb. Hyn oll ynghyd â gallu dyn i reoli neu wrthod â rheoli datblygiadau gwyddonol. Nid ar chwarae bach yr aeth ati i lunio drama dair act, ac mae'n amlwg o'r cyfarwyddiadau iddi weld y cyfan yn glir ar lwyfan. Gallasai fod wedi bod yn ddrama lwyddiannus iawn ac yn sicr yn haeddiannol o gael ei pherfformio gan Theatr Genedlaethol Cymru neu theatr broffesiynol arall. Oni fyddai'n wych gweld y ddrama hon yn cael ei llwyfannu rywbryd yn hytrach na chael ei chadw mewn blwch llwyd yn archifau'r Llyfrgell Genedlaethol? Byddai'n ddrama radio effeithiol hefyd gan ei bod mor gyfoethog o ran ieithwedd a delweddau.

Ond amrwd iawn yw'r teipio, ac er nad oes dyddiad i'r sgript gellid tybio i Eluned ei llunio mewn cyfnod rhwng diwedd y chwedegau a dechrau'r saithdegau. Tybed ai oherwydd y feirniadaeth a fu ar ei gwaith barddonol y bu iddi droi yn ôl at ei phriod grefft fel sgriptwraig? Eisoes nodwyd iddi greu sgetshys dirifedi pan ddeuai'r bechgyn yn ôl am gyfnodau o'r rhyfel, yn ei hieuenctid, gyda Madge ei chwaer yn cydchwarae rhan â hi. Cwynai honno yn gyson y byddai Eluned yn crwydro oddi ar y sgript a fwriadwyd ac yn troi pob drama yn un fyrfyfyr, a hynny'n creu dryswch i'w chwaer fawr, a geisiai ddilyn ei sgript. Dengys tuedd Eluned at wneud hynny ei gallu arbennig i ymgolli ym merw ambell ddarn wrth ddilyn ei mympwy greadigol.

Eithr, yn *Robot*, ceir negeseuon hynod o flaengar. Roedd galw'r robot yn Anfarwol yn ddyfais ogleisiol ac ysbrydoledig ynddi'i hun. Yr oedd hi, wedi'r cyfan, yr un mor flaengar bob tamaid ag Isaac Asimov yn *The Three Laws of Robotics* neu ddrama Karel

Čapek o Wlad Tsiec, sef *R. U. R.* neu *Rossumovi Univerzální Roboti* yn 1920, a boblogeiddiodd y defnydd o'r gair 'robot', sy'n deillio o'r gair am waith caled neu gaethwasanaeth yn yr iaith Tsiec. Heddiw, rwy'n darllen drama Eluned mewn cyfnod pan fo ffilmiau ffuglen gwyddonias fel *Ex Machina* a *Chappie* yn cael eu hyrwyddo'n frwd gan Hollywood yn y gred eu bod 'far ahead of reality', neu wedi i mi wylio'r gyfres *Human* ar y teledu. Bu Eluned yno o'u blaenau. Ond mae drama Eluned, *Robot*, yn ddrama foesol hefyd, wrth gwestiynu cyfyngderau gwyddoniaeth pan ddaw'n fater o ewyllys rydd. Cyfuna ddifrifoldeb y testun â doniolwch cymeriadau sydd yn ddigri ac yn ddi-hid ynghylch goblygiadau technolegol. Iddyn nhw, y gymdeithas a'i chrefydd neu ei diffyg crefydd sydd wrth wraidd eu diddordeb a'u consýrn.

§

Dyna un wedd yn unig ar ysgrifennu Eluned a nodwedd sy'n tystiolaethu i'w meddwl treiddgar a'i gallu i ymgodymu â'r meysydd gwyddonol a chrefyddol i greu elfennau dramatig difyr ac arswydus yr un pryd. Mae'r math arall o sgriptio a wnaeth yn llawer mwy addysgiadol ac adloniadol, ac yn gweddu i'r dim i'r comisiynau a gafodd gan y BBC. Pynciau cymdeithasol ydynt gan fwyaf, materion sy'n ymylu ar fod yn wleidyddol a chymdeithasol o ran eu natur.

O graffu arnynt yn fanwl, maent yn sicr yn profi bod Eluned yn sgriptwraig o'r rath flaenaf ac un â chanddi glust at dafod-leferydd y gymdeithas y'i magwyd ynddi, a hefyd at ddatblygu syniadau creadigol. Medrai bwysleisio digrifwch sefyllfaoedd a chymeriadau amrywiol, ac fel y dengys *Robot*, gallai fynd i'r eithaf arall a threiddio i fyd syniadau diwinyddol a chrefyddol.

Dyna adlewyrchu'r hyn a amlygir hefyd yn ei barddoniaeth. Ar y naill law, ymagweddai fel bardd gwlad ac iddi swyddogaeth i ddifyrru a diddanu, ac ar y llaw arall dengys ei gallu i godi i diroedd uwch wrth ysgrifennu pryddestau ac arnynt ôl meddwl, ymchwil a threiddgarwch. Onid yw hyn yn rhywbeth prin ac annisgwyl o'r bardd gwlad neu fardd achlysurol? Diau mai eithriadau o ysbrydoliaeth athrylithgar (gair a ddefnyddia Eluned ei hun am eraill yn gyson) a geir yn ei dwy bryddest fuddugol, ac mai ei dawn unigryw oedd ei dawn fel dramodydd. Gwelir hyn amlycaf wrth iddi, yn ei nawdegau, ddychwelyd i gorlan y sgript a'r ddrama, a throi cefn i raddau ar farddoniaeth Gymraeg draddodiadol.

Oedd, yr oedd ganddi storïau i'w hadrodd ac onid yw'r atgofion a adroddir yn *The Reluctant Redhead* yn gyforiog o droeon trwstan a digri gan fwyaf? Dywed Walter Benjamin yr athronydd a'r beirniad diwylliannol Iddewig o'r Almaen, 'Less and less frequently do we encounter people with the ability to tell a tale properly.'

Yn ddi-os, medrai Eluned adrodd stori yn gelfydd a meithrinwyd y duedd honno ynddi wrth wrando ar aelodau hŷn ei theulu, pobl fel ei mam-gu, Get ac Anti Hannah, ar yr aelwyd. Pe bai wedi cael y cyfleoedd i ddatblygu ei dawn sgriptio, gallasai fod wedi bod yn ddramodydd blaenllaw yn ein diwylliant heddiw neu pe bai'n dechrau ar yrfa heddiw, pwy a ŵyr na allai fynd i fyd comedi stand-yp Gymraeg a dilyn dullwedd y ddiweddar Victoria Wood. Doedd dim y tu hwnt i allu Eluned.

O ddarllen ei phryddestau, gwelir mai darlunio cymeriadau, naws a sefyllfa a wna fel sy'n gynhenid i ddawn y dramodydd. Gwnaed ffilm ddramatig o'i phryddest 'Clymau' ond gallasai Eluned fod wedi ysgrifennu cyfresi comedi yn Gymraeg neu ddramâu mwy difrifol hefyd yn hawdd. Ond nid un i aros yn ei hunfan oedd Eluned a phan ddaeth terfyn ar y sgriptiau a'r cerddi, trodd ei llaw at ysgrifennu o fath arall, sef y libreto. Camodd yn dalog i'r byd hwnnw ag awch o'r newydd ar ôl cyrraedd oed yr addewid.

Ei Phererindod Farddol

I must be private, secret, as submerged as possible in order to write.

Virginia Woolf

Tueddid i feddwl, yn gyfeiliornus braidd, i Eluned Phillips gyrraedd llwyfan yr Eisteddfod Genedlaethol fel bardd coronog fel pe na bai wedi datblygu unrhyw grefft cyn hynny. Neu dyna'r argraff a gefais pan oeddwn yn ferch ifanc. Rhyw ffliwcen o beth a dorrodd ar draws pymtheg can mlynedd o lif y traddodiad barddol. Ond y gwir yw iddi lenydda yn dawel bach o oed cynnar iawn. Mae Eluned yn cyfaddef mai ychydig o farddoni a wnâi bryd hynny oherwydd iddi droi ei llaw at ysgrifennu storïau rhamantus yn Saesneg ar gyfer cylchgronau poblogaidd merched y cyfnod. Dywedwyd iddi ysgrifennu llyfrau serch Mills & Boon a chael tair gini am ei hymdrechion cyntaf. Nid oes unrhyw dystiolaeth i brofi ai gwir hynny.[15]

Dywed Eluned iddi ysgrifennu at wahanol gylchgronau merched – rhai oedd yn eu bri wedi'r rhyfel – ac ysgrifennu o dan ffugenw a chael tâl teilwng am ei gwaith. Hwyrach felly, mai dim

---

[15] *Ceredigion: 101 o'i Beirdd ac Emynwyr*, (gol.) Eirian Jones (Y Lolfa, 2010) t 132.

ond pan ddaeth yn ôl i Gymru y dechreuodd yr ysfa i farddoni o ddifri.

Prin oedd y cerddi a ryddhawyd o'i llaw, er iddi gydnabod iddi ysgrifennu telynegion. Roedd yna awydd ynddi i fod yn fardd. Yn aml, ar gefn amlen y byddai 'pwt o farddoniaeth yn disgyn neu ar ddarn hen o galendar'. Yna, fe ddigwyddodd rhywbeth a wnaeth ei chyffroi – darllenodd 'Adfeilion' gan T. Glynne Davies, pryddest fuddugol y Goron yn Eisteddfod Genedlaethol Llanrwst 1951, a chyneuwyd yr ysfa ynddi i gystadlu. Aeth ati i gyfansoddi bob blwyddyn wedyn ond heb fentro postio'i hymdrechion i'r gystadleuaeth. Dywed i 'Ffenestri' W. J. Gruffydd ddylanwadu arni hefyd yn 1955.

A dyma weld y testun 'Y Bont' yn 1963 ar gyfer Eisteddfod Genedlaethol Llandudno a'r Cylch. Meddyliodd am ei mam a'i llond tŷ o blatiau glas, patrwm helyg neu *willow pattern*. Felly, ysgrifennodd am bont serch y 'Plât Glas' a'r tro hwn fe bostiodd ei hymgais i'r gystadleuaeth. Gwilym R. Jones oedd yn traddodi'r feirniadaeth ac yn gosod pum neu chwe cherdd ar y brig. Clywodd Eluned fod Nebo, 'fy ffugenw i yn eu plith, ond oherwydd fy nerfusrwydd, credais fod y rhain allan o'r gystadleuaeth. Bu gormod o gywilydd arnaf i agor y Cyfansoddiadau hyd nes cyrraedd adref ar y Sul a chael fod Nebo gyda'r goreuon'. Meddai'r beirniad: 'Dyma'r meistr sicraf yn y gystadleuaeth ar y dull hwn o baragraffu a naddu cerdd [y mesur penrhydd] … y mae rhannau o'r gân yn ddigon blêr i awgrymu brys … ond rhaid i fi gyfaddef fy mod wedi hoffi llawer cainc yng ngwaith Nebo.'

Yn ôl Cynan, a'i gosododd yn y trydydd dosbarth:

Cerdd *vers libre* ffansïol, ond tra chymhleth, a gyfansoddwyd o edrych ar y bont yn yr hen blât *willow pattern*. Er yr ymdrech i bapuro'r gerdd â hen eiriau Tsieineaidd wedi eu

cymysgu yn ddigri braidd ag ymadroddion rhyw fath o
Gymraeg diweddar, megis 'jolihoitan, 'bîtnic', a defnyddiodd
y gair 'bît' i olygu 'traw', ni theimlaf fod yr awdur yn llwyddo
i gyfleu rhamant uniongyrchol stori draddodiadol y plât. Yn
ei heglurder syml ac agos-atom y gorwedd apêl honno at bob
cenhedlaeth o blant.

Ar wahân i'r hyn a draddodwyd o'r llwyfan, bu sylwadau Gwilym
R. Jones yn rhai ysgogol i'r bardd wrth iddo ddweud yr 'edrydd
Nebo stori draddodiadol y llun sydd ar y plât Sieneaidd mewn
arddull sy'n awgrymu telynegrwydd y Dwyrain Pell'.

> Dwy golomen Chang a Li Chi
> Yn crwnio, crwnio,
> A churiadau calon dau-yn-un
> Yn hapus jolihoitan.
> Pan oeddwn wyryfdod o lodes
> Tyfais y tu hwnt i'r pymtheg cynhaeaf reis
> Yn wraig i blentyn sugno.

Dywedodd Cynan ymhellach:

> ceir yma chwerwedd profiad genethig a siomwyd. Pont
> dros afon serch yw pont y bryddest hoyw hon. Dengys y
> llinellau a ganlyn mor giwt y gall Nebo drin ei fesur:

> > Rhwng naid a chusan chwim
> > A chusan chwim a naid,
> > Dawnsiai dau bâr o wadnau
> > Dros bont y Mandarin-gŵr-drwg.

> > A chasged torri-calon-cybydd
> > Ar bolyn bambŵ rhwng y ddau.
> > Llygad ym myw llygad

Ymlaen
Am weddill mil lleuadau mwy.

Ymhelaetha'r beirniad drwy sôn am grefft y bardd hwn, gan roi
sylw i'w ddeallusrwydd wrth ymdrin â'r testun a ddewisodd:

Prydydd wedi ei drwytho'i hun yn stori'r plât Sineaidd ac
wedi ymgyfathrachu hefyd â rhyw gymaint o ganu beirdd
Sina, yw Nebo; a gŵyr sut i daro tant y realaeth gyfoes hefyd,
fel y dengys y cload i'r gerdd:

Hŷn na'r bont yw'r Cnawd
Hen fel hen reis,
Hen fel llygod, a llau, ac adar y to.

A dyna i ni hefyd rai o ddelweddau mwyaf graffig cynharfyd
y Dwyrain Pell i danlinellu hynafiaeth y cnawd. Y mae
rhannau o'r gân sy'n ddigon blêr yn awgrymu brys y prydydd
a'i lluniodd hi. Yn wir, gwell fuasai tocio'r bryddest i grynhoi
ei rhinwedd. Nid oedd angen am resi o linellau catalogaidd er
mwyn estyn hyd y gân. Ond rhaid i mi gyfaddef fy mod wedi
hoffi llawer cainc yng ngwaith Nebo.

Ymgeisiodd pedwar ar hugain am y Goron y flwyddyn honno
ac roedd cael sylwadau fel rhai Gwilym R. wrth fodd calon
Eluned. Roedd hefyd wedi nodi rhywbeth y cafodd ei beirniadu'n
gyson yn ei gylch, sef 'ôl brys', ac mae hynny'n nodweddiadol
o ddull Eluned o ysgrifennu. Yn wir, nid yn unig am ei dull
o ysgrifennu yr oedd hyn yn wir; roedd brys ar Eluned ble
bynnag yr âi, yn ôl ei chyfeillion. Ond cydnabu ei hunan
ei bod yn ystyried rhyw syniad am gerdd am amser hir iawn
ac yna'n bwrw iddi ar y funud olaf i geisio crisialu'r syniadau
fu'n cronni yn ei phen a'i chalon ers tro. Seithfed yw'r safle y'i

gosodwyd ynddo gan Waldo Williams sy'n dweud fel hyn am y gwaith:

> Stori'r plât *Willow Pattern* mewn tua dwsin o ganeuon gwers rydd gan y bardd a'r rhan fwyaf gan y cymeriadau. Arddull *staccato* ond awgrymog sydd ganddo, yn llwyddo yn y caneuon lle mae'r teimlad yn gryf yn fwy nag yn y mannau lle dywedir y stori yn bennaf. Mae'r saernïaeth yn feius. Mae'r gystrawen ddiweddar honno ganddo fel hyn, 'Wylodd ei gybydd – a dwyllwyd-ddagrau'. Oni fyddai 'Wylodd ei ddagrau cybydd-a-dwyllwyd' yn well?

$$\text{\S}$$

Lai na blwyddyn yn ddiweddarach, a hwyrach oherwydd iddi gael ymateb lled ffafriol gan y beirniaid aeth ati i gystadlu am goron Gŵyl Fawr Aberteifi, eisteddfod a oedd bryd hynny'n cael ei chyfrif gyda'r mwyaf ar wahân i'r Eisteddfod Genedlaethol a llawer yn ei galw ar lafar yn 'semi-national'. Efallai mai hynny a'i sbardunodd i gystadlu eto yng Ngŵyl Fawr Aberteifi yn 1964. Yn ei geiriau ei hun:

> Clywed ar y cae mai'r Prifardd W. J. Gruffydd oedd yn ennill a rhoi nhraed yn tŷ cyn gwrando ar y feirniadaeth. Ymhen amser, yr Ysgrifennydd, yr hynaws Barch. D. J. Roberts yn rhoi'r feirniadaeth ysgrifenedig drwy'r blwch llythyrau, a chael fod y beirniad, Y Parch. Eirian Davies, wedi canmol fy ymdrech.

Teimlodd ddigon o 'hyder i gystadlu y flwyddyn ddilynol'. Y testun oedd 'Mieri lle bu Mawredd', a dywed mai 'teyrnged o raid i Dewi Emrys ac ef a enillodd y Goron i mi' ydoedd ei hymgais. Yn ei feirniadaeth ar y gerdd, ysgrifennodd R. Bryn Williams y canlynol:

> Cyflwynir y gerdd hon o barch i Dewi Emrys, ac mae'n olrhain cwrs bywyd y gŵr athrylithgar hwnnw. Nid hanes un gŵr sydd yma yn bennaf, ond hanes y mieri a dyfodd yn y gymdeithas y bu ef yn fawr ynddi. Ac y mae gan yr ymgeisydd hwn ei lais ei hun, ac mae'n canu, ac yn canu'n afaelgar ... mae'n gallu blasu geiriau a rhoi inni naws arbennig y lleoedd yr arweinir ni iddynt ... Y mae hwn yn rhagori ar y lleill o ran gwreiddioldeb gweledigaeth, hefyd fel crefftwr, ond yn bennaf fel bardd. Cerdd annwyl yw hon: 'cerdd y mae'n anrhydedd i Ŵyl Fawr Aberteifi goroni ei hawdur eleni'.

Mae'r ffaith i Eluned gadw copi taclus o'r feirniadaeth yn dangos yn glir iddi ymhyfrydu yn ei llwyddiant ac i hynny ei sbarduno i fynd ymlaen i gystadlu yn y Genedlaethol. Yn 1965 anfonodd ddrama fydryddol i'r Eisteddfod Genedlaethol yn y Drenewydd a chael beirniadaeth 'deg a chanmoladwy gan neb llai na'r Dr Thomas Parry', ond y mae mwy o feirniadu ar y ddrama, sy'n dwyn y ffugenw Pryderi, nag sydd o ganmoliaeth. Dyma a ddywed Cynan am ei hymdrech i ysgrifennu am Nest:

> Stori Nest, gwraig Gerallt arglwydd Normanaidd Dyfed yn ffoi gydag Owain ap Cadwgan, ei charwr ifanc o Gymro, ac yn mynd â'i phlant i'w chanlyn. Yn ddiweddarach, mae hi'n dychwelyd at ei phriod trwy orchymyn Harri Frenin.
>
> Eithaf defnydd i ddrama yw stori yr Helen Gymreig hon, ond 'does gan Pryderi ddim amcan sut y dylid saernïo drama ohoni. Ar chwarae bach iawn y perswadia'r gŵr ifanc dieithr Nest i ffoi gydag ef, ac ar chwarae bach iawn y perswadia'r brenin hi i ddychwelyd. Dim plot esgynnol, a chyflwyno'r stori trwy areithiau hir diddigwydd.

At y Mesur Moel yr amcenir, ond bod y frawddeg yn gydredol â'r llinell bron bob gafael. Mae yma hefyd lawer gormod o linellau cloff, ac o linellau wedi eu torfynyglu ar ddiwedd areithiau heb fod y llefarwr nesaf yn cwpláu'r mydr.

Dawn yr areithydd a wêl Thomas Parry yn ei feirniadaeth yntau o Pryderi:

> Dyma un o amryw wendidau Pryderi hefyd mewn cais i ddweud y stori am Owain ap Cadwgan yn denu Nest, gwraig Gerallt de Windsor, stori a ddylai gael ei dweud yn sionc ac yn lliwgar. Y mae'r areithiau hirion yn arafu symudiad drama ac yn dwyn syrthni i'r actor ac i'r gynulleidfa. Y mae lle wrth reswm i ddarn hir o ymadroddi, a busnes y dramodwr yw adnabod y lle hwnnw.

Yn y trydydd dosbarth y gosoda Bobi Jones ddrama Pryderi ynghyd â naw drama arall. gan wneud sylw cyffredinol eu bod yn tueddu i fod yn 'ystrydebol o ramantaidd ac adleisiol'. Eto i gyd, dywed fod 'yr holl ddramâu hyn yn y dosbarth hwn yn ddarllenadwy ac yn llyfn'. Tebyg i hynny fod wrth fodd Eluned gan mai derbyn beirniadaeth oedd ei phrif awydd wrth ddringo'r ysgol at greu llenyddiaeth uwch ei safon.

Gan wybod am ei hoffter o anfon dau gynnig bob tro i gystadleuaeth y Goron, mae'n dra thebygol mai Eluned a luniodd y ddrama am y Chwyldro Ffrengig a dienyddio'r Frenhines Marie Antoinette a anfonwyd i'r gystadleuaeth hefyd. Dywed Cynan hyn am Yr Allt Goch a 'Gwaed y Cyfnos':

> Cyfansoddiad tair act ar y mesur moel am Lys Brenhinol Ffrainc adeg y Chwyldro. Mae'r awdur wedi ei drwytho ei hun yn hanes y cyfnod ac yng nghymeriadaeth ei brif bersonau. Go brin y credwn y byddai dwy lawforwyn mor barod i

ddadlennu cyfrinachau'r Llys i ŵr dieithr, a gyfarfuasant ar ddamwain yng Ngerddi Versailles, er mwyn cael eu lluniau yn ei bapur.

Yr hyn sy'n tynnu'n ddirfawr oddi wrth werthoedd dramatig y gwaith ydyw bod yr areithiau yn llawer rhy lyfryddol a hynafol i gyfleu'r ddeunawfed ganrif. Busasai Cymraeg llithrig Ellis Wynne yn llawer nes at fywyd y ganrif ac yn llawer haws i actorion ei llefaru. Mae yna ormod o areithiau statig a dim digon o weithredoedd. Senario helaeth at wneud drama sydd yma yn hytrach na'r ddrama ei hun.

Ei gosod unwaith eto yn y trydydd dosbarth a wna Bobi Jones, heb gyfeirio ati yn benodol, ond dywed Thomas Parry hyn am waith Yr Allt Goch wrth gyfeirio at wendid arall yn rhai o'r dramâu a gafwyd yn y gystadleuaeth:

> Peth arall sy'n amharu ar unoliaeth y cyfanwaith yw diffyg cywasgu, neu fod yn wasgarog. Dyna ddrwg Yr Allt Goch yn ei ddrama am y Chwyldro yn Ffrainc yn dienyddio'r Frenhines, Marie Antoinette. Gan mai dienyddio'r Frenhines yw uchafbwynt a diwedd y ddrama, fe ddylai'r awdur fod wedi canolbwyntio llawer mwy yng nghorff y ddrama ar ddelweddu a datblygu ei chymeriad hi, yn lle ymdroi gyda chymeriadau eraill, rhai ohonynt y gellid yn hawdd eu hepgor.

Hawdd gennyf gredu mai Eluned Phillips oedd awdur y ddrama hon a hynny am fod yna lyfr nodiadau yn ei llawysgrifen sy'n llawn ffeithiau a nodiadau am Marie Antoinette a sgerbwd drama ynddo. Dywed yn ei hunangofiant iddi gael ei chloi ar ddamwain yn ystafell Marie Antoinette pan oedd mewn cynhadledd yn Versailles un tro ac yn dilyn criw oedd yn ymweld â'i phalas:

We came to Marie Antoinette's room. Now my interest
ballooned. Marie had been on my mind for years. I had even
written a play about her so I was determined to inspect even
the molecules of dust in her room. The party was urged to
move on by the guide, but I wasn't ready to go and knew that
I could catch up with them. I turned the bed-cover over and
looked under the bed. Finally I was satisfied and went to
catch up with the others. The door was locked. I struggled
and struggled with no luck. I was locked in. I shouted and
then yelled in all the languages I knew – even added some
non-dictionary words too by the end! By now the lights were
turned off and it was absolutely dark. I tried to take a rest on
the edge of Marie's bed but her head kept rolling under my
feet. At the crack of dawn, I thought I heard a cockerel crow
three times but that I am convinced was my confused mind.

Yn gynnar yn y bore, daethpwyd o hyd iddi gan i ai weinydd y
gynhadledd sylwi ei bod ar goll. Stori chwedlonol? Oes elfen o
ramant yn perthyn iddi? Efallai wir, ond mae'n tystio i'r ffaith
iddi lunio drama am Marie Antoinette ac yn cadarnhau'r ffaith
a ddaw fwyfwy i'r amlwg drwy gyfrwng y gyfrol hon mai dawn
y dramodydd oedd gan Eluned. Dawn nas gwireddwyd yn llawn
er iddi hi werthfawrogi'r math o feirniadaeth onest a gafodd
gan Cynan a Thomas Parry am ei dramâu afluniaidd. Dengys
hefyd ei diddordeb mewn llunio dramâu am bynciau a berthyn i
ddiwylliant arall yn ogystal â'i diwylliant ei hun – nodwedd arall
o'i gwaith a amlygwyd ar hyd ei hoes.

Y flwyddyn ddilynol, yn 1966, trodd ei llaw at brydd-
esta ar gyfer Eisteddfod Genedlaethol Aberafan ar destun
'Y Clawdd'. Ym meirniadaeth Caradog Prichard, a'r cyntaf yn y
Cyfansoddiadau, noda'n syth pa gerdd a ddylai ennill, sef cerdd

o eiddo Dafydd Jones, Ffair-rhos, gan enwi tair pryddest arall iddo'u hoffi'n ddirfawr. Dywedodd iddo gloffi am ychydig rhwng dwy bryddest, sef 'Y Maen Hir' ac 'Ogam'. Yna, dywed rywbeth go annisgwyl wrth gyfeirio'n fanwl at waith Mererid, sef Eluned:

> Pwy arall sy'n teilyngu bod ar ben y rhestr gyda'r ddau yma? Un yn sicr, sef Mererid. Rhaid imi gyfaddef nad oedd, ar y darlleniad cyntaf, wedi gafael ynof, ond wedi clywed cymeradwyaeth unfryd fy nau gydfeirniad iddo, deuthum innau i ymserchu yn ei ddawn a'i grefft. Sumbolaidd yw'r clawdd yma, sef y clawdd sy'n rhannu Caersalem ac efallai mai'r amwysedd damhegol yma a barodd imi fethu closio ato ar y dechrau. Y mae yma fwy o angerdd tawel nag yn yr un o'r lleill, a hwnnw yn cael ei fynegi mewn llinellau cofus, a phob gair wedi cael ei ddethol yn ofalus. Ceir yr angerdd hwn o'r dechrau cyntaf, yn Llais y Ddinas:

> > Fe'm gelwir Dinas Heddwch. Gorweddaf fel gem
> > yn y pant rhwng dwyfron noeth. Ar hyd y dydd
> > fe ddisgyn arnaf y llosg drachwantus drem
> > sy'n gwneud i'r awyr grynu ...

Ceir gweddill y gerdd mewn lleisiau Iddew canol oed, fu'n brwydro yno; hen Arab sy'n canfod ynddi ddrws y nefoedd ar gau; Arab ifanc, sy'n disgwyl 'gwawr dialedd'; Iddew ifanc, a wêl yn y ddinas ymwared i'w genedl a diwedd bythol ar yr 'ymgrymu Iddewig'. A therfynir â Llais Arall y gwyliedydd niwtral sy'n wylo uwch y ddinas, fel yr wylodd Un arall, gan dddywedyd:

> Yn Jerwsalem gwelwyd eithaf gras a thynerwch
> ond mae bidogau'n gwardio Calfaria fryn.
> Arglwydd, pa hyd? Fe'i gelwir Dinas Heddwch.

Ac mae'r Clawdd yn dyfod yn amlwg ddigon yn y disgrifiad hwn o'r Ardd:

> Ond o hirbell y safem, ni'r Cymry; rhyngom a'r Ardd
> 'roedd llysnafedd o wifren bigog gyda'i maglau cudd;
> cwys newydd a arddodd dynion ar gefn oedd mor hardd.

A dyma'r geiriau a oedd yn llifeiriant o ysbrydoliaeth i Eluned gystadlu eto, gan iddo derfynu ei feirniadaeth drwy sôn am ei phryddest yn y geiriau hyn: 'Dyma fardd sicr ei safonau a theilwng iawn o anrhydedd yr Eisteddfod Genedlaethol pan fynno. Gallwn dybio'n hawdd, yn wir, ei fod eisoes wedi gwisgo'r Goron, oherwydd ei aeddfedrwydd fel prydydd.'

Ystyriwch pa mor anogol oedd y geiriau hynny i Eluned. 'Pan fynno ... gallwn dybio ... ei fod eisoes wedi gwisgo'r Goron.' Aeddfedrwydd? Fel Caradog Prichard, canmol Mererid a wnaeth Cynan, gan ddweud fel hyn:

> Pryddest am Jeriwsalem heddiw. Rhannwyd y gwaith yn hanner dwsin o delynegion melodus rhwng hanner dwsin o wahanol leisiau, sef Llais y Ddinas, Llais Iddew Canol Oed, Llais Hen Arab, Llais Arab Ifanc, Llais Iddew Ifanc, a'r Llais Arall – llais y bardd ei hun. Rhyngddyn nhw fe ffurfia'r lleisiau hyn uned cyfansawdd yn dadlennu cyflwr gresynus Caersalem rwygedig heddiw, Caersalem Dinas Hedd a'r casineb chwerw rhwng Arab ac Iddew wedi ei hollti:
>
> > Bidogau'n gwawdio Calfaria fryn,
> > A llysnafedd o wifren bigog o gwmpas yr Ardd,
> > Cwys newydd a arddodd dynion ar gefn oedd mor hardd.

Dyma'r gwrthgyferbyniad trychinebus, a welodd Mererid ond odid drosto'i hun, ym mywyd Jeriwsalem; ond gresyn na ddefnyddiodd o gwbl y gair Clawdd amdano yng nghorff y gainc i'w chydio'n dynnach wrth y testun.

Mae ganddo gyfeiriad at Dir Neb yn y ddinas, yn fudreddi a chwyn; ond nid yw hynny yr un peth a dweud *clawdd* fel y ceisiais awgrymu iddo ar ei gopi.

Mae ei batrwm mydr ac odl yn ffres ac arbrofol, ond fe dripiodd ar un cwpled trwy odli *rhoi a prae*;

Ai i ennill dim ond hyn y bu'r fath *roi*,
A chorff goludog fy nghariad yn aberth, *yn brae*?

Mor hawdd fuasai osgoi'r llithriad yma trwy ddarllen wae yn hytrach ar derfyn y llinell gyntaf a chael odl berffaith!

Heddiw, byddai'r odl ar slent wedi cael ei gwerthfawrogi'n fwy na'r hyn a awgrymodd Cynan, sef gosod yr odl dreuliedig 'wae' yn ei lle. Ond beirniadaeth hynod wresog ydyw, ac mae Caradog Prichard yn cloi ei sylwadau trwy ddweud: 'Dyma'r unig bryddest delynegol yn y gystadleuaeth, ac mi a'i hoffais hi'n fawr ar gyfrif ei naws, ei lliw, a'i hawyrgylch Dwyreiniol. Mae'r stori'n un arswydus o gyfoes, a stori ydyw wedi ei chrynhoi'n angerddol a'i hadrodd gan fardd.'

Gyda'r trydydd beirniad hefyd cafodd Eluned yr un ganmoliaeth am ei cherdd. Meddai G. J. Roberts am ymgais Mererid:

Dyma gerdd newydd, swynol ei hapêl, yn osgoi clyfrwch ymadrodd ac yn cyfleu ei neges mewn cyfres o delynegion gafaelgar. 'Clawdd' Mererid yw'r gwahanfur sydd bellach yn rhannu Caersalem ac yn gwahanu'r Iddew oddi wrth yr Arab. Dyma'r ddinas yn siarad amdani ei hun cyn i'r rhannu tyngedfennol ddigwydd.

… Gyda'r min-nos
Mae awel yn cyrlio i lawr o'r bryndir agos
gan chwarae â dŵr fy ffynhonnau mewn sgwarau aflonydd
ac ysgafn ysgwyd gwinwydd fy nirgel erddi.

Mae'n tynnu sylw'r darllenydd at hanes diweddar 'y ddinas
yng ngenau Iddew canol oed' a gofiai'r brwydro a fu rhwng
yr Iddewon a'r Arabiaid i feddiannu'r ddinas. Yna daw Hen
Arab i'r llwyfan i gofio marchogaeth:

. . . Gynt dros y llethrau, gan oedi ymhlith
Gweision tawedog fy nhad a lediai'i gyfoeth
ar ddiddiwedd frefiadol, igam ogam daith.

Daw Arab Ieuanc i gwyno colli ei dreftadaeth yn y ddinas:

Oeri mae'r gwynt a red o'r noethlymun dir,
Oerach yw'r henwyr sy'n crynu yn eu pebyll
A'r plant yn eu pesychlyd gytiau candryll.

Yna daw Iddew Ieuanc i ymffrostio fod ei genedl wedi
syrffedu ar lyfu ac ymgreinio, a'i bod bellach wedi ennill ei
hiawnderau trwy rym. Nid rhaid teimlo'n euog:

Fel pe bai'r dyfod
mawr di-wrthdro i Erets Israel yn bechod –
dod ynghynt na'r Mesiah, cyn bod Duw'n barod.

Diweddir y gerdd â llais ymwelydd o Gristion yn disgrifio'r
gwahaniaeth a wêl pererinion doe a phererinion heddiw yng
Nghaersalem. O'r blaen eid yno 'fel gorfoleddus sgrym rygbi
Duw'. Ond heddiw:

Mi syllais echdoe ar Fynydd yr Olewydd
Ar ei ais caregog, gwyn a'i ychydig wŷdd;
Cofio'r weddi, y gwaywffyn, a'r cysgwyr llonydd.

Ond o hirbell y safem, ni'r Cymry; rhyngom a'r ardd
'roedd llysnafedd o wifren bigog gyda'i maglau cudd;
cwys newydd a arddodd dynion ar gefn oedd mor hardd.

A dyma a ddywed y beirniad wrth gloi ei sylwadau am waith
Mererid, cyn troi ei olygon at yr enillydd:

> Cyfareddwyd fi gan bryddest Mererid o'r cychwyn cyntaf
> ond yn fy myw ni welaf fod y graith sydd ar wyneb
> Jeriwsalem, y crac sy'n y gem, a'r Tir Neb sy'n rhedeg trwy'i
> chanol yn gwneud clawdd. Mae'n wir fod y pethau hyn yn
> ddigon real – ond y mae gwahaniaeth rhwng gwahanfur a
> chlawdd. Y mae i glawdd gymhendod cysefin a nodweddion
> arbennig ac y maent yngholl o'r gerdd hon, a blin gennyf
> am hynny.

Gellid cynnig gwrth-ddadl i'r farn a leisiodd G. J. Roberts yma gan
ddweud nad yw pob clawdd mor gymen â hynny ac mai dehongliad
cul iawn sydd ganddo o'r gair 'clawdd'. Mae 'clawdd terfyn' a'r
syniad o ffin a goror yr un mor bwerus bob tamaid heddiw o
feddwl am dristwch y sefyllfa yn Jerwsalem. Rhyfedd hefyd yw'r
manylder yr aethpwyd ati i ddyfynnu o'r gerdd hon, gan gofio mai
sôn am gerdd anfuddugol y maent. Ond mewn cystadleuaeth dda,
gyda Maen Hir, sef Dafydd Jones, yn rhagori, rhaid oedd tynnu
sylw at ddiffygion a chyfiawnhau'r dyfarniad yn deg.

Gosodwyd Eluned felly yn ail gan G. J. Roberts ac yn drydydd
gan y ddau feirniad arall, ond roedd eu sylwadau canmoliaethus
wedi nerthu llaw Eluned i fynd ati i gystadlu eto yn Eisteddfod
Genedlaethol y Bala y flwyddyn ddilynol yn 1967.

Dengys y momentwm a'r ysgogiad iddi ddringo'n uwch
o flwyddyn i flwyddyn o'r adeg pan benderfynodd anfon ei
gwaith i gystadleuaeth y Goron, gan ddysgu oddi wrth yr hyn

a ddywedai'r beirniaid am ei gwaith. Byddai ambell fardd wedi gwrando ar ymateb beirniaid i gerddi dieithr eu natur gan chwilio am destun fyddai'n gymeradwy i'r byd llengar Cymraeg. Awgrymwyd bod ei phryddest 'Y Clawdd' yn ymwneud â byd y tu hwnt i brofiad y rhan fwyaf o ddarllenwyr ac er mor delynegol oedd naws y gerdd honno, gofynnid i ba raddau yr oedd yn debygol o gyffwrdd â hunaniaeth beirniad neu'r byd barddol ehangach?

Ond yr oedd gan Eluned ei bydolwg unigryw ac i raddau yr oedd hwnnw'n gwrthdaro â'r syniad o fod yn fardd a fyddai am blesio beirniaid yn unig. Onid dwcud rhywbeth sy'n wahanol mewn barddoniaeth yw un o briod nodweddion bardd? Os bu bardd erioed yn wahanol i'r cylch barddol, yna Eluned oedd honno. Meddai, wrth ystyried cystadlu eto'r flwyddyn ganlynol yn Eisteddfod Genedlaethol y Bala yn 1967: 'Roeddwn i eisoes wedi sgrifennu darn ar grefydd Islam pan own i yn Moroco. Penderfynais sgrifennu am dair o grefyddau'r byd. Gweithio'n galed arni, ond yn derbyn ei bod yn dywyll a'i harddull yn ansicr.' Fel hyn y dywed yr hanes yn ei hunangofiant:

> There used to be a saying that, if you won the Cardigan Gŵyl Fawr, you would go on to win the National Eisteddfod. I didn't believe that, but it did give me confidence to send in an entry in 1967. The subject that year was 'Corlannau' (Sheep folds). I knew absolutely nothing about sheep. So that was that. Except I couldn't quite get it out of my head. Aunty Hannah was rather poorly and I needed some activity to keep me going.
>
> One night, in bed, things stirred in my head, I had recently been out in Morocco. It had been quite an experience. I had spent a lot of time in Marrakesh. I had a young guide, Hassan,

son of Abdel Mahmoud, who took me to all the nooks and crannies of this fascinating Arab town ... in the Koran I found a whole new world to try and understand.

Methwyd â dod o hyd i'w chopi personol hi o'r Corân gan i'w llyfrau gael eu dosbarthu i wahanol siopau ail-law Aberteifi yn fuan wedi iddi farw. Ond nid oes amheuaeth na ddarllenodd yn helaeth ohono. Hwyrach mai wedi dychwelyd o'i thaith y gwnaeth hynny ac nid o reidrwydd tra oedd hi allan ym Moroco:

> I moved on to the Atlas mountains. I read the Koran from cover to cover. I cannot pretend to understand the Islamic faith but I found the Koran fascinating. There were phrases that I did not comprehend but which were still music to the ear. I scribbled a poem in the vastness of quietude. Too often, my scribbling poems get lost but somehow this one saved itself. I had seen it when looking for something else. I got out of bed and went for it. I decided that I had found my 'folds'. Not ever competing for winning only, I recklessly thought, let those who know their sheep get on with it. My folds would be Islam, Buddhism after Christianity.

Anodd efallai yw derbyn ei sylw nad oedd yn cystadlu i ennill yn unig, ac eto, fel un heb na mentor na choleg, yr eisteddfod oedd unig ysgol farddol oedd gan Eluned a'r unig gyfrwng lle y medrai weld a oedd yna rai a fyddai'n gwerthfawrogi ei gwaith. Un o ddibenion ysgrifennu yw rhannu rhyw gipolwg ar wirionedd a theimlo'n llai unig. Hwyrach i deimladau felly ysbrydoli Eluned i gystadlu am un o brif wobrau'r Ŵyl.

Dengys y sylwadau hyn hefyd nodweddion bardd sy'n cael ei chyffroi i lunio cerdd benodol, beth bynnag fyddai ei thynged. Er iddi gwblhau ei phryddest, y rhyfeddod yw iddi gael ei hysbrydoli i anfon ail gerdd i'r un gystadleuaeth. Fel hyn y dywed yr hanes mewn llyfr nodiadau o'i heiddo:

Wrth wylad un o'r teulu, awydd ysgrifennu cerdd am y ddafad goll, Piaf. Dechrau tua un-ar-ddeg y nos a gorffen tua thri y bore, yn flinedig a dryslyd. Ei phostio heb amser i'w chywiro na'i chymhwyso. Rwy'n dal yn edifar am hyn gan imi fod yn annheg â mi fy hun ac â Piaf, gan fy mod yn gorfod gweithio'n galed i sicrhau cerdd weddol lân. Ond calondid mawr am fod Alun Llywelyn-Williams (bardd yr wyf yn edmygydd mawr o'i waith) wedi gweld barddoniaeth ynddi ar waethaf y brychau.

Gosodwyd y gerdd am Édith Piaf yn ail orau yn y gystadleuaeth. Ac enillodd y gerdd a ystyriai hi ei hun yn un 'dywyll' a'i harddull yn ansicr Goron Eisteddfod Genedlaethol y Bala, 1967. Dyma a ddywedwyd amdani gan Alun Llywelyn-Williams:

Os bu safon y gystadleuaeth at ei gilydd yn siomedig, cafwyd yn iawn am hynny dair cerdd wir ddiddorol. Mae pryddestau Dans la Peau, Glyn-y-mêl, a Maen Llwyd yn amlwg yn waith awduron sy'n ymglywed â gwir rin y prydydd yn ei rym. A barnu oddi wrth yr arddull a nodweddion y teipiadur, yr un gŵr yw Dans la Peau a Glyn-y-mêl, ac os cywir y dyfaliad hwn, rhaid estyn croeso i ddau fardd galluog, sydd, er mor wahanol ydynt i'w gilydd, yn canu, y naill fel y llall yn eu priod arddull, gydag argyhoeddiad ac awdurdod.

Cyfeiria Alun Llywelyn-Williams at awdur arall a ddaw yn drydydd yn ôl y drefn a osodir yn y Cyfansoddiadau ond dywed, 'er cystal ydyw, nid yw mor ddiddorol a chyffrous â gwaith Dans la Peau a Glyn-y-mêl'. Nodwyd bod gan ei cherddi 'argyhoeddiad ac awdurdod' ac mae'n ychwanegu'r ddau ansoddair 'diddorol a chyffrous', sy'n dangos yn glir ei fwynhad o'r ddwy gerdd a anfonodd Eluned i'r gystadleuaeth. Ond mae'n werth nodi'n llawnach ei feirniadaeth ar y ddwy bryddest gan ei fod yn amlwg wedi'i blesio gan y naill a'r llall. Ymhelaetha wrth gyfeirio at y ddwy gerdd a anfonwyd ganddi i'r gystadleuaeth:

> Dyma ddwy gerdd bur anghyffredin eu deunydd a'u dull yw'r rhain. 'Dydyn nhw ddim yn gerddi hawdd iawn. Nid eu bod yn astrus neu'n dywyll – mae'n [sic] ddwy gerdd, mewn gwirionedd, yn gadael argraff gwbl bendant a chlir ar y darllenydd, a'm profiad i oedd eu bod nid yn unig yn gorfodi fy sylw o'r dechrau ond hefyd eu bod hyd yn oed ar y darlleniad cyntaf yn cyffroi ymateb iasol i'w hawyrgylch, i'w delweddau cyfoethog ac i dreiddgarwch eu hiaith. Yr hyn sy'n eu gwneud yn anodd yw fod yr awdur wedi ei ddrwytho gymaint yn ei destun nes bod ei gyfeiriadaeth yn aml y tu hwnt i ddirnadaeth darllenydd nad yw'r cefndir mor gyfarwydd iddo. Mae darllen Dans la Peau a Glyn-y-mêl fel darllen gwaith T. S. Eliot am y tro cyntaf. I allu gwerthfawrogi'n llawn holl rin ac ergyd y cerddi hyn, rhaid i'r darllenydd, mae'n amlwg, ddarllen ar bob un cyfeiriad sydd ynddynt, a gall hynny ymddangos i rywrai fod y bardd yn rhyfygu ac yn gofyn gormod gan ei gynulleidfa. Ond wedyn gellir dweud yr un peth yn union am farddoniaeth Ann Griffiths a William Williams Pantycelyn, ac os nad yw'n diwylliant ni heddiw yn ddigon eang i lawn amgyffred eu cyfeiriadaeth ddiwinyddol a Beiblaidd hwy, ynom ni y mae'r gwendid ac nid yn y beirdd. Felly hefyd gyda cherddi Dans la Peau a Glyn-y-mêl. Un peth sy'n sicr, po fwyaf y mae dyn yn darllen ar y cerddi hyn ac yn eu hystyried, mwyaf i gyd y gwêl fod rhyw newydd wyrth yn dod o hyd i'r golau. Ni wn am well prawf na hynny ar y gwir awenydd.

Bwria yn ei flaen i ymhelaethu:

> Dehonglir yr yrfa honno – a dyma'r ddolen gysylltiol â'r
> testun – fel ymgyrch ar ran y gantores i gyrraedd diogelwch
> corlannau serch a chydnabyddiaeth ei chymdeithas, hithau
> ar grwydr ac yn wrthodedig a thrwy rym ei chelfyddyd yn
> ennill ei lle ac ar yr un pryd yn creu ar gyfer ei chynulleidfa
> gorlan o gysur a dedwyddyd.

Mae'r sylw olaf am Piaf yn 'ennill ei lle ac ar yr un pryd yn creu
ar gyfer ei chynulleidfa gorlan o gysur a dedwyddyd' yn teimlo'n
chwithig heddiw wrth feddwl na wnaeth Eluned ei hun ennill ei
lle, gan rai, er ei llwyddiannau.

I'r perwyl hwn, mae'r portread o Piaf hefyd yn taro rhywun
heddiw fel cerdd amdani hi ei hun, Eluned. O'i dechreuadau
digon digysur a llwm, dringodd hithau a 'lleisio profiad dwysaf
y miloedd mud'. Onid dyna a wna unrhyw artist, sef ymdreiddio
i fywydau eraill drwy rym ei celfyddyd? Gellid gweld Eluned
drwy ddrych ei geiriau am Piaf: ill dwy yn bengoch, ill dwy heb
adnabod eu tadau, ill dwy yn meddu ar lais unigryw, ill dwy – er
iddynt dderbyn clod cynulleidfaoedd – yn rhyfeddol o unig ar
adegau. Mae'r un beirniad wedyn yn nodi hyn:

> Ceir llawer o gyffyrddiadau gwych yn y gerdd hon, mewn
> llinellau sy'n aml yn gyforiog o ddychymyg treiddgar a gyfleir
> mewn delweddau a chymariaethau trawiadol. Mae pob
> gair yn cyfrif, pob ansoddair yn ddewisol, ac y mae llawer
> ymadrodd yn glynu yn y cof, pethau fel 'y gweddïau tegan'
> a 'cydio yn dynn ym mysedd dringo ffydd'. Ond dyw iaith
> a chystrawen Dans la Peau ddim bob amser yn ddifrychau,
> ac ymddengys i mi fod afiaith y bardd hwn yn ei arwain ar
> dro i rysedd … Dyw dawn ddiamheuol Dans la Peau ddim

wedi ei disgyblu i'r graddau a ddisgwyliwn mewn prydydd mor fedrus.

Am y gerdd arobryn dywed y beirniad fod cerdd Glyn-y-mêl yn sicrach ei thrawiad. Mae'n crynhoi ei chynnwys cyn sôn am ei rhagoriaeth:

> Tair corlan grefyddol y ddynoliaeth yw mater y gerdd hon, corlan Islam, corlan y Gristnogaeth, a chorlan crefydd Tseina 'y diadelloedd melyn'. Fe'u trafodir yn y drefn honno ac y mae'r drefn annisgwyl hon yn codi cwestiwn yn y meddwl ar unwaith. Nid darlun o'r corlannau yn unig a gyflwynir ond dehongliad beirniadol hefyd, ac y mae'r bardd yn sylwi'n graff ar seiliau tri gwareiddiad cyfan. Yr awgrym a gyfleir ar derfyn pob pennod yw fod yr holl gorlannau a adeiladwyd gan ddynion i'w heneidiau trwy'r canrifoedd yn ymddatod heddiw mewn chwalfa o ddadrith a siom. Islam er enghraifft, dyna yw hi:

> > Pais wen yn llusgo o dan segurdod y palmwydd
> > A'i godre yn llyfu trothwyau pebyll y tlodion.

> Ac yn Tseina:

> > … daw'r Aderyn Mawr
> > I'r ddaear i glwydo o'r lleuad a'r sêr.
> > Yfory,
> > Fe ddeora yntau yr wyau dur.

Ond mae'r olwg ar y Gristnogaeth yn fwy amwys. Mae'r bardd yn troi tua diwedd y bennod at Gymru am unwaith, ac yn disgrifio'n rymus effaith diwygiad 1904 ar y gymdeithas dros dro, ac yna'n cyferbynnu cyflwr y wlad yr adeg honno â heddi:

Heddiw
Mae ystyr yn wag fel blwch-casglu Moreia,
A'r gastanwydden ffyddlon yn oedi wrth ddrws y Tŷ Capel.

Ac eto, perthyn i'r gorlan hon obaith atgyfodiad, a chawn
yn y llinellau angerddol sy'n dilyn fynegiant iasol o'r gobaith
hwn sy'n codi o ddirgelwch mawr y bedd gwag:

Ond ni ddywedir yn unman –
'Yma mae'n gorwedd.'
Galwyd dau angel adref o'u tridiau – wylio ...

Pan wywo'r fforest ar simneiau'r strydoedd
A thagu o gwteri troellog y cnawd
Bydd Yntau yn gusan ar wefus
A'i ddwylo creithiog yn trwsio'r gorlan.

Bydd yma ac acw,
A'i lygaid blinedig yn gwylio'r ffald
Hyd oni wlycho Ei draed ar lannau Iorddonen
Wrth dynnu Charon i dir y bywyd wedi'r siwrne olaf,
A gadael y cwch i ddawnsio i ddistryw.

Cyfyd y darn am Gristnogaeth gwestiynau ym meddwl y beirniad
Alun Llywelyn-Williams wrth iddo geisio deall arwyddocâd y
rhan honno o'r bryddest:

Byddai'n hawdd dyfynnu llawer o linellau a phenillion o bob
adran o'r gerdd hon sy'n dangos yr un ddawn argraffiadol a'r
un treiddgarwch meddwl â'r darnau a ddyfynnwyd eisoes.
Camp arbennig hefyd ar y bryddest yw'r modd y llwydda'r
awdur i gyfleu union naws ac awyrgylch y tri gwareiddiad a
ddisgrifir.
O'm rhan fy hun, cerdd Glyn-y-mêl sydd orau gennyf

yn y gystadlcuaeth. Mae ynddi ddarnau gwych iawn heb
os nac onibai. Mae'n well cerdd na Dans la Peau am ei bod
yn gadarnach ei chynllun ac yn ehangach ei gweledigaeth,
ac, yn fy marn i o leiaf, yn gliriach ei delweddau … Buaswn
yn barod i ddweud hefyd ei bod yn gerdd fwy addawol a
chyffrous na llawer un a enillodd goron yr Eisteddfod ers
rhai blynyddoedd.

Mae ei gyd-feirniad G. J. Roberts yn cytuno gyda Alun Llywelyn-
Williams, gan roi Dans la Peau yn ail orau yn y gystadleuaeth
a Glyn-y-mêl yn enillydd. Pan ddaw i'r olaf o'r pryddestau
'Glyn-y-mêl' dywed:

Dyma fardd sy'n delweddu trwy gyfeirio – cyfeirio'n lliwgar
ac effeithiol ond nid bob amser yn ddirnadwy a dealladwy.
Tybiaf mai yr un un yw hwn â Dans la Peau, ond yn y gerdd
hon y mae wedi ymatal mwy, wedi dewis canfas lletach i
arbed ei ailadrodd ei hun, wedi canu'n well a mwy diwastraff,
yn wir wedi creu cerdd sydd o'i darllen yn aml yn rhoi cyflead
effeithiol a chofiadwy o'i weledigaeth … Rhaid i mi gyfaddef
nad wyf yn ddigon hyddysg yn hanes crefydd Mahammed a'i
ddatblygiadau diweddarach nac yng nghrefydd Conffwsiws a
Bwda a'r cnwd o ofergoelion a chredoau sydd bellach wedi
clystyru o'u cwmpas i ddeall ergyd pob cyfeiriad sydd gan
Glyn-y-mêl, ond y mae ef yn ymdrin â'r crefyddau hyn
a'u cynheiliaid yn ogleisiol, llygatgraff ac effeithiol. Wrth
gyflwyno Cristnogaeth y mae'n defnyddio y llinell gloff
hon, 'I gorlan y Gristnogaeth …' ac yn rhyfedd iawn y mae'n
bradychu anwybodaeth affwysol o hanes Cristnogaeth o
ddyddiau'r Eglwys fore hyd amser y Diwygiad Methodistaidd.
Ond ar waethaf hyn, rhaid cydnabod ei fod yn ymdrin â'i
gwreiddiau, ei gorffennol hanesyddol a'i phresennol yn

ddeheuig a meistrolgar, ac nid oes amheuaeth gennyf nad ei amcan yw dangos ei rhagoriaeth ar y ddwy grefydd arall onide.

Wrth gloi ei feirniadaeth dywed hyn:

> I mi, ergyd y gerdd yw y dêl dydd pan na fydd ond un gorlan ac un Bugail. Bydd Ef yn cludo Charon (cynrychiolydd pob ymgais arall i gludo eneidiau i Baradwys) i dangnefedd Ei gorlan ei hun. Gellir dryllio'r cwch yr adeg honno oblegid byddir wedi cyrraedd ... Y mae gwendidau crefft y gellid cyfeirio atynt yn y gerdd hon, ond, ar waethaf hynny, credaf y dylai'r Eisteddfod Genedlaethol fod yn falch o gael coroni'r bardd hwn am iddo roi cyflead swynol, cyfareddol o'i weledigaeth a throsglwyddo'r cyflead hwnnw â llais newydd, persain ac effeithiol.

Llais newydd, persain ac effeithiol? Mae'r 'llais newydd,' ar brydiau yn derm amwys. Llais newydd i bwy? I'r beirniaid? Neu ai 'newydd' yn yr ystyr fod y pwnc yn un sydd yn ffres ac yn wahanol? Ydy newydd a gwahanol yn gyfystyron mewn barddoniaeth? Yr hyn sydd yn dod i'r amlwg o ddarllen y ddwy feirniadaeth yw iddynt gael eu synnu gan destunau sydd, ar ryw olwg, i'w gweld yn ddieithr. Roeddynt yn rhyngwladol eu natur i lên Cymru a hynny mewn cyfnod pan oedd ysgrifennu am Gymru a 'thynged yr iaith' yn llenwi meddyliau'r beirdd, a'r hen ac atgofus fyd o Gymru a oedd wedi diflannu yn destun pryder. Eithr dewis testunau y tu allan i Gymru a wnaeth Eluned ac nid gwneud hynny er mwyn creu syndod, ond am mai dyna oedd hanfod ei phrofiad fel merch a adawodd lannau afon Teifi, mynd i Lundain a threulio amser ym Mharis a thu hwnt. Dyna siom felly oedd y ffaith i'r trydydd beirniad, y mwyaf rhyngwladol ei wybodaeth a'i weledigaeth am lenyddiaethau'r byd, anghytuno â barn y ddau feirniad arall.

Mae beirniadaeth John Gwilym Jones yn ddeallus a grymus, ac yn wir yn cyfiawnhau i raddau y ffaith ei fod yn credu, na fu i'r bardd er ei ddawn, ddefnyddio cyfeiriadaeth mewn ffordd gywir. Meddai ar y dechrau:

> I esbonio fy nyfarniad sy'n digwydd bod yn wahanol i un fy nghyd-feirniaid teimlaf y dylwn fynegi fy nghyffes ffydd farddonol.
>
> Mae pob beirniadaeth yn anorfod bersonol, yn ei chyfyngu ei hun i farn un person arbennig. Ar yr un pryd nid rhywbeth mympwyol yw barn o werth ond rhywbeth sydd wedi ei sylfaenu ar ddarllen dwys a chatholig: nid yn unig darllen gweithiau gwreiddiol ond darllen ac astudio datganiadau beirniaid llenyddol yr oesau ynghylch natur barddoniaeth ...
>
> Yn syml felly dyma i mi beth yw barddoniaeth – llun sydd, nid yn rhestru argraffiadau synhwyrus o gyffelyb ansawdd ond yn hytrach yn uno a chlymu pegynau anystywallt i fedru dangos perthynas sylfaenol popeth, a thrwy hynny fynegi gwirionedd gwahanol i wirionedd gwyddoniaeth, gwirionedd sydd y tu hwnt i ffeithiau, am gyflwr dyn mewn byd ...
>
> Mae ystyriaethau hanfodol eraill hefyd wrth gwrs – meistrolaeth bardd ar y gair a'r ymadrodd cryno trawiadol, ei reolaeth ar rythmau perthnasol, ei ymwybod o bensaernïaeth ac o bob dim ei ddawn i gyffroi gan gywirdeb ei angerdd. Yr holl bethau hyn wedyn mewn undod yn rhoi'r pleser sy'n bleser llenyddol.
>
> Teimlwn fel y dywedais, mai teg ar fy rhan oedd gwneud y datganiad hwn ... Pa hawl sydd gan neb i siarad fel Pab a honni ei fod yn lleferydd unrhyw awdurdod anffaeledig sy'n

ymddiried iddo'r unig allwedd sy'n bod i'r unig ddôr sy'n bod
i'r unig farn sy'n bod ar waith creadigol? Mae arnom i gyd
fel ein gilydd angen dos dda o ostyngeiddrwydd, a dos fwy
nerthol wedyn o gyd-oddef cwrtais. Wedyn medrid ymdrin
yn waraidd a chyfeillgar â llenyddiaeth. Mae digon o bethau
yn yr hen fyd yma i fod yn gignoeth a chwerw yn eu cylch
heb inni fod yn fustlaidd wrth ein gilydd wrth ymdrin â'r un
gweithgarwch o bob gweithgarwch arall sydd â chyd-oddef a
chydymdeimlad a chyd-ddeall yn seiliau ei effeithiolrwydd.

Er imi adael y trydydd beirniad yn olaf ac nid yn flaenaf, fel
y'i gwelir yn y Cyfansoddiadau, mae sylwadau treiddgar John
Gwilym Jones yn berl o feirniadaeth ac mae'r diweddglo yn
arbennig o berthnasol yn rhinwedd yr enillydd. Ac er amenio'i
sylw fod 'digon o bethau yn yr hen fyd yma i fod yn gignoeth
a chwerw yn eu cylch' heb i hynny fod ym maes llenyddiaeth,
ni ellir ond teimlo bod ei eiriau hefyd yn rhai proffwydol, fel
pe'n rhag-weld i raddau brinder y cyd-oddef a'r cydymdeimlad
a ddeuai o goroni Eluned Phillips. Nid oedd modd iddo wybod
hynny ar y pryd, ond mae'r sylwgarwch yn hynod ddadlennol
wrth feddwl am y bardd y teimlodd yn ddidwyll ddigon na allai
gytuno mai hi a'i cherdd a deilyngai ennill un o brif wobrau'r
Eisteddfod Genedlaethol.

Pan ddaw at Dans la Peau, dywed John Gwilym Jones hyn:

Does dim dwywaith am newydd-deb y gerdd hon. Edith
Piaff [*sic*], y gantores Ffrengig yw'r ddafad goll sy'n olrhain ei
hanes trwy dlodi a gwaeledd, trwy buteindra a bod yn fam a
thrwy flynyddoedd o grwydro anobeithiol a digorlan i gael ei
derbyn, diolch i Cocteau a Cheralier [*sic*] , i ddiogelwch corlan
clod ac anrhydedd y byd. Does dim dwywaith chwaith nad
oes i'r gerdd ei 'dyfnder' – mae'n feirniadaeth ar gymdeithas

sy'n methu adnabod athrylith oherwydd ei fod yn groes i'r foesoldeb dderbyniol ddiogel. Fel y crybwyllais o'r blaen 'does gennyf fawr i'w ddweud wrth y 'pose' sy'n gogoneddu unigolrwydd rhyfygus artist, yn wir, yn mynd mor bell â mynnu ei reidrwydd. 'Does neb yn gantores dda am ei bod yn putain [*sic*]: nid na eill putain (y mae digon!) fod yn gantores dda. Ond nid lle beirniad yw beirniadu safbwynt ond ceisio penderfynu a lwyddwyd i greu llenyddiaeth ohono.

Cân anodd iawn yw hon. Nid yn unig mae'n gofyn gwybod peth wmbreth am Edith Piaff [*sic*] i ymateb yn llawn iddi (a mae gan yr awdur berffaith hawl i ddisgwyl hynny), ond mae gofyn hefyd medru 'deall' y mynegiant anuniongyrchol, aml-drosiadol, gymysg-drosiadol, gor-gryno y cyfansoddwyd ynddo. Mae'n rhaid cydnabod (a gwnaf hynny'n llawen) feistrolaeth yr awdur ar drin geiriau (er ei fod yn aml yn anghywir yn ramadegol os yw hynny o bwys, ac yn or-hoff o'r bathu bondigrybwyll – magdalennu, ceinioga, shandelerais, ocsiyna, rols-roisaidd). Ond fy nheimlad yw fod y gân yn rhy anodd yn y ffordd anghywir. Mae'r awdur fel petai wedi penderfynu, doed a ddêl, nad yw am ddweud un dim yn syml uniongyrchol, a felly ceir pethau bach digon diniwed yn cael eu dirdynnu i fod yn anodd er mwyn yr anhawster a dim arall.

Dywed y beirniad ei fod yn 'cydnabod y clyfrwch ond yn teimlo mai clyfrwch ydyw ac nid ar ôl yr ymdrech i ddeall nad yw'n rhoi mwy na'r mwynhad o fod wedi datrys y broblem'. Pan ddaw at Glyn-y-mêl, dywed ei bod yn 'bryddest newydd eto a hyd yn oed yn fwy anodd na'r llall'. Prysurodd i ddweud nad oedd anhawster ynddo'i hun yn gondemniad o gwbl. Yna, crynhoa'r bryddest a'r corlannau amrywiol ynddi gan gydnabod unwaith eto mai cerdd 'gyfeiriadol' ydyw; meddai wedyn:

Heb wybodaeth anhygoel o fanwl ac esoterig nid oes gan neb obaith i'w deall nac ymateb iddi. Ond fel y dywedwyd eisoes mae gan yr awdur bob hawl i ddisgwyl hynny. Ni eill beirniaid ei gwrthod oherwydd ei anwybodaeth ei hun. Mae'n rhaid i mi addef bod mwy na'r hanner yn gwbl dywyll i mi …

Nid wyf yn gwrthod y gerdd oherwydd fy methiant fy hun ond oherwydd nad wyf yn ystyried bod yr awdur yn defnyddio cyfeiriadaeth yn y ffordd iawn …

Yn yr ail ran, sy'n gymharol glir imi, olrhain tyfiant y grefydd Gristnogol trwy ddyfynnu o'r Hen Destament a wneir … Nid llenyddol ond hanesyddol hollol yw'r gyfeiriadaeth:

'Roedd sŵn adenydd y pethau byw yn cyffwrdd â'i gilydd
Pan agorodd mab dyn ei safn i fwyta'r llyfr,

A dyma Ececiel: 3:1. 'A sŵn y pethau byw oedd yn cyffwrdd â'i gilydd'. 'Ac efe a ddywedodd wrthyf Mab dyn, bwyta yr hyn a geffych, bwyta y llyfr hwn …' Mae'n medru bod yn ddigon tlws:

Ymgnawdolodd y Bugail
Yn eiddilwch mewn gwair ym mlwyddyn Llofruddio'r
 Diniwed;
Chwyddodd mynwes aderyn y to
A phendiliodd corff Judas ar goeden y comin.

Ond tlws neu beidio nid yw hyn i gyd yn ddim ond dyfynnu neu led-ddyfynnu'r Beibl. Heb wybodaeth o'r gyfeiriadaeth mae i bob pwrpas yn annealladwy. Cymeraf yn ganiataol, os yw hyn yn wir am y rhan sy'n ddealladwy imi, ei fod yn wir am y ddwy ran arall hefyd. Mae'n deg â'm cyd-feirniaid imi addef imi gytuno i goroni Glyn-y-mêl pan ymdriniem â'r cynhyrchion gyda'n gilydd. Ar ôl mynd adref a darllen a llafurio uwch ben y gerdd laweroedd o weithiau, sylweddolais yr hyn a geisiais ei esbonio. Yn garedig a hynaws, cytunodd y ddau imi gael torri fy ngair gyntaf. Ond nid wyf yn gomedd am eiliad i Glyn-y-mêl gael y goron – 'does dim dwywaith am ei ddawn a'i ddeallusrwydd a'i wybodaeth – ond am y rheswm a roddais ni theimlwn y gallwn yn dawel fy meddwl 'ar air a chydwybod', i ail-godi'r ystrydeb, ei rhoi iddo. 'Does wybod na anwireddir fy nyfarniad gan farn ac amser. Ond dyna fo!

A gafodd pryddest arall yn ystod ail hanner yr ugeinfed ganrif ei thrafod a'i thrin yn fwy trwyadl? Go brin. A 'anwireddir fy nyfarniad gan farn ac amser', hola John Gwilym Jones wrth gloi ei feirniadaeth. Yn 1983, yn Eisteddfod Genedlaethol Môn, enillodd Eluned Phillips y goron yr eilwaith gyda cherdd a ganmolwyd y tro hwn gan yr union feirniad na welodd yn dda gymeradwyo'i choroni yn y Bala yn 1967. Ond mae'r ymateb i'r ffaith i Eluned ennill y Goron gyntaf honno yn 1967 yn un sy'n haeddu ei ddogfennu.

Mae'n siŵr i lawenydd Eluned o fod wedi ennill y Goron gael ei ddiflasu ryw ychydig oherwydd y ffaith nad oedd y penderfyniad yn unfryd a sylwadau John Gwilym Jones yn rhai mor swmpus. Ond rhaid cofio iddi ddod yn fuddugol mewn cystadleuaeth lle roedd naw ar hugain wedi ymgeisio am y Goron. Roedd dod i'r brig â'r ddwy gerdd a anfonodd i'r gystadleuaeth ynddo'i hun yn dangos dawn arbennig ac iddi gael ei gweld fel 'gwir awenydd'.

Ond beth yw'r gwir? A dyma gwestiwn a fu'n plagio Eluned yn dilyn ei llwyddiant ysgubol. Hwyrach i'r sylwadau roi abwyd i rai amau a allai rhywun nad oedd wedi cael cefndir coleg nac wedi astudio'r Gymraeg ar gyfer gradd gyflawni'r fath gamp? Nid oedd ychwaith yn perthyn i nythaid o feirdd, chwedl Gwenallt.

Nid oedd gan Eluned mo'r fath gymynrodd. A beth a wyddai hi, yn nhyb rhai, am grefyddau a'u cymhlethdodau? I goroni'r cyfan roedd yn ferch, yn 'hen ferch' yn ôl sylw dilornus y cyfnod, ac nid oedd ganddi'r un gŵr o gyhoeddwr llyfrau neu gylchgrawn, na'r un gweinidog yn gymar iddi. Yr oedd yn destun perffaith ar gyfer murmuron annymunol, ac ensyniadau dan lawes. Nid oedd ychwaith yn perthyn i'r sefydliad Cymraeg, yr hyn y gellid ei alw bellach yn 'llwyth'. Ni allai honni ei bod yn perthyn i na Dafydd ap Gwilym na chwaith i Williams Pantycelyn. Yr oedd yng ngolwg rhai, felly, yn 'neb,' a daethpwyd i'r casgliad oherwydd hynny iddi gael help llaw gan rywun. Dewi Emrys efallai? Ond roedd yntau wedi'i gladdu yn 1952, a pham oedi tan 1967 cyn anfon ei gerdd i mewn os oedd ganddi un mewn 'bottom drawer', sylw'r cyfnod i ferch a ddylai gasglu petheuach ynghyd at adeg priodi. Clywais, hyd yn oed yn y dyddiau hyn, fod rhai'n honni o hyd mai Dewi Emrys oedd awdur 'Corlannau', er nad oes sail o gwbl i'r honiad. Dywedwyd hyn wrthyf gan rai nad oedd a wnelo hwy ddim oll â'r byd llenyddol. Oedden nhw wedi darllen y gerdd, holais yn garedig wrth un o'r cyfryw rai. Na oedd yr ateb, gyda'r sylw 'ond dyna oedd pawb yn ei ddweud'. Ac aeth sylw ambell un yn sylw 'pawb'. Aeth y stori yn chwedl a'r chwedl yn rhan o fytholeg. Mewn oes greulonach, byddai Eluned Phillips wedi cael ei boddi'n wrach am ei dawn a'i dychymyg. Yn lle hynny, aeth y suon hyn yn bla drwy Gymru, o Geredigion i Fôn, o'r werin at y mwyaf dysgedig o blith dynion.

Anghofiwyd yn llwyr, yn y brys o geisio rhoi awduraeth 'rhywun arall' i 'Corlannau', iddi ennill Coron Gŵyl Fawr Aberteifi yn 1965 am ei phryddest o dan y teitl 'Mieri lle bu Mawredd'. Bu'n cystadlu y flwyddyn cynt yn Aberteifi ar y testun

'Y Syllwr' a chael beirniadaeth anogol gan y Parch. Eirian Davies
a 'wnaeth ganmol fy ymdrech'.

Dyma ran agoriadol y gerdd honno a gafwyd yn ei llawysgrifen
mewn llyfr nodiadau. Roedd ôl croesi allan mawr arni ac roedd
yn anodd ei darllen ar adegau oherwydd hynny.

> Cwmni o seddau-gwt-y-chwain wehilion,
> Ffylied i lyged rithm ar y sioe
> Na ffars na trasiedi.
> Ond cyn gostwng llenni [?]
> Yn ôl i Gethsemane doe y gweld.
>
> Brysia:
> Mae'r miloedd llygaid yn ysbïo
> A'r seddau blaen dan sang i wylio'r sircas,
> Cei weld dan frigau'r hen olewydd
> Y deuddeg amatur a'r brenin
> Yn annibendod eu rihyrsio –
> Grwpiau yn igam-ogam ar y set ...
>
> Yn nrama oleuedig y canrifoedd,
> Y prif gymeriad fel llysywen bwdlyd
> Yn cuddio'i ben o dan geulannau pechod
> A chnaf y pishyn a'i aflonydd draed
> Yn cast-dresbasu streipiau gwyn y sialc
> A rwbio olew-cyrn yn nwylo Iddew.

Mae motifau drama yn gryf yn y gerdd uchod ac mae'r geiriau'n
cyfleu elfen o'r dramatig ac ynganiadau ysgubol. A'r hyn sy'n
gyson ynghylch gwaith llenyddol Eluned Phillips yw ei bod wrth
lunio cerddi hirion yn edrych allan o Gymru ac yn tynnu oddi
ar ei phrofiad mewn gwledydd eraill. Canmolid T. H. Parry-
Williams am ei gerddi eang eu gwelediad, ond i ferch sythweled

bydoedd estron ac ysgrifennu amdanynt yn Gymraeg, ystyrid hynny'n beth rhyfedd yn hytrach na rhyfeddol.

'Rhamant y pellter yn galw' yw'r hyn a ddywed Eluned am ei hawydd o hyd i ysgrifennu am bynciau tu hwnt i Gymru. Dyma'r bardd gwlad a ganai i'w bro, i wahanol gymeriadau ac achlysuron, yn awr yn estyn ei golygon at farddoniaeth a fyddai'n caniatáu iddi groesi ffiniau Cymru ac edrych tua'r dwyrain. Er hynny, gwyddai'n iawn y byddai'n rhaid iddi raenu ei Chymraeg a'i fireinio ymhellach, fel y dywed mewn nodiadau: 'Derbyn, er hynny, feirniadaeth Dr John Gwilym Jones, a threulio'r pymtheg mlynedd nesaf yn ceisio gwella fy arddull, gloywi fy iaith a cheisio cael gwared ar y cymhlethdodau oedd yn peri i bobl achwyn fy mod yn canu'n dywyll.'

Ni ddywed ddim am yr ensyniadau wrth lunio nodiadau am ei phererindod farddol ond mae'n dangos gwyleidd-dra anghyffredin ei bod yn effro i'w diffygion ei hun er iddi ennill un o brif wobrau'r Eisteddfod Genedlaethol. Mae'r ffaith ei bod yn 'derbyn' y feirniadaeth yn dweud y cyfan am ei hawydd i loywi ei gwaith. Yn ei hunangofiant Saesneg, *The Reluctant Redhead*, wrth adrodd yr hanes am y dyn oedd yn amau ei dawn i lunio'r gerdd a ymddangosodd yn y 'Teifi Seid' pan oedd yn saith oed, meddai:

> Oddly enough, many years later, I would again be accused of not writing my own poems. I offered my detractors my mother's solution: I would write one under supervision. The offer was not taken up. Sadly, I lost the respect I had for those I had always admired. I have never found out whether it's redheads they don't like in Wales – or merely women who have the audacity to write poetry.

Mewn rhaglen deledu dywed Eluned: 'O'dd Dilys [Cadwaladr] wedi'n rhybuddio na chelen i ddim mynd miwn i gymdeithas y Beirdd' – sylw sy'n awgrymu bod yna ddrws, a hwnnw ar glo i ferch fynd trwyddo, beth bynnag oedd ei medr a'i llwyddiant. Tristwch y sylw yw i Eluned gyfaddef yn hollol agored 'bod y Steddfod yn fy ngwaed'. Carwn ddychmygu'r sgwrs a fu rhwng y ddau Brifardd o ferch bryd hynny. Dau fardd – a dyna dramgwydd yn erbyn merched o feirdd mai gwrywaidd yw'r ramadeg – o flaen eu hamser, efallai. A'r ddwy i raddau yn wrthodedig gan y sefydliad y gwnaethant eu gorau i fod yn deilwng o berthyn iddo. Digon yw nodi'n gynnil yma y taflwyd yr un ensyniadau at Dilys Cadwaladr ynghylch ei gwaith, er i'w storïau gael eu cyhoeddi a'u canmol gan y llenor nodedig G. K. Chesterton.[16]

Pan enillodd Eluned Phillips ar gerdd oedd yn dwyn y teitl 'Corlannau', yr oedd corlan arall, sef y Gymraeg, mewn perygl. Roedd Saunders Lewis, yn ei ddarlith radio enwog yn 1962, wedi proffwydo tranc yr iaith Gymraeg cyn diwedd y ganrif oni byddai ymdrech i atal y trai ag anufudd-dod sifil yn digwydd i ddiogelu ei dyfodol. Cyfnod canu protest Dafydd Iwan a nifer o grwpiau pop eraill yn creu bwrlwm o ganeuon am Gymru ydoedd. Cyfnod Tryweryn oedd hi, a chyfnod cynhyrfus wrth i Gymdeithas yr Iaith ddechrau gweithredu tor-cyfraith di-drais. Adeg oedd hi hefyd pan oedd cerddi megis *Cerddi'r Cywilydd*, Gerallt Lloyd Owen, yn cipio dychymyg y genedl, yn arbennig felly o du'r genhedlaeth iau. Fe wn i hynny, am i minnau ymdeimlo â'r cyffro hwnnw, ac er i minnau geisio ysgrifennu ambell gerdd am Gymru roedd geirfa awenyddol y beirdd Cymraeg yn tueddu

---

[16] Eigra Lewis Roberts, *Merch yr Oriau Mawr* (Tŷ ar y Graig, 1981).

at eiriau megis 'gwehilion', 'gwaddol', 'hil', 'etifeddiaeth' a thestunau oedd yn fewnblyg ganolog, a hynny oherwydd sefyllfa enbydus y Gymraeg fel ag yr oedd yn y chwedegau.

I dorri ar draws hyn oll, cafwyd cerdd fel 'Corlannau', a oedd â'i bydolwg tua'r dwyrain i gydorffwys â cherddi am y 'filltir sgwâr'. Byd tra newydd ydoedd i lawer, a chrefyddau estron oeddynt a gwmpasai fydoedd na wyddai fawr neb amdanynt bryd hynny. Cyfaddefai'r beirniaid wrth draddodi eu beirniadaeth mor anwybodus oeddynt hwythau o'r testunau a godwyd yn y gerdd. Efallai nad rhywbeth oedd yn ymwneud â chyfnod mohono oherwydd clywais ar raglen ddogfen mor ddiweddar â 2015 arbenigwr o Tsieina yn datgan nad oedd y gorllewin erioed wedi ceisio deall y wlad anferth honno. Nid oes eisiau mwy na bwrw golwg ar sefyllfa Islamiaeth heddiw i weld nad yw dealltwriaeth y gorllewin o wedd gadarnhaol Mwslemiaeth wedi treiddio i feddylfryd y rhan fwyaf o'r bobl, a hynny cyn y bygythiad diweddar o du eithafiaeth y wladwriaeth Islamaidd IS. Pa obaith felly oedd gan gerdd a geisiai amlygu'r gwahanol grefyddau a gosod Cristnogaeth yn blwmp ac yn blaen yn y canol rhyngddynt?

Un o'r ychydig ymatebion gan y Prifardd ei hun ar y math o feirniadu a fu arni oedd dweud i Dic Jones wneud y sylw nad oedd wedi canu'n destunol, a hynny am nad oedd wedi ysgrifennu am ddefaid! A'i thafod hithau yn ei boch, cytunodd na wyddai fawr ddim am ddefaid o'r math yna ond, a derbyn iddi ragori ar y cerddi a dafolwyd, beth oedd yr ymateb beirniadol a gafodd? Dywed John Roderick Rees yn rhifyn 32, Rhagfyr/ Ionawr 1985–6, o *Barddas*, mai 'Corlannau' oedd 'y dieithriaf a'r lleiaf nodweddiadol' gan ei gweld fel cerdd 'awyrgylch a naws', un 'haws i'w synhwyro na'i hamgyffred'. Tybed a fyddai'r gerdd hon wedi cael gwell derbyniad y dyddiau hyn, mewn byd globaleiddiedig a ninnau â gronyn o ddealltwriaeth fod yna grefyddau eraill ar wahân i Gristnogaeth yn bod?

Wedi i Eluned ennill y Goron yn y Bala, ni fu llawer o sôn amdani. Mae'n wir iddi wneud rhaglen *Dal Pen Rheswm*, gyda Dyfnallt Morgan yn ei holi yn ystod Hydref 1967, ond ar wahân i ambell raglen o'r fath, prin y cafodd Eluned y sylw a arferai ddilyn enillwyr un o brif wobrau'r Eisteddfod Genedlaethol. Cyfaddefodd ei hun, pan enillodd yn 1983, yn Eisteddfod Genedlaethol Môn, iddi gael ei siomi a thristáu ar ôl 1967, gan ymwrthod â chystadlu tan ddwy flynedd cyn iddi ennill yr eilwaith. Unwaith eto, dyma'i gonestrwydd yn dod i'r wyneb. Dywed yn hollol blaen iddi gael pwl o awydd i gystadlu yn 1981. Dyna bedair blynedd ar ddeg felly o ymwrthod â'r ysfa gystadleuol ond gan ddilyn pob seremoni yn ffyddlon yn y cyfamser. Pam yr ymwrthod? Ai am i'r suon mai rhywun arall a wnaeth y gwaith drosti ei brifo i'r fath raddau nes ei gwneud yn rhy ofnus o gael ei hanafu yr eilwaith? Neu oherwydd iddi benderfynu, doed â ddelo, yr âi ati eto i ddangos i'r byd a'r betws mai hi, Eluned 'Give it your best shot, girl' Phillips, oedd y tu ôl i'w hawydd i gystadlu.

Pan enillodd yr eilwaith, nododd ei bod yn ysgrifennu'n broffesiynol 'ac yn llwgu gan fwyaf'. Fel un o'r awduron proffesiynol Cymraeg cyntaf, yn yr un olyniaeth â Saunders Lewis a ysgrifennodd mewn cyfnod cyn i'r teledu roi gwell byd i awduron hunangyflogedig, bu'n gyfnod llwm arni. Beth wnaeth hi, tybed, yn ystod y degawd a mwy pan na fu'n cystadlu? Nododd iddi lunio tair nofel ac mae dwy o'r rhai hynny yn fy ngofal i; mae'r rhain yn dystiolaeth ei bod yn awdur greddfol, hyd yn oed i'r amheuwyr a fyn nad hyhi a luniodd ei phryddestau. Ond mentrodd i'r maes awenyddol yn Eisteddfod Maldwyn a'i

Chyffiniau yn 1981, a'i gosod yn y dosbarth cyntaf gan Dafydd Jones, Ffair-rhos. Ei ffugenw oedd Banc y Brain ac fe'i gosodwyd yn bedwerydd ganddo. Dyma a ddywed Dafydd:

> Gwêl y bardd ddarlun o'r Swper Olaf yn dangos wynebau'r disgyblion yn unig, heb wyneb Crist ynddo, onid yn unig fel cysgod. Cerdd wedi ei llunio yn gain gan lynu yn agos at yr hanes yn y Testament Newydd. Eto, y mae mynegiant y bardd yn rhoddi i ni ddarlun a stori gyffrous o ddathliad y Pasg cynnar hwnnw, heb wyro ohono ymhell oddi wrth yr hanes, onid yn unig, efallai, i gyflwyno hwnnw i ni ar gân.

Gosodwyd Banc y Brain, yn y dosbarth cyntaf gan Gwilym R. Jones hefyd, a'i chanmol yn fawr:

> Dyma'r cystadleuydd a addurnodd ei bryddest â chopi o ddarlun gwych da Vinci o'r Swper Olaf, a'r wynebau a geir yn y ffresco hwnnw yw pwnc Banc y Brain. Prif orchest y pryddestwr hwn fu creu awyrgylch. Rhaid ei fod wedi ei drwytho ei hun yn hanes y darlun a hanes y Swper bythgofiadwy. Y mae yma ddefnyddio cynnil ar iaith, a chafodd afael ar rythmau dweud stori. Ymdrechodd yn deg i fyned â ni i'r oruwch ystafell ond braidd yn undonog yw'r berfenwau ar ddechrau llinellau: 'Wynebau'n siffrwd ...' 'Dwylo yn pregethu,' etc.
>
> Rhaid amau bardd a sonio am 'Un nos ramantus' (gair a gollodd hynny o rin a feddai yn nhreigl amser), ac am 'goedwig o farf'. Ond mae gan Banc y Brain ei ragoriaethau, a'r rheiny yn bur amheuthun. Hoffais: 'Y dyn rhwng dau olau, a'i feddyliau bric a brac / Wedi llyfu ei fys wrth chwilota am gyfeiriad y gwynt,' sef 'y credadun anghrediniol' ymhlith y disgyblion. Gresyn mai'r portread o'r Iscariot yw'r gwannaf yn oriel Banc y Brain.

Ym meirniadaeth Gwyn Thomas gosodwyd y gerdd yn y trydydd dosbarth. Dyma a ddywed: 'Trawodd Banc y Brain ar bwnc a apeliodd at fwy nag un o feirdd y gystadleuaeth hon, sef wynebau darlun enwog Leonardo da Vinci – *Y Swper Olaf*. Creodd argraff ddiddorol o gymeriadau, ond ni lwyddodd i'w fynegi ei hun gyda medr sy'n rhoi rhyw arbenigrwydd yn ei eiriau.'

Erbyn derbyn y feirniadaeth ar y gerdd honno, tybed a wnaeth geiriau caredig Gwilym R. ei hannog ymhellach? Aeth ymlaen i gystadlu yn Eisteddfod Genedlaethol Abertawe a'r Cylch yn 1982, gyda deg ar hugain yn cystadlu am y Goron ar ddilyniant o gerddi heb fod dros 300 llinell ar y testun 'Y Rhod'. Dyma a ddywed y beirniad Rhydwen Williams, sydd yn ei gosod yn y dosbarth cyntaf, am Tresi Aur:

Mae'r bryddest yn agor yn addawol iawn:

Draw yn y Dwyrain Canol
Sobr a chras yw'r sychdir
Pan fo gwynt y de yn chwipio cawodydd gwaed
A'r colomennod yn cŵan yn feddw yn y gwres.

Yna, cawn gerdd yn dwyn y teitl 'Abdwla' ac nid oes fai ar neb am dybied ein bod yng nghanol rhyfeddodau'r Dwyrain, ond fe ddown yn ddigon buan ac yn ddigon ddiseremoni yn ôl i'r hen filltir sgwâr ac at:

Wil Ffynnon Garreg
Peiriannydd B.Sc. (Aber)
Prop y teirw Gleision – tornado ar gae rygbi.

Mae'n wir na fedr y bardd hwn osgoi apêl dwyreiniol:

Mae bendith Allah
Ar gyfalafiaeth y bwrdd hirgul yn ystafell Opec.

Yfory eto
Bydd y gŵr a werthai ddom camel i'r tlodion
yn saethu ar draws y byd
yng nghrombil y Concord Mawr.
Mae popeth wedi newid
Ond cri'r Corân yn yr enaid, a chyffro'r cnawd yn yr harem.

Dipyn yn anhydrin yw'r stori falle, er i'r bardd hwn ymdrechu'n daer i'w meistroli.

Pedwerydd oedd y safle a roddwyd i Eluned gan J. Eirian Davies yn yr un Eisteddfod. Dyma'i sylwadau am Tresi Aur:

Dilyniant gwreiddiol dros ben, mae'n sôn am fachgen o Gymro (gŵr gradd) allan yn y Dwyrain Canol. Rhaid cyfaddef mai eithriad yw canfod cystadleuydd fel hyn – bardd heulog y gerdd olew – yn ymdrybaeddu yn llaid ein Pabell Lên. Bu'n iechyd cael derbyn y dilyniant hwn ymhlith y bwndel a ddaeth i law.

Ac y mae Tresi Aur yn fardd. Mae ganddo'i ffordd nodedig ei hun o wasgu rhyw sylw helaeth, ar dro, i gwmpas gair neu ddau. Galwer y peth yn gynildeb, os mynner. Mwynheais ddarllen y gwaith. Ond ni chredaf ei bod yn gerdd fawr chwaith. Yn wir, canu arwynebol a geir yma, a hwnnw'n ganu gogleisiol yn fwy na dim arall.

Ni chafwyd sylw gan y beirniad arall, Bobi Jones, ar waith Tresi Aur. Yn hytrach, edrych ar grefftwaith a thechnegau cerddi a wnaeth gan osod pedwar ymgeisydd yn y dosbarth cyntaf ond heb osod Tresi Aur yno. Eirwyn George a enillodd y flwyddyn honno, a hynny gyda cherddi am leoedd yn Sir Benfro.

Mae'n debygol mai Eluned oedd awdur Cwrt y Graban hefyd,

cerddi sy'n cael eu gosod yn yr ail ddosbarth gan Rhydwen Williams. Dyfynna yntau o un gerdd:

Yn llonyddwch cilfach yr ymchwilwyr
Darllenais am fy hynafiad ystyfnig
Yn cael ei lusgo o Aberelwyn ym Mlwyddyn y Lecsiwn.

Dywed y beirniad wedyn:

Dyna'r cychwyn! Olrhain yr holl hanes wedyn, 'Y Rhod', 'Y Felin', 'Y Frawdoliaeth', 'Y Fferm', 'Y Fam', dyna'r patrwm ac y mae'n stori sy'n werth ei hadrodd.

Mae'r gân yn y nos
Yn gyffro yn y gwaed …

Fe all nad yw Cwrt y Graban yn gwneud perffaith chwarae teg â'i weledigaeth.

Gwelir y cerddi hyn yn ei chyfrol *Cerddi Glyn-y-mêl* (tt. 46–58) am ei hardal: 'Y Fro', 'Y Felin', 'Y Frawdoliaeth', 'Y Fferm', 'Y Fam'. Felly mae'n bosib iddi ysgrifennu cerddi gorffenedig ar gyfer y gyfrol honno.

Gan y beirniad J. Eirian Davies fe'i gosodwyd yn drydydd, yn dilyn Tresi Aur yn nhrefn y sylwadau gan ddweud:

Dyma'n ddiau un o'r cerddi mwyaf cytbwys yn y gystadleuaeth. Rhwng prolog ac epilog ceir tri chaniad o bedair cerdd yr un dan y penawdau 'Y Felin', 'Y Frawdoliaeth', 'Y Fferm', 'Y Fam'. Ond nid tindroi deirgwaith ar yr un tir a wna'r awdur chwaith. Cyn sicred ag y cerdda cloc, mae Cwrt y Graban yn symud ei fys ymlaen trwy'r cyfnodau, gan ddilyn ffasiynau a dulliau'r dydd. Mae'n uniongyrchol, yn ddychmygus ac yn llygad-effro ar hyd y ffordd. Teimlaf, fodd bynnag, fod y bardd wedi llacio'i afael mewn rhai mannau, a bodloni ar ambell gymal na chyfyd yn uwch na rhwyddineb rhyddiaith.

Yn un o'i llyfrau nodiadau, gwelir i Eluned ailwampio ei cherddi'n gyson a gosod cynllun arnynt fel hyn:

Cynllun pryddestau: Y Rhod, Ddoe, Heddiw, Yfory, etc.
Nodiadau ar y Dwyrain Canol a chrefydd/arferion y Mwslim.

> Draw draw
> Yn Arabia di-ddiod
> Cwynfana'r colomennod
> Yn feddw gaib yn y gwres;
> chwipia'r gwynt y tywod crablyd yn gawod gwaed [?]
> a gweddïau'r brodorion yn tagu'r awyr
> megis mwstwr gwenyn yn dyrnu ar ddydd trymaidd o haf:
> Allah y Trugarog! Allah y Tosturiol!
> Mae rhod dragwyddol y cloddiwr
> yma,
> lle mae Ffawd yn unben yn dal i droi,
> piseri gwag ... a gwasgar
> heb gysur gwlybaniaeth
> a'r asyn a'i goesau'n ... [?]

Yna, ceir nodiadau yn Saesneg ganddi ar ôl nodi: Cynllun: Y Rhod. Rhod yn troi yn ofer wedi'i ysgrifennu yn Saesneg sy'n nodi'r camau y bydd yn eu dilyn i greu'r gerdd. Mae ganddi law fer ddigri neu sylwadau cwta megis 'Yanks on scene', 'Welsh workers treated like second class citizens', 'the spend, spend spend syndrome', 'the rhod has stopped except for townies with guile?' Yn rhyfedd iawn, dywed fod yr Arabiaid yn wahanol: 'the Arabs – poor peasants praying for the engineer's wheel to turn for water treat Wil Penlandraw and his Welsh crew like gods'. Yna, dŵr – deigryn dŵr o ddaear ddiffaith.

Yn ei chynllun Cymraeg mae yna neges obeithiol ac er i'r mab adael yr ardal i ddysgu yr ochr draw i Glawdd Offa, daw ei ŵyr yn ôl i'r ardal, prynu'r felin, ailosod y lle, a'r felin yn troi. Mae'r llanc yn arwain ei hen daid, sy'n ddall, i lawr at y felin: 'clywed y rhod yn troi. Canu'n llawen'.

Yr hyn a ddengys y nodiadau hyn yw i Eluned feddu ar dechneg a hwylusai'r broses o gyfansoddi ei phryddestau a'i cherddi estynedig. Nid creadigaethau hap a damwain mohonynt; caent eu saernïo a'u hystyried yn ofalus o'u cwr. Er iddi ddweud mai gweithio funud olaf oedd ei dull orau o weithio, dengys y braseiriau hyn iddi feddwl yn ddwys uwchben fframwaith ei cherddi, hyd yn oed os oedd ar ras i'w gorffen yn y pen draw. Dengys i ni hefyd sut y pendiliai rhwng y Gymraeg a'r Saesneg ac mor llyfn y newidiai o un iaith i'r llall. Bron nad yw'n ymwybodol o'r gwahaniaeth rhyngddynt wrth roi'r syniadau ar bapur. Roedd yn gwbl gartrefol yn y ddwy iaith fel ei gilydd, a'r Saesneg, efallai, yn ymwthio i'r wyneb yn barhaus. Roedd ôl strwythuro sgriptiau hefyd ar y nodiadau, hwyrach am iddi bendilio rhwng drama a cherdd. Ond y mae craidd y cerddi a ddaw o'r cynllunio yn gyfan gwbl Gymraeg eu gwead a'i chydymdeimlad at y newid yng nghefn gwlad Cymru yn neges glir yn y gerdd uchod. Hwyrach iddi addasu rhai o'r syniadau hyn ynghylch perthyn a thiriogaeth wrth fwrw iddi'r flwyddyn ganlynol ar gyfer Eisteddfod Genedlaethol Môn, 1983. Y nodwedd amlycaf yn y cynlluniau hyn yw mai greddf dramodydd sydd ganddi – gwêl yr angen i greu naratif ac ynghlwm ynddo elfennau o dyndra a newid a chylchdro dramatig.

Daeth yn uchel yn y gystadleuaeth yn 1982, ac nid oes

syndod felly iddi gael ei sbarduno i gystadlu'r flwyddyn ddilynol. Y tri beirniad oedd Jâms Nicholas, Nesta Wyn Jones a'r Dr John Gwilym Jones. Y testun a roddwyd oedd 'Clymau' a hynny am bryddest. Y tro hwn, rhoddwyd rheol arall y byddai'n rhaid i'r beirdd lynu ati, sef y dylai'r bryddest fod yn gerdd ddigynghanedd mewn mydr ac odl, heb fod dros dri chan llinell.

Mae'n werth nodi sylwadau'r tri beirniad er mwyn dangos eu barn unfrydol ar ragoriaeth pryddest Pant Glas. Sylwadau Jâms Nicholas a welir gyntaf yn y Cyfansoddiadau:

> Stori fer mewn mydr ac odl a geir gan Pant Glas. Y mae camp cynildeb anghyffredin yn nodweddu'r arddull, dweud er mwyn dweud. Dyfeisiodd y bardd stori ar sail hanes trasig o'n safbwynt ni fel Cymry a'r hil ddynol a thrwy'r dweud i gyd y mae eironi mawr yn brigo i'r wyneb. Y mae yma hefyd fyfyrdod dwfn ar y testun, clymau wrth dir a lle, clymau wrth ddarn o ddaear a'r cwbl y mae hynny yn ei olygu yn y stori hon, clymau wrth wlad a chenedl, clymau wrth wladwriaeth gydag elfennau gorfodol caethiwus hyd at angau, clymau serch dynol, clymau sy'n tynhau, clymau sy'n datod, a'r cwbl yn un gwead cyflawn. Y mae'r bardd yn artist yn y ffordd y mae'n cyflwyno holl gymhlethdodau'r clymau a hynny mewn darluniau syml.
>
> Dyna'r mater, beth am y modd? Ar un olwg, 'awdl' ddigynghanedd a geir yma – os yw'r fath ddisgrifiad yn gwneud synnwyr. Defnyddiodd y bardd fesurau yr arferir eu cynganeddu – yr englyn, y cwpled cywydd, yr englyn milwr a'r hir-a-thoddaid gan hepgor y gynghanedd ... Ar y darlleniad cyntaf y mae'n rhaid i mi gyfaddef i hyn beri tramgwydd i mi ... Ond wedi sawl darlleniad deuthum dros yr anhawster hwn ... Lluniodd Pant Glas felly gerdd unigryw newydd ar fydr ac odl.
>
> Y mae'r mynegiant drwyddo draw yn uniongyrchol a

diwastraff. Nid yw'r bardd yn afradu geiriau, y mae camp arbennig ar gynildeb ei ddarluniau, ac y mae'n llwyddo dro ar ôl tro i awgrymu llawer iawn mwy nag y mae'n ei ddweud. Nid yw'n syndod mai mewn pennill ar ffurf englyn milwr y ceir peth o'i ganu gorau (ac yn ôl *Cerdd Dafo*d, ceir enghreifftiau cynnar o'r englyn heb gynghanedd).

> Gadael mynyddoedd cefnfor,
> Gadael caban oedd allor,
> Gadael merch ar waelod môr.
>
> Hiraeth yn clymu'r galon
> Am y tegwch rhwng gwymon,
> Colli llygaid: colli hon.

Dyma farddoniaeth o'r radd uchaf. A gellid parhau i ddyfynnu ond caiff pawb gyfle i ddarllen y gerdd yn gyflawn. Rwy'n sicr mai bardd sy'n dwyn olion hir ddisgyblaeth yn y canu caeth a gyfansoddodd y bryddest hon. Clymau o ddarluniau noeth iasol, yn creu cyfanwaith trasiedi gyfoes a geir yma.

Ac i gloi, dywed Jâms Nicholas rhag i rai gredu mai cystadleuaeth wan ydoedd:

Bu hon yn gystadleuaeth bur nodedig gan fod nifer o'r cystadleuwyr yn haeddu'r Goron. Cytunaf â'm cyd-feirniaid mai gan Pant Glas y cafwyd y gerdd fwyaf caboledig aeddfed ei chrefft a'i hymadrodd, y gerdd fwyaf cyflawn a gorffenedig, cerdd ac ynddi neges iasol ac ysgytwol yng nghanol ynfydrwydd y dyddiau yr ydym yn byw ynddynt. 'All art is propaganda,' meddai Eric Gill: 'Ystad bardd astudio byd,' meddai Siôn Cent, ac y mae Pant Glas yn nhraddodiad Siôn Cent.

Y mae Pant Glas yn gwir deilyngu Coron yr Eisteddfod a braint fydd ei goroni.

Mae sylwadau Nesta Wyn Jones yr un mor afieithus o ganmoladwy:

Fy nghwestiwn yn aml wrth ddarllen cerddi a anfonwyd i gystadleuaeth fydd: 'A fyddai hon wedi dod i fod, fel arall?' 'Fe enir cân yn aml mewn geiriau ac ar fesur,' meddai T. H. Parry-Williams. Felly yr ymddengys cerdd Pant Glas i mi. Fe gafwyd ysbrydoliaeth ... Yr oedd yn hen bryd i rywun ddatgan teimlad y Cymry at ryfel diangen y Malfinas, a gwnaed hynny yma, yn gynnil, grafog trwy lunio stori sy'n cyfosod dau gyfnod. Yn 1865, caiff amaethwr Pant Glas ei erlid o'i dyddyn a chroesa i Batagonia ar y *Mimosa*.

> Colli merch yn eu cyni;
> rhoi eurwallt i erwau'r lli,
> a'r môr yn cau amdani.

Bardd cynganeddol yw Pant Glas – o leiaf, mesurau cynganeddol ... a ddefnyddiodd, yn hytrach na chonfensiwn mydr ac odl, ond gan hepgor y gynghanedd. (Bydd hen drafod ar hynny!)

Y mae'n hollol amlwg fod yma grefftwr siŵr o'i siwrne oherwydd llwyddodd i lunio pryddest awgrymog, ddiwastraff. Bardd ydyw sydd yn berchen ar ddychymyg byw, yn berchen hefyd ar amynedd i ffrwyno'r dychymyg hwnnw i bwrpas. Nid pawb allai ddisgrifio brwydr gyfoes fel y gwnaeth hwn, er inni i gyd weld ambell ysgarmes ar y teledu. Trwy gydol y gerdd, mae pob llinell yn gyforiog o ystyr – ac eto yn glir fel grisial. Pant Glas, heb amheuaeth, yw pencampwr y gystadleuaeth ddiddorol hon am eleni.

Dyna ddau feirniad yn pwysleisio crefft y bryddest a'r sylw 'crefftwr siŵr o'i siwrne' yn wobr lawn mor gain â'r goron a oedd i'w derbyn. Er ymateb y ddau feirniad yna, roedd yna un beirniad arall a lonnodd galon Eluned a hynny pan glywodd fod John Gwilym Jones, y beirniad hwnnw nad oedd am ei choroni yn y Bala yn 1967, yr un mor bendant ei farn â'r ddau arall.

Wedi traethu'n helaeth ar wead a symbyliad bardd, dywed hyn am y gystadleuaeth: 'ar y cyfan, mae'r safon yn dderbyniol a'r rhai sydd ar y brig o safon uchel iawn', gan ychwanegu ei bod yn 'gystadleuaeth dda'. Dyma a ddywed am Pant Glas:

Profiad bodlon ac amheuthun iawn yw, ar ôl darllen, yn y cyswllt hwn, ddwy bryddest ar hugain a rhai o wir safon yn eu mysg, eich bod o'r cychwyn yn dawel sicr prun sydd wedi eich cyffroi yn deimladol, a meddyliol. Dyna fy mhrofiad i'r tro hwn. Ond roedd gofyn cyfiawnhau'r argyhoeddiad yn rhesymegol oer. Y cyfiawnhad cyntaf yw ei bod yn bryddest mor gyfoes, yn perthyn mor agos i'n cyfnod ni, fel na fedrid cyn eleni fod wedi ei chyfansoddi. Ei phwnc a'i chynnwys yw Rhyfel ofer a thrist y Malfinas. Mae'r cynllun, unwaith y'i dadlennir yn un mor amlwg nes bod dyn yn gofyn, 'Sut ar wyneb daear na feddyliodd neb arall am hyn?' Fel mae'n digwydd, yr awdur arbennig hwn a gafodd y weledigaeth. Mae'n cychwyn yn 1865 gydag ymadawiad teulu Pant Glas, oherwydd gorthrwm, i Batagonia;

> O'r niwlen daeth sŵn mudo ym Mhant Glas
> A llef gwraig yn wylo.
> Yna mudandod cofio –
> A llidiart ffald o dan glo.

Collir plentyn ar y daith:

Colli merch yn eu cyni;
rhoi eurwallt i erwau'r lli,
a'r môr yn cau amdani.

Wedi cyrraedd ar ôl hir ddioddef,

Codi tŷ, llunio cartref. Ail Bant Glas
yn wyrth, o lwch hunllef.

Yna, neidio i 1982. Consurir yn grafog gyflwr diwreiddiau
ardal Pant Glas erbyn heddiw. Mae mab y Pant Glas cyfoes
wedi colli gafael ar ei glymau, yn ymuno â'r fyddin heb
unwaith ddychmygu'r hyn sy'n ei aros. Daw'r rhyfel yn erbyn
yr Ariannin ac yntau'n ei gael ei hun ar *Syr Galahad*:

Syr Galahad yn wenfflam.

Angau creulon i'r truain
yn y tân a'r dolefain.
O'u catraeth ni ddaw y rhain!

Wedi'i glwyfo ac yn ei artaith mae'r milwr yn cofio'i gynefin:

Gweld cae yn wefr o ŵyn bach,
a gweld mam nas gwêl mwyach.

Daw un o Gwm Hyfryd at ei wely ac, er mai bratiog yw'r
cyfathrebu, 'trech ydyw clymau na chlwy'. Gadewir mab
Pant Glas yn ei unigrwydd i farw:

Y cwlwm bregus, olaf,
i'r mab na fu iddo haf.

Dewisodd yr awdur ganu yn yr hen fesurau – englynion,
englynion milwr, hir-a-thoddeidiau, mesur cywydd, ond y
cwbl yn ddigynghanedd. Dewis doeth iawn, oherwydd, fel y
crybwyllwyd eisoes, nid oes i'r gynghanedd fydr – rhuthmau

corfannau amrywiol iawn sydd iddi. Ar ben hyn llwyddwyd i gydio'r presennol wrth y traddodiadol – cwlwm sumbolaidd tu hwnt o gyfrwys. Mae'r dôn yn newid yn aml, weithiau'n loes, weithiau'n arwrol, yn grafog, yn ingol, yn drist dosturiol; a'r agweddau hyn yn llwyddo i gyffredinoli ac ehangu'r llun unigol i gynrychioli gorthrwm a thristwch ac oferedd pob rhyfel ar hyd yr oesau a dioddefaint dynion sy'n ysglyfaethau i'w thrachwant. A'r rhinwedd mawr yw y gwneir hyn i gyd yn feirniadol glinigol oer heb i'r awdur unwaith ymyrryd yn bersonol, dim ond adrodd y stori'n ffeithiol wrthrychol.

Yn union fel W. H. Auden yn ystod Rhyfel Sbaen a deimlai reidrwydd i'w fynegi ei hun yn wleidyddol, mae'r awdur hwn hefyd wedi teimlo na eill sefyll o'r naill du. Rhaid iddo gondemnio'r hyn y mae ei holl deimlad a'i reswm a'i ddynoliaeth a'i gydwybod gymdeithasol yn ei weld fel haerllugrwydd trahaus ac anghyfrifol a thrist. Ond nid traethawd gwleidyddol a gyfansoddodd ond barddoniaeth ysgytiol. Ym marn y tri ohonom, mae'n fraint cael dyfarnu Coron Eisteddfod Genedlaethol Llangefni iddo.

Wedi cyfnod hir o dawelwch o du'r bardd o Genarth, a hynny am ofod o bedair blynedd ar ddeg, dyma hi unwaith eto'n ennill clod ac anrhydedd y Brifwyl. Gellid synio y byddai ennill yr eilwaith wedi rhoi taw ar y clecian annymunol ynghylch awduraeth a dilysrwydd ei gwaith. Os cafodd ei chyfrif yn fardd 'ar ei phen ei hun', dyna hefyd oedd yr hyn a wynebodd Eluned ar ôl ennill mor ysgubol yn Eisteddfod Genedlaethol Môn yn 1983. Pwy fyddai wedi meddwl y byddai'r hen chwedleua cas yn ei dilyn unwaith eto, saith mis wedi iddi ennill ei hail goron. Yn 1984 bu'n rhaid iddi wynebu storm arall o'r newydd. A fu pererindod ac iddi fwy o dreialon erioed na'r un a wynebodd y ferch siriol hon o Genarth?

	REGISTRATION DISTRICT DOSBARTH COFRESTRU			NEWCASTLE IN EMLYN						
1915	BIRTH in the Sub-district of GENEDIGAETH yn Is-ddosbarth		Cenarth		in the County of Carmarthen yn					
Columns: Colofnau No.	1 When and where born	2 Name, if any	3 Sex	4 Name and surname of father	5 Name, surname and maiden surname of mother	6 Occupation of father	7 Signature, description and residence of informant	8 When registered	9 Signature of registrar	10 Name entered after registration
Rhif	Pryd a lle y ganwyd	Enw os oes un	Rhyw	Enw a chyfenw'r tad	Enw, cyfenw a chyfenw morwynol y fam	Gwaith y tad	Llofnod, disgrifiad a chyfeiriad yr hysbysydd	Pryd y cofrestrwyd	Llofnod y cofrestrydd	Enw a gofnodwyd wedi'r cofrestru
50	Twenty-seventh October 1915 at Blaenau Cenarth RD	Sarah Adeline Eluned	Girl		Mary Anne Phillips a Domestic Servant		X The mark of Margaret Phillips Occupier Blaenau Cenarth	Twenty-second January 1915	J Davies Registrar	Three yrs

Tystysgrif geni Eluned ag enw ei mam yn unig arno

Eluned yn eistedd ar y bont yng Nghenarth

Eluned a Get yn ferched ysgol

Glanawmor – cartref Eluned a'r nythaid o 'fynwod'

Ieuenctid a gwynfyd: Eluned a Get, y ddwy a llyfrau yn eu dwylo

Eluned, yr eneth siriol

Eluned yn torchi llewys gyda
Get a chymydog iddynt

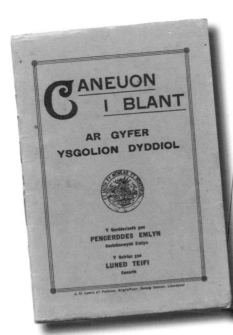

Cyhoeddiad cyntaf Eluned yn 1936, *Caneuon i Blant*, a luniodd pan oedd hi'n ddeuddeg

Anti Hannah, y bysgotwraig beryglus

Gwên hyfryd Anti Hannah

Eluned, Anti Hannah a Get ar ôl i Eluned ennill ei choron genedlaethol gyntaf yn 1967

Eira mawr 1947, gyda
Get a'r Llydawyr:
Albert 'Bore Da' a Robert

Dilys Davies (Mersi Fach)
a Manny Price (Joe Long)
rhan o gast y gyfres radio
Teulu'r Mans

Ei llwyddiant cyntaf fel bardd yng Ngŵyl Fawr Aberteifi, 1965.
Cadwodd Eluned gopi o'r feirniadaeth a chopi cymen o'r gerdd
â ffotograff o Dewi Emrys wedi'i ludio'n ofalus ynddo

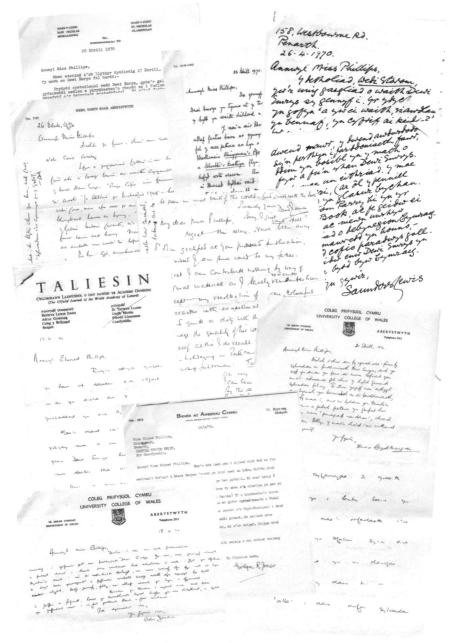

Rhai o'r llu llythyron a dderbyniodd Eluned gan awduron mwyaf
adnabyddus Cymru yn ateb i'w chais am gyfranwyr i'w chyfrol goffa
i Dewi Emrys

Llun stiwdio o'r 1950au

Seremoni'r Coroni yn Eisteddfod
Genedlaethol y Bala, 1967

Eluned a'i choron
wedi'r seremoni

Croeso brenhinol yn ôl yng Nghenarth wedi'r fuddugoliaeth yn
Eisteddfod Genedlaethol y Bala. Trefnwyd y cart a'r ceffyl gan
Wyn Jenkins, Fferm Penwern a Mr Williams, Gorslas

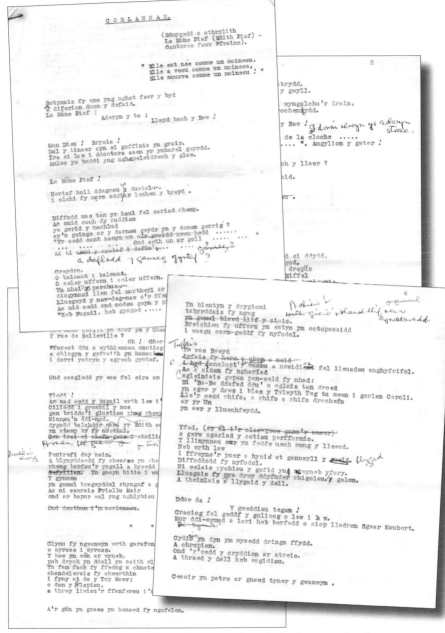

Tudalennau teipysgrif o bryddest gan Eluned â'i chywiriadau hi – dyfarnwyd y bryddest hon yr ail orau yn Eisteddfod Genedlaethol y Bala 1967, ei thestun yw Édith Piaf

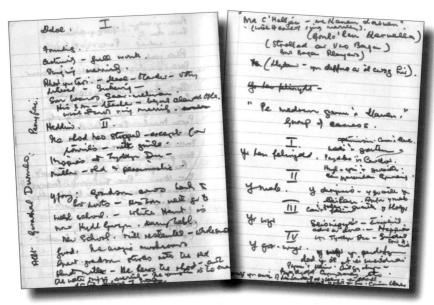

Allan o lyfr nodiadau coch Eluned; braslun a chynllun i'w dilyniant o
gerddi 'Y Fro' a gyhoeddwyd yn *Cerddi Glyn-y-mêl* yn 1985

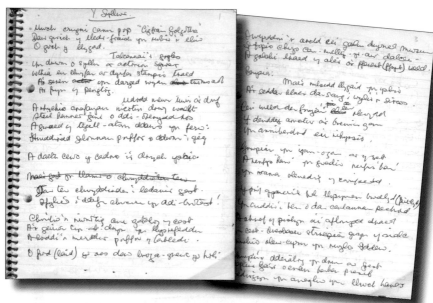

Drafftiau cynnar yn ei llyfr nodiadau Wellbeck glas o'r dilyniant
o gerddi, 'Y Syllwr', cystadlodd yng Ngŵyl Fawr Aberteifi yn 1965
gyda'r dilyniant, lle cafodd feirniadaeth anogol

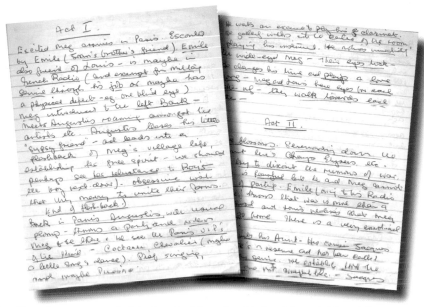

Cynllun drama na welodd olau dydd ond a ddefnyddiwyd fel sail i'r ddrama deledu, *Rhith y Lloer* gan Ewart Alexander

Copi llawysgrifen o gerdd i Édith Piaf

Teipysgrif o gân 'Daw Yfory' gan Eluned

Dathliad 'nôl adre wedi iddi ennill ei hail goron yn Eisteddfod
Genedlaethol Llangefni yn 1983

Eluned yn dal ei choronau – dwy goron,
un pen, meddai hi yn ei hunangofiant

Eluned a'i chwrwgl ar ei chefn

Glyn-y-mêl – ei chartref yr ochr draw i'r ffordd o Lanawmor

Dawn y cyfarwydd – i'r diwedd

Y Bererindod Unig

Mewn barddoniaeth yn unig rwy'n credu y bydda i mor sensitif i feirniadaeth ... efallai am nad oes neb yn rhyw fodlon iawn i dderbyn menyw o fardd.

[O bapurau Eluned Phillips, ddiwedd y chwedegau]

Meddwais ar fesur yr awdl ddigynghanedd. A gobeithio na sobraf.

[Geiriau Eluned mewn llawysgrifen ar waelod copi o'r bryddest 'Clymau']

Hwyrach mai gwisg wen yr Orsedd oedd yr unig ddiwyg a wisgodd Eluned a'i gwnâi yn debyg i weddill y dorf honno yn eu gynau gwynion. Fel arfer, fe'i gwelid yn rheng flaen yr Orsedd, a daliai sylw'r camerâu oherwydd ei gwên lydan a'i gwallt cringoch gan y byddai'n eistedd yn aml ar y llwyfan yn union y tu ôl i'r Archdderwydd a'i swyddogion. Ond gellid dweud hefyd mai dyna'r unig flaenoriaeth a roddwyd iddi yng nghymdeithas y Gorseddogion, ar wahân i gyfarch ambell Brifardd, a'i dywys ef neu ei thywys hi i'r llwyfan – hynny, yn ogystal â chynrychioli'r Orsedd mewn gwyliau Celtaidd eraill. Ni chafodd feirniadu'r Goron, er iddi ennill y wobr honno ddwywaith. Pam, tybed?[17]

---

[17] Yn hynny o beth roedd yn wahanol i Dilys Cadwaladr, a gafodd feirniadu'r Goron yn Eisteddfod Genedlaethol Bro Dwyfor yn 1975.

Yn ei hunangofiant, *The Reluctant Redhead*, cedwir ei theimladau am y byd barddol mewn lle cyfrin, ar wahân i ambell sylw a ddaw i'r fei, megis y canlynol: 'I have never found out whether it's redheads they don't like in Wales – or merely women who have the audacity to write poetry.' Ac mewn man arall; 'Oddly enough, many years later, I would be again accused of not writing my own poems.'

Mae yna hanes i'r gair 'again' gan mai cyfeirio a wna at ei hail goron yn Eisteddfod Genedlaethol Môn yn 1983. Dengys y sylw ei bod wedi hen gynefino â chlywed cyhuddiadau nad hyhi oedd awdur ei cherddi, a hynny wedi iddi ennill y tro cyntaf yn y Bala yn 1967. Bellach, wedi pori trwy ei gweithiau – y rhai a gyhoeddwyd a'r ydlan o rai nas cyhoeddwyd hyd yn hyn – gallaf dystio yn eirwir mai Eluned Phillips yw awdur pob un o'r cerddi arobryn. A mwy na hynny, hi hefyd a ddaeth yn agos at gipio'r Goron sawl tro arall.

Ond cystal yw cychwyn gyda'i gyrfa farddol a gweld sut y daeth y ferch ryfeddol hon i fod yn fardd yn y lle cyntaf. Eisoes crybwyllwyd ei magwraeth anarferol a bwrlwm yr aelwyd y'i maged arni a roddodd iddi'r hyder i ddatblygu a mentro mewn gwahanol feysydd. Mewn rhagymadrodd ar gyfer y radio yn dwyn y teitl 'Y Llwybrau Gynt', dywed Eluned hyn am ei bywyd ac am y broses o ysgrifennu:

Dydw i ddim yn dda iawn am gofio'n ôl; hwyrach am na fu erioed hamdden i hel meddyliau. Byw bywyd ar ras wyllt a chyrraedd pob carreg filltir, allan o wynt, a fu fy hanes. Un peth sy'n sicr, imi gael fy ngeni yn optimist absoliwt, ac er mod i bellach wedi llwybro am hanner canrif mwy neu lai, y gorwelion llachar sy'n dueddol o fynnu aros yn y cof, nid y rhiwiau serth, er fod 'na ddigon o rheiny wedi bod. Fe ddywedodd rhywun na fedrwch chi fyth fod yn wir fardd, os na fyddwch yn dioddef am fisoedd o iselder ysbryd (mynd i'r falen fel y byddwn ni'n ddweud yn Sir Aberteifi). Rwy'n gwybod cystal â neb beth yw mynd i'r falen wedi gorffen pryddest, neu stori, neu ddrama, neu hyd yn oed delyneg weithiau, ond fydda i fawr o dro yn ysgwyd allan o'r mŵd – fynychaf cyn i'r haul gael cyfle i fynd i'w wely drachefn. Wn i ddim os yw hyn yn arwyddocaol – dangos diffyg dyfnder cymeriad efallai – mae'n ddigon bosib.

Nid yw'r pwt uchod yn gwneud tegwch â'r awdur ond mae'n nodweddiadol o'i ffordd hi o edrych ar fywyd ac yn cadarnhau'r ffaith ei bod yn y gwraidd yn berson gwylaidd a gostyngedig. Pwy arall fyddai'n datgan, ar goedd, i'r genedl gyfan, nad yw efallai'n meddu ar ddyfnder personoliaeth? Eto i gyd, bron na chredaf mai ei hamddiffyn ei hun a wna er mwyn lliniaru'r math o loes a ddeuai, ac a ddaeth, i'w rhan. Mae'n agor drafft blaenorol o'r un sgript yn wahanol iawn:

Rhaid i fi gyfaddef fod gwahoddiad Mrs Lorraine Davies i ysgrifennu fy hunangofiant radio yn fy nharo fel ergyd o ddryll. Down i erioed wedi aros i feddwl am 'nôl. Ac yn sydyn dyma fi'n gorfod wynebu'r ffaith fod yna ryw hanner canrif wedi diflannu i rywle. I ble, wn i ddim. Dilyn pob llwybr ar ras wyllt mae'n debyg, a chyrraedd pob carreg filltir allan o wynt. Y demtasiwn wrth edrych 'nôl, mae'n debyg, yw rhamanteiddio'n glasurol; troi pob cwmwl bach yn gasineb mawr, a phob llygedyn o heulwen yn rhyw Riviera tragwyddol o bleser. Mae'n gymaint hawsach i swno'n farddonol bert na glynu wrth ffeithiau moel. Fe ddwedodd athrylith o fardd wrtha i unwaith na fyddwn i byth yn fardd mawr os na fedrwn fynd ar fy mhen i'r falen am hiroedd. Mi fydda i'n mynd i'r falen ar ôl creu darn o farddoniaeth, sgript neu ddrama ... ond falen gwta fydd hi ... *mini* nid *maxi*. Do's gen i fawr i ddweud wrth y *maxi* ... boed ddillad neu amser. Diffyg dyfnder cymeriad hwyrach, ond un o ddisgyblion Rabbi Ben Ezra rwy i wedi bod, a dyna rwy i am fod ... 'Grow old along with me / The best is yet to be'.

Ond un peth sy'n weddol glir (gwbl glir) wrth edrych nôl yn glinigol fel hyn ... i fi gal fy ngeni'n optimist absoliwt.

Rhyw amrywiadau bychain yw'r newidiadau a wna o un drafft i'r un terfynol. Ond gellid gweld meddwl ac arddull yn cael eu hidlo, a hithau'n golygu ei gwaith ysgrifenedig gan ddileu pethau a fyddai'n debygol o ddadlennu gormod amdani hi ei hun. Er enghraifft, newidiodd y geiriau 'yr athrylith o fardd' – i 'rywun'. Defnyddio'r dienw a'r amhersonol. Hefyd, er crybwyll y falen yn y ddau baragraff, rhyw wfftio'r cyflwr mewn byr eiriau a wna'r un diwygiedig yn hytrach nag oedi gyda'r *mini* a'r *maxi*. Ond y brawddegau mwyaf dadlennol a newidiwyd yn llwyr oedd y sylw hwn, 'troi pob cwmwl bach yn gasineb mawr'.

Gellid yn hawdd gymharu'r ddau baragraff uchod a chwilio am y bersonoliaeth ynghudd ynddynt a'r newidiadau a wnaeth er mwyn crisialu ei meddwl neu ei fireinio. Yn sicr mae'r sylw 'troi pob cwmwl bach yn gasineb mawr' yn swnio'n rhyfedd iawn o gofio mor llawen oedd Eluned fel person ac iddi fyw yn rhadlon a graslon.

Eto i gyd, mae naws ymddiheuriol weithiau i'r sylwadau a wna Eluned am ei gwaith fel bardd ac yng nghanol y pentwr o ddeunydd heb ei gyhoeddi ceir nodiadau ganddi yn ei llawysgrif ei hun sy'n ceisio egluro'i dull o ysgrifennu neu'n hytrach esbonia pam nad oedd wedi cyhoeddi rhagor rhwng 1967 a 1983. Dywed hyn:

Sgrifennais ambell i gerdd oddi ar 1967, ond ni chyhoeddais yr un ar wahân i un neu ddwy ar gyfer y radio. Yr un rheswm,

am wn i eto – ni ofynnodd neb i mi gyhoeddi cyfrol. Dydw i
ddim yn berson trefnus ac mae'r cerddi fynychaf ar gefn hen
amlen yn rhywle'n y tŷ yn disgwyl am gael eu hachub. Rhaid
cyfaddef mai cerddi hir sy'n apelio fwyaf ataf. Gan fod 'na
awydd amlwg, mae'n debyg, ar ôl ennill yn Llangefni, am i mi
gyhoeddi cyfrol, hwyrach y gwnaf. Y dynfa dros gystadlu i
mi yw cael beirniadaeth onest, heb yr arlliw nawddoglyd sy'n
gallu digwydd pan fo Cymro yn adnabod Cymro. Yr ydym,
gwaetha'r modd, yn byw mewn gwlad fechan a'r beirniaid
llenyddol yn sangu ar draed ei gilydd.

Ond ai gwir hyn? Gellid amau i'w haeriad o gael beirniadaeth
onest ddygyfor mwy na hynny yn sgil ei llwyddiant. 'Heb yr arlliw
nawddoglyd sy'n gallu digwydd pan fo Cymro yn adnabod Cymro?'
Ai geiriau'n cuddio rhyw emosiwn arall sydd yn y fan hon ac
mai'r hyn a olyga yw'r arlliw nawddoglyd sy'n gallu digwydd pan
fydd Cymro yn adnabod Cymraes? Mae cuddio hunaniaeth rhyw
yn gallu bod yn gaffaeliad weithiau, ond teg nodi iddi fod yn gyff
gwawd ar ôl iddi ennill, fel y dengys yr englyn canlynol, y mae
ei awduraeth yn cuddio'n saff y tu ôl i gwmni lluosog anhysbys:

> Bu holi ymysg ebolion – y Bala,
> Bu hwyl ac amheuon.
> A yw stwff y bryddest hon
> O'r un steil â'r hen stalion?
>
> Beirdd y Pentre Arms

Y ddau air mwyaf dadlennol yn yr englyn yw'r geiriau 'hwyl'
ac 'amheuon' sy'n profi iddi fod yn destun siarad a drwgdybio
yn sgil ei llwyddiant. Yna, mae'r gair 'stwff' yn un difrïol ac yn
ddilornus. Ond y llinell glo yw'r un sy'n taro'r hoelen ar ei phen
ac yn anelu'n syth at fardd arall 'O'r un steil â'r hen stalion?'

Ai anelu at brifardd arall a wneir? Beth bynnag oedd yr is-destun, rhaid bod Eluned yn ymwybodol o'r ffaith ei bod yn gocyn hitio. Tybed ai beirdd Sir Aberteifi oedd y rhai mwyaf dieflig tuag ati? A oedd a wnelo hynny â rhyw genfigen ddaearyddol yn ogystal ag awenyddol, ac iddi sangu ar eu cyrn hwy? Eithr nid yn unig yng Ngheredigion y cafwyd ymateb o'r fath, sy'n dangos i'r stori ledu fel tân eithin drwy Gymru.

Beth oedd yr ymateb a gafodd felly ar ôl iddi ennill y tro cyntaf hwnnw yn Eisteddfod Genedlaethol y Bala yn 1967? Hwyrach y byddai 'llugoer' yn air rhy garedig. Lledodd y suon am ei gwaith a'i siomi, ac ni chlywyd oddi wrthi am un mlynedd ar bymtheg. Ond ar wahân i'r mân siarad aflednais am awduraeth 'Corlannau', cafwyd sylwadau sy'n tanseilio'r gerdd yn gyfan gwbl.

Yn 'Led-led Cymru', sef colofn yn *Baner ac Amserau Cymru*, 7 Medi 1967, ceisir cymharu'r ddwy bryddest a ddaeth i'r brig (er yr anghofiwyd i'r bryddest ar Édith Piaf fod yno hefyd gyda'r drindod o gerddi). A dyma a ddywedir yn y golofn am y ddwy bryddest hynny, sef eiddo Eluned Phillips a 'Corlannau' Mathonwy Hughes:

> Erbyn hyn, cefais fwy o gyfle i ddarllen pryddest Eluned Phillips ac un Mathonwy Hughes, a rhaid i mi gyfaddef ddarfod imi gael mwy o flas ar gân fy nghydweithiwr nag ar gerdd gyfeiriadol Miss Phillips.
>
> Ni allaf i, mwy na llawer o'i darllenwyr, ddirnad pa mor berthnasol yw dyfyniadau coronferch y Bala o athroniaeth dwy o grefyddau'r Dwyrain ond gallwn bwyso a mesur yn fwy manwl y darlun a rydd hi o'r grefydd Gristnogol, a siomir dyn yn fawr yn y rhan hon o'r gân. Nid yw'n ddim byd tebyg i Gristnogaeth y Testament Newydd; mae'n llawn o sumbolau ac athroniaeth yr Hen Destament, Iddewiaeth!

Teg yw gofyn a yw'r lluniau a dynnodd Eluned Phillips o Hindŵaeth a chrefydd Sina yn fwy dilys na hyn? Onid ydynt, tybed na siglir ein ffydd ynddi fel prydydd? Gwn nad tynnu lluniau diriaethol o ffilosoffi unrhyw grefydd a ddisgwylid gan fardd ond gwahoddodd hi ddehongliad felly o'r testun trwy sôn am y tair corlan grefyddol.

A beth am bryddest Mathonwy Hughes? Cadwodd ef ei draed ar y ddaear ar hyd y ffordd a rhoes inni ias yr hen fywyd bugeiliol y gŵyr mor dda amdano, gan beri i'r cerrig lefaru – yn llythrennol felly. Mae camp fawr ar y cynganeddu cynnil a'r mesur triban fel y defnyddiwyd ef gan y bardd. Synnu'r wyf na safon [*sic*] un o'r tri beirniad tros goroni pryddest is-olygydd *Y Faner*. Ond hwyrach nad yw fy ngwaed yn ddigon oer yn y drafodaeth hon i farnu'n deg.

Da iddo gloi ei sylwadau â'r frawddeg olaf. Ond fel pe bai hynny ddim yn ddigon i ostwng cufydd o faintioli Eluned Phillips, dyma un arall yn dod i'r adwy ar dudalen 6 yn yr un papur bythefnos yn ddiweddarach. Y tro hwn, y Prifardd Dafydd Owen, un o'r un ardal yn ddaearyddol â Mathonwy, sy'n cynnig y feirniadaeth hon ar y bryddest:

Cefais fendith fawr o ddarllen beirniadaethau'r Goron a'r Gadair. Er fy mod innau fel D. E. T. bron wedi rhyfeddu gweld tir rhwng dwy afon. Yn Rhoslan, byddaf yn rhyfeddu at swm a sylwedd cyfraniad John Gwilym Jones i feirniadaeth lenyddol. A dyma feirniadaeth wych eto ganddo. Gall fy mod yn hen ffasiwn ond yn fy myw y gallaf ddeall pa hawl sydd gan unrhyw un i feirniadu yng nghystadlaethau coron a chadair oni bo wedi ennill y naill wobr neu'r llall neu wedi cyfrannu'n sylweddol iawn i feirniadaeth lenyddol pa mor amwys bynnag yw'r safonau. Wedi darllen y bryddest, gogleisiwyd fi gan gyfeiriad G. J. Roberts at 'linell gloff' ac at y cyfeirio lliwgar ac effeithiol nad yw bob amser yn ddirnadwy a dealladwy. 'The understatement of the year,' yn sicr! Byddwn yn ddigon parod i anghofio'r llinell gloff, pe gallai'r G. J. R. esbonio i mi chwarter y gyfeiriadaeth i ddechrau!

Gwn ein bod yn synhwyro mawredd barddoniaeth yn barhaus ynddi ond y drwg yw fod cymaint ohono'n fawredd benthyg. Rhyfedd na welwyd mor wir oedd beirniadaeth John Gwilym Jones. Hwyrach y dylwn egluro nad oedd gennyf bryddest i mewn fy hunan, rhag imi gael fy nghyhuddo o ragfarn! ... Ac y mae cynllun i'r gerdd ... Ond yn sicr, y mae yma ormod o'r gyfeiriadaeth lythrennol hon. Mwy o lawer na hanner yr adran ar Gristnogaeth yn ddyfyniadau. Ac os yw hi felly yn y 'gorlan' hon, byddai'n ddiddorol archwilio corlannau eraill. Dyma dudalen 62 y Cyfansoddiadau gan nodi'r benthyciadau. (Yr oedd rhai ohonynt yn amlwg, nifer digonol gallesid tybied, i beri y dylesid bod wedi chwilio a chwalu'n fanylach.)

> Hesb oedd bronnau – Exodus 2:9
>
> Yng nghyflawnder amser ein Tynged – Exodus 8:3
>
> Llwch yn llau – Exodus 8:16
>
> Afon waed – Exodus 7:19
>
> Meirch a chamelod – Exodus 9:3
>
> Cerddodd tân – Exodus 9:23
>
> Difaodd y locustiaid – Exodus 10:115
>
> A bu nos – Exodus 10:22
>
> Cyn i'r oen – Exodus 12:5
>
> Bu bara fel llwydrew – Exodus 16:14
>
> Roedd sŵn adenydd – Eseciel 3:13
>
> Pan agorodd mab dyn – Eseciel 3:1 a 2

Daeth yr eryr – Eseciel 7:3

A thyfodd yr helygen – Eseciel 17:6

Pwy sy'n barnu? – Eseciel 31:20

Yn hawlio bustach – Eseciel 46:6

Yn troi anifail o frenin – Daniel 4:25

Mae'r llew a'r adenydd – Daniel 7:4

A'r Hen Ddihenydd – Daniel 7:9

Daeth y gwybed – Pregethwr 10:1

Cleddyf yr Arglwydd – Eseia 14:6

Tewychodd – Eseia 14:6

Llanwyd y Dyffryn – Eseia 34:11

Ym more bach – Eseciel 23:3

Tramwyodd – Eseia 23:20

Tramwyodd y bwystfil – Daniel 7:7. a 23

Ymgnawdolodd – Luc 2:7 a Mathew 2:16

Chwyddodd – Mathew 10:29

Casglodd yr iâr – Mathew 23:37

Rhag y cudyll [sic]

Er cystal bardd yw Glyn-y-mêl, caf fy meddwl yn troi nôl yn barhaus wedi adnabod yr holl gyfeiriadaeth Ysgrythurol yma at gerdd synhwyrus a chrefftus Maen Llwyd.

Bron i ugain mlynedd yn ddiweddarach, a thair blynedd wedi iddi ennill ei hail goron yn Eisteddfod Genedlaethol Môn, 1983, cafwyd y sylwadau hyn gan Alan Llwyd yn ei gyfrol *Barddoniaeth y Chwedegau*:

Pryddest gyfeiriadol oedd pryddest arobryn Eluned Phillips, ond fel y dywedodd John Gwilym Jones, cyfeiriadaeth hanesyddol ac nid cyfeiriadaeth lenyddol a gafwyd ynddi. Pwnc y gerdd yw tair o gorlannau crefyddol y byd: crefydd Islam, Cristnogaeth a Bwda'r Tseineaid. Pryddest esoterig yn ei hanfod a phryddest farwanedig hefyd yn anffodus; ni chydiodd ar y pryd ac ni oroesodd. Ail greu ac arall eirio rhannau o'r Corân a wnaethpwyd yn y rhan gyntaf, a'r Hen Destament a'r Testament Newydd yn yr ail ran ac nid ysgrifennu'n greadigol gyfeiriadol. Dywedodd John Gwilym Jones iddo ddarllen llyfr swmpus ar Fahometiaeth i geisio datrys dirgelwch rhan gyntaf y bryddest ond yn rhannol yn unig y llwyddodd. Y gwir yw mai yn y Corân ac yn y chwedlau Mahometaidd y mae'r allwedd i ddirgelwch y caniad am grefydd Islam, er enghraifft, ceir y ddwy linell hyn yn 'Corlannau':

> Yn y Dechreuad
> Y creodd Allah ddyn o dolchen waed.

Yn ôl y traddodiad yr oedd Mohammed, sylfaenydd crefydd Islam wedi neilltuo i ogof yn Ramadhan tua'r flwyddyn 610, a daeth yr Angel Gabriel ato, pan oedd Mohammed yn cysgu a dweud, 'Adrodd … Adrodd yn enw dy Arglwydd a greodd ddyn o dolchenni gwaed'.

Gwelir mai cyfeiriad llythrennol uniongyrchol nid ail greu llenyddol a geir yn y ddwy linell. Dyma ddwy linell arall o'r bryddest:

> A welaist ti Allah yn llorio meistr yr Eliffant.
> A'r caglau clai ar gynffonnau'r asynnod?

Tywyll hollol yw'r ddwy linell heb wybod am y ffynhonnell. Cyfeirir at y llinellau hyn yn y Corân:

> Onid wyt wedi ystyried y modd y trechodd Allah
> Fyddin yr Eliffant
> Oni ddifethodd eu cynlluniau ac anfon yn eu herbyn
> Heidiau o adar a hyrddiodd

Atynt gerrig o glai nes eu bod fel planhigion
Wedi eu pori gan wartheg.

Gwir fod yn y bryddest sŵn mawredd, ond mawredd benthyg
ydoedd, a chyfeiriadaeth lythrennol ac nid cyfeiriadaeth
lenyddol ystyrlon ac effeithiol a gafwyd. Nid bod y bryddest-
wraig fuddugol yn amddifad o ddawn, ond yn hytrach
ei bod wedi camgyfeirio ei dawn diamheuol, o leiaf yn 1967.[18]

Wedi iddo gollfarnu'r gerdd, rhaid cydnabod bod Alan Llwyd yn
derbyn nad yw Eluned yn amddifad o ddawn. Da hynny, achos
yn y paragraff nesaf cawn is-destun i'r digwyddiad wrth iddo
gyfeirio at gerdd a oedd yn agos at y brig:

> Ond mewn gwirionedd collwyd cyfle yn y Bala. Y mae
> 'Corlannau' Mathonwy Hughes yn tra-rhagori ar bryddest
> Eluned Phillips a dioddefodd Mathonwy Hughes oherwydd
> ffasiynau'r dydd, ac oherwydd y pwyslais a roddid ar yr
> astrus-gyfeiriadol, ar farddoniaeth gwirclyd a stroclyd o
> wahanol. Cerdd gynnil, egr, gofiadwy mewn mannau yw
> pryddest Mathonwy Hughes, cynnil ac egr fel yn englynion
> o'r Hen Ganiad yn aml.

Dyna gyrraedd craidd y mater, onid e? A dyma'r traddodiad
barddol, yn ei elfen gaerog o gynnal y 'traddodiad' ac ymestyn
parhad y canu hwnnw yn hawlio goruchafiaeth cerdd o'r natur
yma. Pa hawl oedd gan rywun i ysgrifennu'n 'stroclyd o wahanol'
ac yn 'gwirclyd', heb sôn am fod yn astrus?
    Â ymlaen:

---

[18] Alan Llwyd, *Barddoniaeth y Chwedegau* (Cyhoeddiadau Barddas, 1986) tt. 234–6.

Ceir yn ogystal ddisgrifiadau byw o'r hen gneifwyr a'r hen fugeiliaid a ymgynullai wrth y corlannau mynyddig hyn adeg y cneifio a'r marcio.

Byr ei amynedd, (a'i boeri mynych)
Oedd yr hen Byrs, ac yn ddraen i bawb
Gwelai'r hen gnaf yn ei glaerwyn gneifiau
Glydwch y gŵr goludog.

Yn y tri chaniad a ddyfynnodd Alan Llwyd, cafwyd y gair 'hen' deirgwaith, gair a ddefnyddid yn aml, mewn barddoniaeth Gymraeg trwy'r oesau ac un sy'n cyniwair yr emosiynau. Diddorol nodi na chyfeiriodd at yr ail gerdd ac un a ddaeth yn agos iawn at y gerdd arobryn, sef cerdd am Édith Piaf o dan y ffugenw Dans la Peau. Yn hytrach, â ymlaen i ganmol cerdd Mathonwy Hughes:

Nid oes amheuaeth na chafodd Mathonwy Hughes gam mawr yn Eisteddfod 1967. Ffafriwyd y mentyll brithwe, amryliw, ond tenau, ar draul y wlanen Gymreig seml a phlaen ond gwydn; ffafriwyd pellter ar draul agosrwydd, a'r estron ar draul y brodorol, a bu hynny, ym 1967 o leiaf yn golled aruthrol.

Mae ieithwedd y feirniadaeth ynddi'i hun yn ymylu ar fod yn rhywiaethol, er na chredaf am funud i'r awdur fwriadu hynny, ond mae'r ddelweddaeth yn un hynod. Onid merch sy'n dewis dillad lliwgar, ysgafn, ac onid dynion, yn enwedig dynion slawer dydd, fyddai'n ffafrio crys o wlanen Gymreig – seml, wydn yn hytrach na rhyw ddefnydd llipa. O ran 'pellter ac agosrwydd', aeth Eluned â ni i fannau oedd y tu hwnt i'n dirnadaeth y pryd hwnnw. Pe bai'r un gerdd wedi cystadlu yn 2015, diau y byddem yn fwy llygad effro o ran ein dealltwriaeth o grefyddau amrywiol ein byd. Ond cyfeirir at agosrwydd arall hefyd, sef y 'brodorol' ar draul yr 'estron'. Estrones oedd Eluned Phillips i'r byd barddol Cymraeg tra oedd Mathonwy Hughes yn ffigwr adnabyddus fel bardd ac fel newyddiadurwr i'r wasg lenyddol Gymraeg. Roedd Eluned, os oedd rhai'n ei hadnabod o gwbl, yn cael ei gweld fel bardd ar ei phrifiant ac yn *persona non grata* i rai yn sgil ei chyfeillgarwch â bardd yr ymylon, Dewi Emrys. Am Mathonwy Hughes, roedd hwnnw'n fawr ei barch yn y cylch llenyddol, ac felly'n cael ei weld fel un o hoelion wyth y gymdeithas Gymraeg.

Colled aruthrol? Roedd Mathonwy Hughes eisoes yn Brifardd pan enillodd y Gadair yn Eisteddfod Genedlaethol Aberdâr yn 1956 ar y testun 'Gwraig'. Ond am y golled, mi gredaf i'r bardd o Genarth ddioddef cryn dipyn mwy o 'golled aruthrol' wrth iddi gael ei hesgymuno o'r math o gymdeithas farddol y crefai amdani. Yn fwy na hynny, collodd ei henw da, a'i difenwi fel 'ffugiwr'. Dyna i mi beth yw 'colled aruthrol', yn enwedig o wybod yn awr mor ddilys ydoedd fel bardd ac iddi dreulio'i hoes yn analluog i ymladd yn erbyn y camwri hwnnw. Ac er cymaint oedd grym llif y farn yn erbyn Eluned, nododd Mathonwy Hughes, un o'r cyd-gystadleuwyr, yn rhifyn 24 Awst 1967 o'r *Faner*: 'Mwynheuais yn fawr y bryddest fuddugol a chytunaf â beirniadaethau'r tri arnom. Pe bawn yn un o'r beirniaid fy hun, fe fyddai fy nyfarniad innau'n gymwys yr un peth.'

❧

Wedi iddi ennill yn Eisteddfod Genedlaethol Môn yn 1983, bu'r adolygiadau i'r gerdd yn reit ffafriol ond tynnodd Dylan Iorwerth sylw yn y *Faner*, 19 Awst 1983, at y ffaith nad oedd hi wedi llwyddo i egluro'r ffordd yr aethai ati i greu'r bryddest, ac meddai:

> Am ryw reswm neu'i gilydd, doedd Eluned Phillips ddim yn medru rhoi argraff byw inni o be oedd y cynyrfiadau y tu cefn i'r bryddest na sut yr aeth ati efo'r brics a'r morter. Agor ffenestri a gawsom ni ar y ddau frawd o Sir Fflint hefyd heb gael ein gwahodd i'r tŷ. Tudor Wilson yn sôn yn fwy am eistedd ar lin ei dad yn clywed nofelau Daniel Owen, ac Einion Evans yn medru o leiaf grafu wyneb y gofid a aeth i'r awdl a'r cywydd coffa i'w ferch Ennis.

A dyna dynnu sylw at gyfnod pan oedd disgwyl i fardd ei fynegi ei hun ar goedd gan arllwys ei dechneg fel pe bai mor dryloyw â dŵr o ffynnon. Peth anodd yw ceisio egluro sut yr â bardd ati i greu cerdd. Dywedodd Denise Levertov unwaith ei bod yn aml yn dweud wrth bobl na allai egluro sut oedd cerdd wedi'i chreu ond mai'r unig beth y medrai ei wneud oedd sgwrsio o gwmpas y gerdd honno. Roedd y gerdd fel sgôr gerddorol ac yn y sain a'r gerddoriaeth y deuai'r gerdd yn fyw.

Awgrymodd Vaughan Hughes yntau yn yr un rhifyn o'r *Faner*, o dan y teitl 'Siom y Bryddest', fod yr arddull yn tynnu sylw ati ei hun er iddo hefyd ei chanmol. Ond ymatebion lled glaear a gafwyd i 'Clymau'. A chofiaf innau wrando ar y diweddar Athro Hywel Teifi Edwards yn holi Eluned yn y Babell Lên ac yn taflu cwestiwn cellweirus ati i'r perwyl a fu yna 'ddoctora' ar y bryddest? Cofiaf y gair hwnnw am na wyddwn bryd hynny, mewn diniweidrwydd, beth oedd ystyr y fath sylw. Hwyrach y gwyddai Eluned, ac iddi gau fel wystrys ymysg y gwymon.

Yn ei dull ei hun eto, mewn ysgrifau heb eu cyhoeddi dywed hyn:

Pentwr o resymau yn hytrach nag un arbennig oedd y rheswm dros i mi ddewis yr hen fesurau caeth yn ddigynghanedd yn y bryddest 'Clymau'. Roeddwn wedi syrffedu yn ddiweddar ar gymaint o'r mesurau rhydd yn cael eu cynganeddu; rhyw deimlo y carwn daro 'nôl. Y rheswm pennaf yn sicr, oedd fy mod wedi ymgolli'n llwyr yn hanes y Celtiaid a chan mai yn ddigynghanedd oedd llawer o'r canu cynnar, teimlais wefr o fentro ar symlrwydd yr hen fesurau.

'Cofio hefyd', meddai wedyn, 'adeg y cyhoeddi yn Llangefni i Vaughan Hughes, wrth weld y rhestr testunau, felltithio'r "mydr ac odl" a phrofiwydo mai toreth o "Nant y Mynydd" fyddai canlyniad y cywasgu ar y beirdd. Cenfigennu braidd fod gan yr awdl ganllawiau pedwar mesur ar hugain Dafydd Nanmor.'

Aeth Eluned ymlaen i esbonio'i dewis o ffurfiau fel hyn:

Arbrofi, a chael fod yna fwynhad a boddhad yn y patrwm di-gynghanedd, a sylweddoli ar unwaith mai dyma'r dull gorau i ddweud yr hyn oedd ar fy meddwl yn gynnil, yn grafog. Dod i'r casgliad fod gen i hawl i ddigynganeddu'r mesurau caeth os oedd hawl i gynganeddu'r mesurau rhydd yn dderbyniol.

Gwybod mai prawf Dewi Emrys ar farddoniaeth dda oedd ei fod yn ganadwy. Rwyf eisoes wedi clywed 'Clymau', wedi ei chanu yn gelfydd gyda'r tannau. Clywais hi hefyd yn cael ei darllen gan feistr profiadol, a'r ddau ddull yn gwbl dderbyniol gan y gwrandawyr yng nghwrdd y 'Dathlu'. Roeddwn ymhell o fod yn disgwyl ymateb y beirniaid i'r 'bryddest–awdl' ond roedd y wefr o gyfansoddi yn drech na gofynion cystadlu. Cefais y cyfle i odli geiriau unsill a geiriau lluosill, monopoli a fu'n eiddo i feirdd canu caeth ers canrifoedd. Efallai i mi hefyd ddryllio delwau Syr John (*Cerdd Dafod*), drwy ddefnyddio enwau fel Buenos Aires,

San Carlos, Casa Rosada, neu hyd yn oed 'tiwnig a chlogyn', ond teimlais fod yr hen fesurau yn gweddu i'r dim i'r hyn oedd yn rhaid i mi ddweud.

Dengys fod gan Eluned y modd o fynegi pethau ar ddalen yn well efallai nag a lwyddodd i wneud ar lafar yn y Babell Lên. Rhaid cofio, er ei bod yn allblyg pan oedd yn ifanc ac iddi lunio sgetshys a chanu i'r milwyr a ddeuai yn ôl o'r fyddin, mai person preifat a swil ydoedd fel arall pan nad oedd yn cuddio'r tu ôl i bersona arall. Gellid gweld y Babell Lên bryd hynny fel rhyw fath o ffau'r llewod, a diau ei bod yn ymwybodol y byddai'r arbrofi a wnaeth yn atgas gan rai. Nid hynny yn unig, ond roedd yn hunanymwybodol wrth wynebu cynulleidfa amheus ohoni, oherwydd y cyhuddiadau llechwraidd a daflwyd ati yn 1967. Yn sgil hynny, onid hawdd deall pam na fyddai am fentro agor y llifddorau gyda sylwadau fel yr uchod?

Â ymlaen i ddweud dau beth arall ac mae'r pwyntiau fel pe baent wedi'u llunio ar gyfer sgwrs mewn cymdeithas ddiwylliannol neu gymdeithas lenyddol gyfeillgar ac nid ar gyfer y sefydliad barddol, eisteddfodol o reidrwydd. Cawsai hyder wrth gystadlu ond teimlai'n annigonol wrth feddwl am lunio cyfrol. Dywed hyn: 'Diffyg hunanhyder, mae'n debyg, yw na chyhoeddais erioed gyfrol o farddoniaeth. Efallai, hefyd mai dyna pam rwy'n dal i wegian yn ôl a blaen yn lle gorffen un o'r tair nofel sydd ar y gweill ers tro byd. Rwy'n reit hapus ar symud o un nofel i'r llall; dyna i mi yw mynd ar wyliau.' Wrth lunio nodiadau am ei symbyliad i ysgrifennu 'Clymau', dywed:

Rwyf eisoes wedi esbonio mai sgwrs Eisteddfodol a ysgogodd yr ymchwil i hanes y Celtiaid, ac yn y diwedd a'm gorfododd i sgrifennu am y Falklands. Roedd rhyfel y Falklands, a'r cysylltiad rhyngom ni a Phatagonia wedi poeni cryn dipyn arnaf. Y bwriad ar y dechrau oedd trafod y problemau mewn drama. Yna, teimlo yn sydyn un noson fod y rhwystrau fu ar fy nghyndeidiau – nes eu gorfodi i ymfudo i'r Amerig – wedi aros yn llethol yn fy meddwl, a chael mod i'n methu dianc rhag y clymau rhwng Patagonia a Chymru. Roedd colli cyfeillgarwch ein cyn-Geltiaid yn clwyfo'n ddwfn a theimlwn reidrwydd yr un pryd i ddangos i'r byd y fath wastraff ac oferedd yw pob rhyfel. Unwaith daeth y fflach o uno cyfnodau'r Mimosa a'r Falklands, roedd y syniadau yn ymbil am gael eu clymu mewn cerdd. Mynnai'r clymau ymddangos, ac ni theimlais ymdrech o gwbl i ganu'n destunol. Os oes rhagoriaeth yn y bryddest, hwyrach mai dyma ei chryfder.

Mewn erthygl yn *Carmarthenshire Life* ym mis Rhagfyr 2005 esbonia Eluned yn glir, yn Saesneg, y genesis tu ôl i'r gerdd 'Clymau':

I had been listening to a great friend of mine, Owen a surgeon from Bangor, talking about the Celts at the Swansea Eisteddfod. I listened for about three hours – I'm a great Celt, always have been.

Anyway, another friend of mine, Dr John Owen from Porthcawl, got frustrated because I wasn't paying attention to him. We started talking about the Falklands War. This was '82. When we'd finished talking about it John told me: 'Go home and write a play about it'. And that was that.

When the subject for the poem for Llangefni crown came out it was 'Clymau'. At first I thought to myself, 'I'll write about the Celts – the bonds of the Celts'.

I got about twenty books on the Celts, read them all, and now I was prepared to write a poem about the bonds of the Celts. When I sat down I had about twenty poems to think of –not one. So I gave up.

Then in bed one night I suddenly remembered my talk with John Owen about the Falklands and it became quite clear to me I wanted to write about the bond between our young boys and the Patagonians. We were going to fight our own kith and kin.

I was very worried over that war. One of the casualties was from my next village Llechryd, and he was the grandson of the man who looked after me all my life to keep me out of mischief, the man who once saved me from choking when I stuck my head in a cask of tar. The boy killed on the Sir Galahad was his grandson. I was very affected by it because it made me remember the old boy. So I decided to write about the links between Wales and the Patagonians. That was it. That was the crown poem.

Ni allaf gofio a wnaeth Eluned adrodd y stori honno yn ei chyfanrwydd i ni yn y Babell Lên y prynhawn hwnnw ym Môn. Mae gen i deimlad na chafodd y cyfle neu iddi fod yn gyndyn i arllwys stori mor bersonol-ddwys o flaen cynulleidfa luosog, ac amheuwyr er 1967 yn eu plith, efallai. Dyna ddychwelyd eto at y ffaith ei bod yn pwyso a mesur ei geiriau. Ai swildod? Ai rhy ofnus ydoedd?

Yn un o'i llyfrau nodiadau, ceir sylwadau mewn modd cryno a chlir:

Gofynnwch oes yna wahaniaeth rhwng Eluned Phillips '67 a '83. Mae'n debyg fod yna. Roedd fy mywyd yn fwy crwydrol yn '67; erbyn hyn oherwydd rhesymau teuluol yn bennaf, rwy'n fwy parod i fyw bywyd bob-dydd gartref. Roedd y dieithr yn arfer apelio yn fwy na'r filltir sgwâr, ac erbyn hyn, wedi i mi dyfu allan o'r cyfnod 'pwdu', rwy'n barod i dderbyn mai dyna oedd y prif reswm fy mod yn cael fy nghyhuddo o ganu'n 'dywyll'. Doeddwn i ddim wedi fy achub yn llwyr hyd eleni; neilltuo i Florence a'r Eidal yn 'Wynebau' ac i Saudi Arabia yn 'Rhod' … sawru'r geiriau yn hytrach na'r sylwedd. Dydw i ddim yn siŵr eto a fedra i ddewis rhwng pryddestau'r Bala a Llangefni. Rwy'n hapus fod 'Clymau' mor eithriadol dderbyniol gan y 'werin', ond y mae 'Corlannau' yn dal yn agos iawn at fy nghalon. Ni lwyddais efallai i wneud fy neges yn glir yn honno, ond roedd neges ynddi: y gwahaniaeth oedd i mi ei gosod mewn ffrâm estron. Roedd darllen beirniadaeth hollol deg y Dr John Gwilym Jones ar 'Corlannau' yn sicr wedi fy arwain i ymgeisio am well crefft y tro hwn. Byddaf yn trysori beirniadaeth y tri beirniad eleni, ac yn sicr pan ddaw'r hwyl i sgrifennu cerddi newydd bydd gwell graen ar y canu oherwydd eu tafoli teg a synhwyrol. Er na chaf gynnig am y Goron eto – disgybl wyf, dysgaf o hyd – na nid oes ynddi gynghanedd, rwy'n dal at y patrwm!

Mae ei chyffes ffydd fel bardd yn un gwylaidd, onid yw? Gwêl ei hun o hyd fel disgybl. Hoffwn pe bai hi wedi rhannu'r gyffes honno â'r genedl. Codi cwestiwn arall a wna Tecwyn Lloyd, golygydd *Taliesin*, yng nghyfrol 47, Rhagfyr 1983, pan ddywed yn ei ddarn golygyddol:

> Bu penderfyniad pwyllgor llên Eisteddfod Llangefni eleni i fynnu cael pryddest ddigynghanedd mewn mydr ac odl yn llwyddiant a, gobeithio yn esiampl i'w ddilyn. Fel y soniais mewn lle arall, cawsom lawer gormod o ddeunydd penrhydd, digynllun a gwantan ei gystrawen yn arddodi'r teitl o Brifardd i hwn a'r llall na welir, ond odid nemor ddim ganddynt wedyn.
>
> Ond o'r mân ddirgelion hynny sy'n cosi chwilfrydedd dyn yw paham nad yw Barddones mor gelfydd, gorffenedig ac amlochrog ei harddull ag Eluned Phillips wedi cyhoeddi

casgliad o'i gweithiau barddonol bellach; nac, o ran hynny, cyhoeddi hyd y gwyddom unrhyw ddarn barddonol o'i gwaith yn y cylchgrawn hwn nac unrhyw gyfnodolyn Cymraeg arall. Rhwng 1967, pan enillodd Goron y Bala ac eleni, llithrodd un mlynedd ar bymtheg heibio o dan bont Cenarth. Ond rhaid bod Miss Phillips wedi parhau i gyfansoddi yn ystod y cyfnod hwn, onid e ni allai arddangos y fath feistrolaeth fydryddol â'r hyn a welir yn ei phryddest eleni. Canys mae cerdd dafod fel cerdd dant a phob cerddwriaeth arall yn gofyn ymarfer cyson a dygn i gyrraedd ardderchowgrwydd, ac yn sicr, gwaith meistr yw mynegiant 'Clymau', serch nad yw'r stori yn y bryddest yn un annisgwyl. Deallwn hefyd fod y farddones yn sgrifennu peth wmbredd o storïau byrion a nofelau i gylchgronau a chyhoeddwyr Saesneg ac Americanaidd. Buasai'n dda cael llyfryddiaeth manwl o'r gweithiau hyn canys mae'n siŵr y byddai ei hefrydu yn gymorth nid bychan i rai o'n nofelwyr a'n storïwyr ifanc ni sydd yn aml yn cwyno a hewian am nad oes ganddynt Ganllawiau Llenyddol a Phatrymau Iachus digonol ac ati. Dyma felly gyfle gwych i gynnig cymwynas i'r Anghyfarwydd yn nheyrnas ein llên.

Anodd yw pwyso a mesur y geiriau o her neu gerydd ond mae'r chwyddwydr yn sicr wedi ei osod i syllu'n agosach ar y bardd o Genarth. Gellid dweud i brifeirdd eraill er 1983 ennill y Goron yn y Genedlaethol heb gyhoeddi fawr ddim. Yr hyn sy'n amlwg o'r sylwadau uchod yw iddynt gael eu hanelu'n syth at dalcen Eluned. Geiriau anogol er hynny, a rhaid eu bod wedi sbarduno Eluned i anfon cerdd hir 'Y Rhod' yn syth ato ddechrau'r flwyddyn a'i chael yn ôl ganddo gyda'r sylw ei bod yn gerdd ry hir i'w chyhoeddi yn *Taliesin*. A dyma Eluned yn anfon ato yr eilwaith ym mis Mawrth 1984, gyda'r sylwadau canlynol:

Glyn-y-mêl
Cenarth

Annwyl Olygydd,

Diolch am gael dilyniant o gerddi 'Y Rhod' yn ôl. Roeddwn
yn amau a fedrech wneud defnydd ohonynt yn *Taliesin*, ond
roedd gohebydd S4C mor daer am i mi anfon pryddest i chwi.
Rhaid i mi gyfaddef fy mod yn methu â deall y cysylltiad rhwng
S4C a *Taliesin*, ac nid wyf yn hapus iawn ynglŷn â hynny. Roedd
yn siom i mi fod gohebwyr Newyddion y BBC wedi gwyrdroi'r
gwir nes fy nghamarwain ynghylch llythyr Syr Thomas Parry
yn *Y Cymro*, ac mae'r mater yn nwylo'm cyfreithwyr. Rwy'n
fodlon derbyn beirniadaeth deg ond nid enllib.

Roeddwn wedi darllen eich erthygl yn rhifyn Nadolig o
Taliesin. Bûm yn meddwl danfon gair atoch ar y pryd, ond
rwy'n esgeulus iawn am ateb hyd yn oed y cam-ddyfynnu
parhaus sydd arnaf.

Ond rwyf yn derbyn eich pwynt nad oes fawr o'm
gwaith wedi ymddangos ac y dylswn efallai fod wedi
gwneud rhywbeth ynghylch y mater. Ddaeth hynny erioed
i'm meddwl, ac fel rwyf eisoes wedi esbonio, nid wyf wedi
cyhoeddi unpeth heb gael cais pendant i wneud hynny.

Rhywbeth personol iawn yw barddoni i mi. Fy unig reswm
am gystadlu oedd i gael beirniadaeth, a thrwy hynny geisio
gwella fy ngwaith. Doeddwn i erioed wedi meddwl ennill yn
Llangefni, nac yn sicr yn rhagweld y feirniadaeth ysgubol.
Roeddwn i'n weddol siŵr mai ei thaflu allan fyddai tynged y
bryddest am i mi feiddio damshgel ar gyrn y cynganeddwyr,
ac nid wyf yn sicr nad oes yna garfan am fy ngwaed o hyd.

Fe gymrodd bymtheg mlynedd nes imi deimlo'n ddigon
hyderus i gystadlu ar ôl beirniadaeth y Bala, ac yn ystod y
pymtheg mlynedd bûm yn canolbwyntio ar ystwytho'r

iaith a digymhlethu fy syniadau. Mi weithiais yn galed ar 'Clymau', i'w naddu i'w siâp terfynol. Bûm yn lwcus yn fy thema, ac, efallai, yn fwy na dim yn y mesurau a ddewisais, yr Awdl ddigynghanedd. Dysgais un peth syfrdanol, sef bod canu yn y dull yma yn fy helpu i sgrifennu yn fwy cywir, yn fwy cynnil ac yn fwy syml. Rwy'n teimlo, bellach, mai dyma'r patrwm sy'n gweddu i mi. Teimlais y tro hwn imi gael ryw fath o ysbrydoliaeth. Wn i a ydych chwi, fel beirniad llenyddol profiadol, yn credu fod yna'r fath beth? Doeddwn i ddim cyn hyn, ac rwyf wedi bod wrthi'n cyfansoddi rhyw fath o farddoniaeth ers y darn cyntaf a gyhoeddwyd o'm gwaith pan oeddwn yn saith oed. Cefais fy amau y pryd hynny, hefyd, ond gorfodwyd i mi gan Mam, i sgrifennu o dan drwyn yr amheuwr. Rhagfarn yn erbyn merched yn barddoni? Wn i ddim.

Mae gennyf ddarlith 'Ambell i ôl troed mewn concrit'. Pe baech wedi cael cyfle i wrando arnaf, hwyrach y byddai hynny wedi bod o help i chwi ddeall ychydig mwy amdanaf.

Mae yma delynegion, sonedau, tua dwsin o bryddestau, heb sôn am ddrama fydryddol a gafodd feirniadaeth eithaf da gan yr arch-feirniad Syr Thomas Parry, yn y tŷ yma yn rhywle … ni fu gennyf erioed sustem ac mae'n rhy hwyr i ddiwygio bellach. Dyma un neu ddwy gerdd unigol, felly, a gyfansoddais yr wythnos hon. Rhaid cyfaddef mai cerddi hir sy'n apelio ataf, hwyrach am fy mod wedi treulio blynyddoedd yn llunio sgriptiau dramatig i'r BBC ac ati.

Os caf amser a llonyddwch i gasglu a chyfansoddi ychydig, efallai y dof â chyfrol allan o'r diwedd.

Eluned

Ymddengys iddi gadw copi o'r llythyr hwn wedi'i deipio a'i gywiro cyn iddi ei anfon ato. Gellid synhwyro'r siom wrth iddi arllwys ei theimladau at y golygydd: 'y peth personol' yna. Pa brifardd arall fyddai'n diosg ei wendidau ger ei fron yn ogystal â thaflu'r awgrym iddi gael ei hamau pan oedd yn saith oed o beidio â bod yn awdur ei gwaith? A dyma un o'r ychydig droeon i Eluned gydnabod neu roi'r awgrym efallai fod yna ragfarn yn ei herbyn am ei bod yn ferch. Pam na wnaeth D. Tecwyn Lloyd fynnu'r 'sgŵp' o ofyn am gyhoeddi ei darlith? Oni fyddai hynny wedi cyfrannu at ei dilysrwydd? Ai dyna a obeithiai a ddigwyddai wrth gyfeirio at y ffaith honno?

Anodd yw gwybod a oedd suon wedi cyrraedd clust Tecwyn Lloyd pan ddywedodd yn ei olygyddol, 'o'r mân ddirgelion hynny sy'n cosi chwilfrydedd dyn'. Bid a fo am hynny, cafodd Eluned lythyr cynnes a boneddigaidd yn ôl oddi wrtho gan gydnabod derbyn cerddi byrion yn lle'r gerdd hir 'Y Rhod':

Maes yr Onnen
Maerdy
Corwen
Clwyd

Mehefin 5 1984

Annwyl Eluned Phillips,

Diolch yn fawr am eich tair cerdd. Dyma'r deunydd a groesawaf i *Taliesin* – nid darnau maith. Byddaf yn eu defnyddio, un yn y rhifyn nesaf. O'r rhifyn hwnnw ymlaen bydd 1 yn dod allan yn chwarterol ac felly, bydd un yn ymddangos yn yr hydref ac fe gadwaf un arall o'ch cerddi i hwnnw.

Mwynheais eich trafodaeth yn eich llythyr. Mae gan T. S. Eliot frawddeg yn rhywle sy'n dweud mai penllanw ymchwil ysbrydol i fardd (fel i grefftwr) yw'r 'complete simplicity that costs not less than everything'. Mae'n ddiffiniad da greda i.

Yn wir, mae'n rhaid ichwi gyhoeddi cyfrol o farddoniaeth.

Cofion diffuant a diolch,

D. Tecwyn Lloyd

Dyna lythyr gwresog ac anogol felly ac un o'r ychydig rai yn ei chasgliad o ohebiaeth. Yn ddiddorol iawn, ymddangosodd *Cerddi Glyn-y-mêl* flwyddyn yn ddiweddarach yn 1985, o Wasg Gomer. Ni ellir ond credu i lythyr Tecwyn Lloyd, a'i gymhelliad caredig iddi gyhoeddi ei gwaith, ddylanwadu'n fawr arni. Tybed a oedd e'n cydymdeimlo â'r adlach a gafodd gan rai o'r sefydliad Eisteddfodol mor bell yn ôl ag 1967? Neu a wyddai yn Rhagfyr 1983 fod storm arall yn cyniwair ym mrig y morwydd ac y byddai llythyr yn ymddangos yn *Y Cymro* ym mis Mawrth 1984, gan neb llai na Syr Thomas Parry. Gosodwyd ei lythyr ar ochr chwith y dudalen flaen yn y papur hwnnw. Roedd y teitl mewn llythrennau breision:

APÊL AM DDILYSRWYDD (20 Mawrth 1984)

Y mae'n amser gyrru'r cyfansoddiadau i mewn ar gyfer yr Eisteddfod Genedlaethol, ac 'rwy'n siŵr fy mod yn mynegi teimlad cannoedd o'm cydwladwyr wrth ddweud fy mod yn gobeithio na fydd neb yn anfon cyfansoddiad i mewn yn enw person arall, a'r person hwnnw'n cael y wobr a'r amlygrwydd heb eu haeddu, fel y digwyddodd yn Llangefni y llynedd, ac o leiaf unwaith cyn hynny.

Bangor, Thomas Parry.

Teimlad cannoedd? Pwy oedd y cannoedd hynny, tybed? Ac o leiaf unwaith cyn hynny? Dyma'r ensyniadau a'i dilynodd er 1967 yn codi eu pennau unwaith yn rhagor, a'r tro hwn gan un o archoffeiriaid y byd eisteddfodol Cymraeg. Beth a gymhellodd Syr Thomas Parry i godi'r mater o gwbl, o gofio'i hanes yntau yn helynt Eisteddfod Genedlaethol Aberafan yn 1932, wrth iddo gystadlu ar yr awdl, er y gwyddai mai ei gefnder oedd un o'r beirniaid. 'Y neb a heuo ddrain, na cherdd yn droednoeth!'

Er bod Eluned wedi anwybyddu'r sibrydion amdani am ddegawd a mwy, dangosodd y tro hwn ei bod hefyd yn wydn, yn barod i sefyll ei thir a mynegi'n ei dilysrwydd yn groyw. Dyma lythyr yn ymddangos yr wythnos ganlynol ar 27 Mawrth 1984 – ni chafodd amlygrwydd y dudalen flaen ond ar dudalen chwech y tro hwn:

Fel un sydd yn edmygydd mawr o Syr Thomas Parry, mae'n amlwg fod rhywun neu rhywrai wedi ei gamarwain gyda sibrydion enllibus. Yr hyn sy'n peri gofid i mi yw'r ffaith fod *Y Cymro* (unig bapur wythnosol Cymraeg y genedl) wedi cyhoeddi llythyr seiliedig ar ensyniadau.

Yn ôl gohebwyr y BBC (ac eto pwysleisiant hwythau mai sibrydion yn unig oedd ganddynt i weithio arnynt), yr awgrym yw mai cynllwyn ar y cyd yw'r bryddest 'Clymau' fel jôc yn erbyn y sefydliad.

Teimlaf fod hyn, nid yn unig yn diraddio pryddest a gafodd feirniadaeth uchel ac a ysgrifennwyd gennyf heb anelu at fod yn boliticaidd, nac yn wrth-sefydliad, ond o fy nheimladau dyfnion ynglŷn â'r hyn oedd wedi digwydd yn fy nheulu i, i deulu cymydog i mi, ac i'm cyd-Gymry ym Mhatagonia ond hefyd yn diraddio ensynwyr gan eu bod (os ydynt wedi darllen y bryddest) yn ddideimlad, yn analluog i werthfawrogi barddoniaeth neu yn fwriadol faleisus.

Yn anffodus, mae sibrydion yn ymledu, yn aflan ac yn afiach. A yw'n ormod i ddisgwyl i Gymru gael gwared o'i phla chwain cyn i'r afiechyd ladd cenedl y bûm, hyd yn hyn, yn falch o fod yn perthyn iddi?

Glyn-y-mêl,

Eluned Phillips

Nid Eluned Phillips yn unig a ymatebodd i'r llythyr hwnnw o eiddo Syr Thomas Parry. Fel y gellid disgwyl, anfonodd y Prifardd Einion Evans hefyd lythyr yn ymateb o dan y teitl 'Y Gwir yn erbyn', a thybiwn iddo yntau ffromi o gofio i'w awdl arobryn y flwyddyn honno fod yn gerdd dyner-ddwys am golli Ennis Evans, ei unig ferch hynod ddawnus a llenor disglair. Mynnodd Einion fod Syr Thomas Parry wedi pardduo holl enillwyr yr Eisteddfod â'i lythyr annisgwyl, arwydd efallai nad oedd cynifer â 'channoedd' y tu ôl i'w lythyr fel yr honnodd. Yn ogystal, anfonodd ei frawd, T. Wilson Evans – enillydd y Fedal Ryddiaith y flwyddyn honno – lythyr hefyd yn herio Thomas Parry i enwi'r union rai a'i cefnogai a rhoddwyd y teitl 'Nid cachgi ydyw Thomas Parry' ar ei gyfraniad ef.

Parhaodd y llythyru er hynny, gydag Eluned Phillips yn anfon llythyr ymhellach i'r *Cymro* ar 3 Ebrill 1984, gan ddefnyddio dychan y tro hwn:

Sbwng heb Sbeis

Anfarwoldeb o'r diwedd!

Wedi cyrraedd 'Crafu'r Gwaelod'. Byddaf yn mwynhau jôcs, hyd yn oed, erbyn hyn, jôc fawr Llangefni. Trueni, er hynny i Radio Cymru ddifetha rhaglen odidog drwy anghofio cynnwys yr elfen bwysicaf yn eu sbwng, sef mai gohebwyr y BBC oedd yn gyfrifol am ddweud mai ar sail sibrydion y cyhoeddodd Syr Thomas Parry ei lythyr yn *Y Cymro*.

Gan fod *Y Cymro* yn hwyr yn cyrraedd yr ardal hon, ac na fu cyfle i ddarllen y llythyr, nac i glywed ei gynnwys yn cael ei ddarllen, gan fod Adran Newyddion S4C yn rhy dlawd mae'n debyg i gyflogi rhywun i ateb ffôn y gohebydd a fu yma ar amser cinio, rhaid oedd gwrando'n ddiymadferth ar yr hyn a awgrymwyd.

Ai prinder rhaglenni sy'n peri mynd i'r fath eithafion? Ond gan fod y mater yn nwylo cyfreithwyr, taw piau hi.

Ond dydi sbwng heb sbeis at ddant neb.

Cenarth,

Eluned Phillips

Pwy na fyddai wedi ymateb yn y fath fodd i'r cyhuddiad nad ei gwaith hi oedd y gerdd ryfeddol honno 'Clymau', ac mae'r ensyniad gwreiddiol gan Syr Thomas Parry yn taflu cwmwl ac amheuaeth ar y gerdd a enillodd hefyd yn 1967, sef 'Corlannau'. Yr hyn sy'n brifo rhywun o ddarllen ei llythyr yw'r geiriau: 'rhaid oedd gwrando'n ddiymadferth ar yr hyn a awgrymwyd'. Byddai unrhyw brifardd arall a gondemniwyd fel hyn wedi cael cysur gan gyd-feirdd, gan gyfoedion o fewn y cylch barddol. Byddai geiriau llym yn amddiffyn y prifardd wedi'u llunio a'u tafodi ar goedd gan lu o gefnogwyr. Gellid dadlau na fyddai'r fath lythyr wedi ymddangos o gwbl. Ond yn lle hynny, rhaid oedd i Eluned ei hun ymateb, a hynny yn erbyn gwŷr dysgedig, dylanwadol a ddaliai swyddi o statws a phwys. Pwy oedd yr Eluned hon wedi'r cyfan? Aeth yr enigma hon yn destun drwgdybiaeth. Iddynt hwy, roedd y peth yn destun digrifwch gwên a gwawd, ac oherwydd hynny yn tanseilio holl natur a hanes yr Eisteddfod Genedlaethol Frenhinol.

'Ond gan fod y mater yn nwylo cyfreithwyr, taw piau hi.' Dyna oedd sylw olaf Eluned ac mae meddwl iddi orfod cael cyngor cyfreithiol gan ddieithriaid er mwyn delio â'r mater yn pwysleisio'r clwyf a gafodd. Dengys hefyd mor rhywiaethol oedd pethau o hyd yng Nghymru Gymraeg yr wythdegau cynnar: a meddwl y medrid gwneud y fath ymosodiadau ar waith merch o ganlyniad i 'sibrydion enllibus'. Tybed a fyddai Syr Thomas Parry wedi bod mor barod i herio gwryw y tybid fyddai wedi cael 'help llaw' gan ei gymrodyr? Onid yw'n digwydd bellach mewn ysgolion barddol neu mewn adrannau ysgrifennu creadigol mewn colegau? Onid aeth adborth drwy 'borth' arall? Ond i Eluned, derbyn beirniadaeth eisteddfodol wrthrychol ar ei gwaith o dan ffugenw oedd yr unig fentor a gafodd.

A fyddai codi sgwarnog o'r math hwn yn gallu digwydd heddiw? Hoffwn gredu na allai, ond ym mlwyddyn canmlwyddiant ei geni yn 2014, cododd y mater i'r wyneb unwaith eto. Mewn cofiant i Thomas Parry, *Y Brenhinbren*, adroddwyd yr helynt gan y cofiannydd Derec Llwyd Morgan a ddywedodd i Thomas Parry godi 'nyth cacwn' yn sgil ei lythyr yn *Y Cymro*. Adroddodd fel y bu gwrthwynebiad i'w lythyr yno o du'r Prifardd Einion Evans am ei awdl fuddugol, 'Yr Ynys', ac yn yr un modd soniodd fel y ceisiodd T. Wilson Evans yntau fynnu nad oedd 'Y Pabi Coch' yn euog, gan 'sicrhau'r werin nad oedd a wnelo'i gyfrol ef ag unrhyw gyhuddiad o lên ladrad'. A dyma a ddywed Derec Llwyd Morgan am Eluned:

> Am y trydydd, Eluned Phillips, enillydd y Goron, yn union ar ôl cyhoeddi'r rhifyn o *Y Cymro* lle printiwyd llythyr Thomas Parry, yr oedd gohebwyr y BBC ar riniog ei drws yn ei holi yn ei gylch er mai 'sibrydion yn unig oedd ganddynt i weithio arnynt'. Er nad enwyd neb yn y llythyr gwreiddiol, hi oedd dan amheuaeth, gan bawb. Yn wir, bu amheuaeth ynghylch awduraeth ei phryddestau er pan enillodd y Goron Genedlaethol yn y Bala yn 1967. Amheuid y wlad [*sic*] mai prifardd arall a'u lluniai drosti neu a'u cabolai drosti.

Yn ei hepistol poen at Olygydd *Y Cymro*, y 27ain o Fawrth, dywedodd Eluned Phillips (yn gywir ddigon) mai 'llythyr seiliedig ar ensyniadau' oedd llythyr gwreiddiol Thomas Parry, ensyniadau a oedd yn 'diraddio pryddest a gafodd feirniadaeth uchel' (cywir eto), ac yn diraddio'i theimladau hi fel y mynegwyd hwy yn ei cherdd. Ond llythyr gan brifardd arall a argraffwyd ar frig tudalen flaen y rhifyn hwnnw o *Y Cymro*, llythyr gan y Parchedig W. J. Gruffydd (Elerydd), a enillodd Goronau Pwllheli 1955, a Chaerdydd 1960. O'i gartref ym Mro Dawel, Tregaron, yr ysgrifennodd:

Annwyl Syr,

Oherwydd y pardduo a fu ar fy enw mewn canlyniad i lythyr Syr Thomas Parry, gwnaf y datganiad hwn: Ar wahân i'r llinellau a geir yn 'Ffenestri' ac 'Unigedd' nid wyf wedi llunio, newid, na chaboli unrhyw linell a fu yng nghystadleuaeth y Goron yn yr Eisteddfod Genedlaethol. Drosodd at Syr Thomas Parry, y gŵr a barchaf yn fawr.

Tregaron, W. J. Gruffydd (Elerydd)

Ni ellir ond casglu, yn ôl y ffordd yr adroddir yr hanes, fod y cyfan yn destun hwyl fawr ymysg rhai pobl ddeallus a roes gychwyn ar y trafod a dyma'r difyrrwch hwnnw'n parhau wrth i'r cofiannydd gyfeirio at ymateb Syr Thomas Parry i'r ymatebion:

Gyda wyneb sythach na syth yr ymatebodd cychwynnydd yr helynt. Ni wn, meddai sut y daeth Miss Phillips, Mr Einion Evans, Mr Wilson Evans ac yn arbennig y Parchedig W. J. Gruffydd i mewn i'r stori oherwydd ni chrybwyllais i enw yr un ohonynt ... a pham mae'n rhaid iddynt hwy brotestio mor groch mwy na'r 104 o bobl eraill a enillodd wobrau am gyfansoddiadau gwreiddiol yn Eisteddfod Llangefni? Dywedodd Miss Phillips fod y mater yn nwylo cyfreithwyr, ond wrth gwrs am nad oedd Thomas Parry wedi'i henwi, ni ddaeth dim ohono.

Wrth ddarllen y sylwadau uchod, ni allwn lai na theimlo dros y sawl a dynnwyd i mewn i'r ddrama er mwyn pardduo un person yn unig. Yn fwy na dim, efallai, teimlwn dros ddiffyg synwyrusrwydd wrth nodi 'wyneb sythach na syth'. Wedi'r cyfan, nid yn unig y bu iddo gythruddo Eluned ond llwyddodd Syr Thomas Parry hefyd i siomi'r Prifardd Einion Evans a luniodd, drwy waed ei galon, gerdd i goffáu ei unig ferch, y llenor Ennis Evans. Tawaf â sôn am y lleill, y 104 o enillwyr eraill, pwy bynnag oeddynt, oherwydd pwy mewn gwirionedd o'r enillwyr mewn cystadlaethau llenyddol digon di-nod fyddai'n teimlo unrhyw sen neu'r awydd i amddiffyn eu dilysrwydd eu hunain. Wedi'r cyfan, soniwyd am 'amlygrwydd' a go brin bod ennill ar y soned neu'r emyn yn rhoi 'amlygrwydd' mawr i unrhyw un. Hoffwn fod wedi hepgor y sylwadau hyn ond ni allwn, a hynny am i mi ddarllen ag anghrediniaeth droednodyn ar waelod tudalen 362 yn *Y Brenhinbren* wrth gloriannu'r stori:

> Un o feirniaid cystadleuaeth y Goron yn 1983 oedd John Gwilym Jones. Ychydig ddyddiau cyn yr Eisteddfod gofynnodd i mi – fi oedd Cadeirydd y Pwyllgor Gwaith lleol – a wyddwn pwy oedd y buddugol. Er na ddylwn fod wedi dweud wrtho, mi wnes. Ei ymateb oedd, 'Ydi hi'n rhy hwyr i mi newid fy meddwl, boi bach?'

Rhyfeddais at y geiriau yna. Yn y lle cyntaf, y beirniad John Gwilym Jones oedd – ac yw – un o arwyr ein llên ac mae'n parhau i gael ei ystyried hyd heddiw fel y mwyaf rhyngwladol ei welediad i lenyddiaethau, a'i ddylanwad yn parhau. Yn ail, yr oedd yn berson rhadlon ac addfwyn ac yn feirniad disglair. A dyna'r gath allan o'r cwd. Y peth mwyaf niweidiol yw i sylw preifat John Gwilym Jones gael ei ailadrodd, gan iselhau enw da'r beirniad ac Eluned yn y broses. Hynny, er y geiriau clodwiw a roddwyd iddi yn y Cyfansoddiadau ac o'r llwyfan ar ddiwrnod y Coroni. Dyma a ddywedodd am y profiad hwnnw: 'Rhaid cyfaddef fy mod i, fel pe o dan hudlath dewin, wedi dianc i wlad hud a lledrith ar ôl gwrando beirniadaeth feistrolgar, fendithiol, ac i mi, gwbl annisgwyl y Dr John Gwilym Jones ... un o brofiadau mawr, trysorlawn by wyd.'

Gobeithiaf y bydd y feirniadaeth honno o eiddo John Gwilym Jones yn dal ei thir er y sylw a wnaed mewn sgwrs breifat.

§

Blwyddyn canmlwyddiant ei geni oedd 2014 ac eto, ni welwyd yn dda neu ni welodd unrhyw un yn dda i ddathlu ei chanrif mewn unrhyw ddigwyddiad Gorseddol nac Eisteddfodol. Ymddangosodd i ni ar y teledu ar drothwy'r Eisteddfod Genedlaethol yn Llanelli. Fe'i gwelwyd ar y teledu yn gwisgo sbectol fawr ac yn eistedd yn destlus, er yn anghysurus mewn stiwdio deledu. Nid Eluned oedd hi wrth gwrs ond yn hytrach Eluned ym mhersonoliaeth Sharon Morgan a oedd yn actio'i rhan. Ond arhoswch. Nid rhaglen am Eluned oedd hi o gwbl ac nid sôn am ei gwaith ei hun oedd y rheswm pam roedd hi yno'n cael ei holi. Cyfrannydd gwadd oedd hi, ac wedi'i gosod yno i siarad am Dewi Emrys. Ond ystyriwch eto. Na, doedd hi ddim yn ganmlwyddiant geni'r deryn brith hwnnw nac ychwaith yn ben-blwydd arno ond gwelwyd yn dda i ddarlledu rhaglen a oedd yn bortread ohono, gan ddefnyddio Eluned fel y person a oedd yn gyfaill iddo – sefyllfa eironig ddigon.

Yn ystod ei bywyd fe'i gwelwyd fel ffugiwr gan griw dienw, beirniadol, a, wele hi yn awr wedi marw yn cael bod yn efelychiadwy ym mherson actores broffesiynol. Bron nad yw'n gomedi sefyllfa, pe na bai mor affwysol o drist. Yn gwmni iddi ar y rhaglen yr oedd bardd o fenyw ac actores arall, Judith Humphreys, yng nghymeriad Dilys Cadwaladr a fu'n cyd-fyw gyda Dewi a mam ei ferch, Dwynwen. Wrth i'r rhaglen bendilio rhwng Dilys ac Eluned, yr argraff a roddwyd oedd bod y ddwy yn gariadon iddo. Dim ond drwy ensyniad, wrth gwrs, ond roedd hi'n amlwg o'r negeseuon isganfyddol mai dyna oedd wrth wraidd y portreadau. Sut na allai'r gwyliwr cyffredin feddwl hynny wrth drawsosod Dilys yn ffoli arno'n ei chodi uwchben yr afon ac yna yntau'n gwneud yr un modd i Eluned? Portreadwyd Eluned yn dda er hynny, fel person a oedd wedi ei swyno'n lân ganddo fel bardd. Fel un a luniodd gofiant iddo roedd yn naturiol iddi fod yn rhan o'r rhaglen, a'r geiriau mwyaf dadlennol a ddywedwyd ganddi oedd y sylw, wrth ateb yr holwr – nad oedd 'shwd beth â chofiant cynhwysfawr'.

Yna, cafwyd sylwadau gan Emyr Llewelyn a honnodd nad oedd Eluned yn adnabod Dewi cystal ag yr oedd yn ei haeru neu dyna ddywedasai ei dad a rhai o feirdd y Cilie wrtho. Rhaid mai bachgen ifanc oedd Emyr Llewelyn ei hun pan fu farw Dewi Emrys yn 1952, ac felly ailadrodd a wnaeth yr hyn a glywsai. Ailadrodd hefyd yr un hen gwenc a oedd gan feirdd nodedig y byd patriarchaidd ynghylch merched: 'Beth a wyddai hi?' Onid rhyw fath o 'grŵpi' oedd hi yn llusgo y tu ôl iddo? Neu dyna'r argraff a roddwyd. Mae'r ffaith i Eluned etifeddu cynnyrch o waith llenyddol Dewi Emrys, a drosglwyddwyd i'm gofal i bellach, yn profi'n glir ei bod hi'n gyfaill triw iddo. Yn wir, mae rhai llythyrau rhyngddi a'i ferch hefyd yn dangos y cyfeillgarwch agos a fu rhyngddynt cynt a chwedy iddo farw, fel a nodwyd eisoes yn y gyfrol hon.

Mae ambell lythyr arall rhwng y ddwy yn dangos fod ganddynt berthynas iach a chyfeillgar, gyda dull unigryw Eluned o anfon gair at Dwynwen:

Annwyl Dwynwen,

Jiawch ariod – my days fly by like … sandals!

I went away into Continent and have only just touched down again in this … Thanks awfully for the detailed p.m. – it was kind and I readily accept the contents.

This is merely a note to say that I have read the news safely. I shall write to you again and enclose the manuscript as soon as I have had a breathing space. I shall certainly delete the reminders about – and the clauses. It was never about to cast a reflection of selfishness on you in any way – rethinking it …

Eluned

Dengys felly ei bod hi a Dwywen yn dipyn o gyfeillion, ac wrth drafod materion llenyddol mewn llythyr at Tecwyn Lloyd dywed y canlynol:

Rwy'n edrych ymlaen yn eiddgar at gael darllen eich sylwadau ar WJG yn y gyfres Writers of Wales. Cefais tipyn go lew o sbri wrth ddarganfod hynodrwydd arddull (?) wrth wneud ymchwil ynglŷn â helynt Dewi. Mae'r gyfres yn Saesneg yn adnabyddus a'r un yn ôl Dwynwen (merch Dewi) … sy'n adnabyddus i'r Saeson, yw Saunders Lewis.

Cofion cynnes,

Eluned

🌑

Ar wahân i ambell lythyr cynnes a chyfeillgar rhyngddi hi a Tecwyn Lloyd, prin yw'r ysbryd cyfeillgar, brawdol a estynnwyd tuag ati. Hyd yn oed yn yr wythdegau a rhai ohonom yn dechrau cyhoeddi cyfrolau o farddoniaeth, prin oedd yr ymwneud â'n gilydd fel merched o feirdd a hynny hwyrach am mai prin oeddem o ran niferoedd. Eithriadau yn unig oedd y merched a gafodd y fraint o fod yn aelodau o'r Academi Gymreig yn y cyfnod hwnnw pan oedd yn rhaid i awdur gael ei ethol, a dim ond dyrnaid ohonom a fynychai'r cyfarfodydd. Er i sefydliad Barddas fywiogi'r traddodiad barddol Cymraeg gyda'i sefydlydd diflino Alan Llwyd, gan greu llwyfan a chyffro newydd ym maes y canu caeth yn arbennig, prin oedd y cyfleoedd i rywun fel Eluned Phillips deimlo elfen o gyfeillach farddol. Yn ystod cyfnod Dewi Emrys yr oedd Fforddolion Ceredigion yn gymdeithas lle y medrai Eluned ymfalchïo ei bod yn aelod ohoni ac yn ysgrifennydd maes o law, ond daethai honno i ben, gan adael Eluned unwaith eto fel pererin mewn 'anial dir'.

Oes rhyfedd i Eluned ar ddiwedd yr wythdegau a dechrau'r nawdegau ddiflasu ar y rhagfarn yn ei herbyn? Dyna pryd y daeth achubiaeth awenyddol iddi o du cyfeillion newydd yn America ac ymhyfrydent yn ei chwmni. Deuai ei darlleniadau â llewyrch i'r cymdeithasau a'r cyngherddau y cyfrannai iddynt. Fe'i gwahoddwyd yn ddiamod i dreulio cyfnodau yn eu plith yng Nghaliffornia, lle cafodd groeso cynnes, Cymreig. Gwnaeth yrfa newydd iddi ei hun neu'n hytrach ail ymaflodd yn ei hysgrifennu ar gyfer y cyfansoddwr Michael J. Lewis. Dychwelyd mewn ffordd at y ddawn gyntaf oedd ganddi, sef ysgrifennu geiriau ar gyfer caneuon, a'r rheiny'n cael eu canu a'u clodfori gan Gôr Meibion De Cymru. Yn ei nawdegau, yr oedd yn dal i greu ac yn

dal i gyfansoddi ond ni fentrodd anfon dim oll i'r byd llenyddol
Cymraeg. Troi cefn, a phwy allai ei beio?

Bu'n driw i'r Eisteddfod Genedlaethol, ac eto, ni wahoddwyd
hi unwaith i feirniadu cystadleuaeth y Goron, cystadleuaeth a
enillodd hi ddwywaith. Meddyliais sawl tro, wrth lunio'r gyfrol
hon, sut y teimlai wrth weld merched eraill, minnau yn eu
plith, yn cael y fath anrhydedd a'n dewis yn feirniaid y cyfryw
gystadleuaeth. Sut deimlad ydoedd gweld ein cefnau tuag ati
wrth iddi eistedd ar y llwyfan yn barchus ac urddasol yn rhes
flaen yr Orsedd. Wrth i mi lunio'r bennod hon, ymddangosodd
Rhestr Testunau Eisteddfod Genedlaethol Mynwy a'r Cylch 2016,
gyda'r Eisteddfod yn ymddiried mewn tair o feirched i fod yn
feirniaid ar gystadleuaeth y Goron, ar y testun 'Llwybrau'. Tybed
na ddylai Eluned o bawb fod wedi cael ei dewis yn feirniad? Atgof
eto iddi fod o flaen ei hamser neu i ferched eraill fynnu sefyll yn
dalog ar ei hysgwyddau llydain hi.

Yn Hydref 1985 ymddangosodd ambell adolygiad yn *Barddas*,
Rhif 102, gan Wendy Lloyd Jones sy'n lleisio'r math o ymagwedd
a arddelid yn y cyfnod hwnnw. Wrth ymdrin â *Hel Dail Gwyrdd*
a olygwyd gennyf, cafwyd y sylwadau canlynol:

> Teimlaf na fyddai'n syniad da cyhoeddi llyfr arall tebyg gan
> fod merched yn awr yn cael cystal cyfleusterau â'r bechgyn
> i ysgrifennu'n greadigol mewn ysgol a choleg, fe ddylai
> merched o hyn ymlaen, gystadlu am eu lle mewn cyfrolau
> ar yr un tir â'r dynion. Mae hynny'n fwy naturiol, ac yn
> decach yn y pen draw, canys cadw safon uchel mewn iaith a
> llên yw'r peth pwysig, yn anad dim arall, ac os bydd rhywun
> am ymchwilio ryw ddydd i farddoniaeth diwedd yr ugeinfed
> ganrif, boed iddynt orfod chwilio mewn sawl blodeugerdd o
> waith dynion a merched.

Mae'r geiriau hynny'n awgrymu optimistiaeth iachus, sef bod merched yn cael yr un tegwch â dynion ym maes barddoni. Gellid bod wedi cyfeirio at gerdd gan Eluned Phillips yn y gyfrol honno a oedd yn eithriad o ran ei chynnwys o'i gymharu â'r myrdd o flodeugerddi lle ni welwyd yr un gerdd o'i gwaith.

Un enghraifft arall o'i habsenoldeb oedd y gyfrol a ymddangosodd ddwy flynedd yn ddiweddarach yn 1987, *Blodeugerdd yr Ugeinfed Ganrif*, a olygwyd gan Alan Llwyd a Gwynn ap Gwilym. Ni chynhwyswyd yr un gerdd gan Eluned yn y gyfrol honno, er iddi ennill dwy goron a chreu hanes drwy fod yr unig fardd o ferch i wneud hynny yn ystod yr ugeinfed ganrif. Os nad oedd 'Corlannau' yn gweddu am ei bod yn gerdd gyfeiriadol gymhleth, siawns nad oedd modd cynnwys 'Clymau', a hithau wedi derbyn y fath ganmoliaeth ac wedi cofnodi hanes un o'r rhyfeloedd mwyaf seithug mewn hanes?

Oni ddywedwyd hyn yn y Rhagymadrodd:

> Fe feirniadwyd beirdd Cymraeg yr ugeinfed ganrif droeon am fethu ymateb i'r amgylchiadau a oedd yn llywio'r gymdeithas yr oeddynt yn byw ynddi. Dengys y flodeugerdd hon nad gwir hynny. Fe fu i'r beirdd ganu o dan ddylanwad digwyddiadau hanesyddol mawr y ganrif – y Rhyfel Byd Cyntaf, dirwasgiad y Tri Degau, yr Ail Ryfel Byd, adfywiad cenedlaethol y Chwedegau, ac argyfwng cyffredinol gwareiddiad, ac achosodd y pethau hyn i'r mwyafrif mawr ohonynt ddychwelyd at eu gwreiddiau fel Cymry ac at ganonau'r Ffydd Gristnogol.[19]

Bid a fo am 'ganonau'r Ffydd Gristnogol', oni fyddai cerdd neu ddetholiad o'r gerdd 'Clymau' am y rhyfel lloerig hwnnw rai

---

[19] Gwynn ap Gwilym, Alan Llwyd (goln.) *Blodeugerdd o Farddoniaeth Gymraeg yr Ugeinfed Ganrif* (Cyhoeddiadau Barddas, 1987) t. xlvii.

blynyddoedd cyn cyhoeddi'r gyfrol yn gymwys ac yn gyfoes? Unwaith eto, yr unig esboniad y gellid ei roi am y ffaith na chafodd ei chynnwys yw bod y gwaith hwnnw yn destun anesmwythyd? Neu ai enw'r bardd oedd y maen tramgwydd?

A hithau wedi'i heithrio o'r gyfrol, rhyfedd iawn oedd gweld cyfoedion iddi a aned yr un flwyddyn â hi yn cael rhwydd fynediad iddi: D. Gwyn Evans, 1914; J. Arnold Jones, 1914; John Penry Jones, 1914; D. Tecwyn Lloyd, 1914; W. R. Nicholas, 1914. Nid dweud yr wyf nad oedd unrhyw un o'r rhain yn haeddu'u lle ond sut oedd modd cyfiawnhau peidio â chynnwys bardd fel Eluned, a lwyddodd i weithredu o fewn y drefn farddol? Cofiaf delmlo wawch o siom na chefais innau fy nghynnwys, â phedair cyfrol wedi'u cyhoeddi gennyf, ond sylweddolaf yn awr mor ffôl oedd hynny yn ochr absenoldeb anferth rhywun fel Eluned, a oedd wedi cyflawni llawer mwy o gamp nag a wneuthum i. Nid oeddwn yn ddigon hirben bryd hynny i weld na deall faint yn union oedd y cam a gafodd hi. Gan mai ambell englyn yn unig sydd o eiddo'i chyfoedion yn y gyfrol, hwyrach nad oedd yna ofod i gynnwys hyd yn oed ddetholiad o'i gwaith, ac eto cynhwyswyd dwy gerdd o eiddo D. Tecwyn Lloyd, ac un yn y mesur rhydd a enillodd yn Eisteddfod Maldwyn yn 1981.

Nodais eisoes y ffordd y defnyddir hiwmor weithiau, gyda'r enghraifft o 'wyneb sythach na syth', fel ffordd o ddilorni person, ac fe ddigwyddodd hynny hefyd yn angladd Eluned. Traddodwyd y deyrnged iddi gan y diweddar Brifardd Dic Jones, a ganmolodd ei gwaith a'i phersonoliaeth. Yno hefyd i'w gynorthwyo yr oedd yr Archdderwydd T. James Jones. Yn ei hunangofiant, *Jim Parc Nest*,[20] dywed Jim stori am weld yr arch yn cael ei chario i mewn ac arni

---

[20] T. James Jones, *Jim Parc Nest* (Cyhoeddiadau Barddas, 2014) t. 58–9.

yr oedd y ddwy goron. Gwnaeth Dic y sylw wrth Jim ei fod yn falch na wnaeth hi ennill y Gadair! Jôc ddigon diniwed rhwng dau gyfaill a sylw ysgafn i dorri ar ddwyster yr achlysur. Ond sylw di-chwaeth i'w gofnodi mewn hunangofiant, o gofio'r ffordd y cafodd Eluned ei thrin gan y Sefydliad a'r amheuaeth a gododd nyth cacwn yn ei chylch wrth iddi ennill y coronau hynny. Eto mae'r ddelwedd yn un gref. Yn erbyn pob gwawd, hyd yn oed wedi iddi farw, yn ei hangladd, trefnodd hi i arddel y ddeubeth a gadarnhodd iddi hi ei hun ei bod yn fardd o'r iawn ryw. Ond talodd bris uchel am hynny. Dylid bod wedi datgan yn ogystal, 'A oes heddwch?' Fel y medrai'r dorf atseinio: 'Oes, heddwch o'r diwedd, i enw da Eluned!' Yr hyn a allodd, o do, yn sicr hi a'i gwnaeth.

Mae un sylw olaf yn crynhoi, os nad yn coroni, y sylwadau llechwraidd a wnaed yn enw 'ysgafnder' boed yn grechwen neu'n dafod yn y boch. Dyna i chi sylw a wnaed gan Rhydwen Williams yn y cylchgrawn yn *Barn* mewn erthygl o'r enw *Gorau Barn, Gorau Chwedl* ym mis Medi 1983, wedi'r Eisteddfod: 'Rhyfedd oedd gweld bardd y Goron, merch eiddil ddigon a diymhongar iawn yn cerdded y maes rhwng hanner dwsin o blismyn cyhyrog, a'i choron yn sownd rhwng dyrnau un ohonynt. Oes yna derfynau i'r hyn a wna ambell greadur i gael coron i'w ddwylo?' Gellid darllen y sylw olaf hwn mewn amryw o ffyrdd. Mae'r darlun o'r plismyn yn cynorthwyo a diogelu Eluned wrth iddi gerdded oddi ar y maes yn un lliwgar, ond gellir darllen y sylw olaf am y plismon fel saeth tuag at ryw ystryw. Yn wir, ystryw yw'r sylw ei hun a'r cwestiwn rhethregol yn llwythog o ystyron: 'merch eiddil ddigon'. Unwaith eto, rhyfyg o'r mwyaf oedd disgrifio Eluned fel un 'eiddil ddigon'. Byddai 'gwydn' yn agosach ati. Eto, ni feiddiaf fod yn rhy lawdrwm ar Rhydwen gan iddo achub ei cham i raddau yn nes ymlaen yn yr un ysgrif:

> Ond fel sy'n digwydd bob tro yn ddi-ffael, y mae'r bardd a'r beirniaid dan lach yn barod. Darllenasom am y seiat yn y Babell Lên lle yr edliwir i Eluned fethu ateb rhai cwestiynau yn foddhaol ynglŷn â'r bryddest. Go brin y dylai neb meidrol synnu am hyn. Y syndod yw ein bod yn medru meddwl am holi a chroesholi rhywun yng ngwres y fath awr gyffrous yn ei hanes. Mae'n obsesiwn gennym i dynnu popeth yn ddarnau a chwilio perfedd pawb a phopeth yn lle derbyn rhywbeth ar dro a bod yn fodlon eistedd yn ôl i fwynhau.

Felly, syrthiaf innau ar fy mai drwy daflu'r un haeriad yn ei herbyn ag y gwnaeth eraill gyda diweddglo adolygiad ar y gerdd yn y *Faner*, 26 Awst, 1983:

> Ni allaf wrth gloi ond troi yn ôl at y bardd. At rym ei cherdd. Rhyfeddaf iddi gadw swm ei gwaith at bwrpas cystadleuaeth. Nid yw Eluned Phillips yn nodweddiadol o'r merched sy'n canu'n y Gymraeg heddiw. Ac eto hyhi sy ben.
>
> Cymwynas â ni felly fyddai inni weld mwy o'i gwaith yn y dyfodol agos ...

Yn y cyfnod pan luniais y geiriau yna, roeddwn innau'n ymwybodol o'r hyn a oedd ar grach y pentan a'r paldaruwyr a oedd yn amau ei dilysrwydd. Cywilyddiaf i mi wneud y fath sylw annidwyll. Ac onid diffyg didwylledd gan ei gwrthwynebwyr yw un o'r nodweddion y bu'n rhaid i Eluned frwydro yn eu herbyn drwy ei hoes ond gan wneud hynny mewn ffordd dawel a diymhongar. Dyna oedd natur ei phersonoliaeth wedi'r cyfan. Dywed Jon Meirion Jones yn rhifyn 303 o *Barddas*, yn haf 2009, mewn erthygl deyrnged wedi iddi farw o dan y teitl,

'Y Ddau Felyn mewn un Wy: Sylwadau ar Fywyd a Gwaith Eluned Phillips':

> Cyfaddefodd i mi ei bod yn ddrwgdybus o gymryd rhan mewn cyfweliad a siarad mewn i feicroffon a pheiriant recordio. Defnyddiwyd ei geiriau 'answyddogol' (off-the-record) am amryw o'i hanturiaethau a achosodd gryn dipyn o embaras iddi o dro i dro, drwy i wŷr y wasg ei dyfynnu allan o gyd-destun. Fe'i twyllwyd fwy nag unwaith gan wŷr y wasg, wrth i'r rheini gymryd mantais o fenyw a rhoi addewid iddi nad cofnodion i'w defnyddio yn gyhoeddus oeddynt. Parhaodd y ddrwgdybiaeth yn nodwedd o'i pherthynas â'r wasg yn gyffredinol trwy ei hoes. Eto roedd yn barod iawn i'w defnyddio wrth droi'r dŵr i'w melin ei hun.
>
> Wedi'r profiad o rannu dwy awr a hanner yn ei chwmni a phrofi ei chroeso twymgalon a chwrtais, addewais y byddwn yn dangos fy ysgrif derfynol iddi cyn ei rhoi i gadw. Derbyniais alwad ffôn oddi wrthi yn fy llongyfarch am gywirdeb fy nghofnodi a thegwch fy sylwadau am ei chymhellion a'i gweledigaeth. 'Rydych yn un o'r rhai prin sy'n fy nyfynnu'n gywir. Diawled yw rhai o bobol y wasg!'

A bod yn deg â'r wasg, onid mynd ar drywydd cadno coch neu, yn yr achos hwn, farddones gringoch yr oeddynt? A cheisio dal yn fyw yr holl wenwyn a fu yn ei herbyn. Ond, fel y cafodd ei siarsio gan ei mam-gu, 'Os cei di dy gornelu, paid â beco, saf ar dy dra'd'. Do, bu'n rhaid iddi sefyll ar ei thraed nifer o weithiau, ar wahân i sefyll ddwywaith i gymeradwyaeth fyrhoedlog y byd barddol. Y rhyfeddod yw iddi gael noddfa a dihangfa yn America mewn cyfnod pan oedd hi'n siŵr o fod wedi diflasu ar gael ei dilorni yng Nghymru.

Rhoddais innau, heb yn wybod i mi, unwaith eto gyfle iddi ddangos i'r byd bach cul, barddol, y derbyniad a gawsai mewn

ambell fan y tu allan i Gymru. Mewn erthygl bryfoclyd yn rhifyn
226 o *Barddas* yn 1996, 'Beirdd y Tafodau Fforchog', gofynnais
gwestiwn a'm blinai ynghylch y perygl a ddeuai o gyfansoddi yn
Saesneg. Y rheswm dros fy ngwewyr oedd bod fy llyfr cyntaf o
gerddi mewn cyfieithiad, sef *Eucalyptus*, newydd ymddangos o
Wasg Gomer yn 1995. Daeth i fod drwy orfodaeth yn sgil y llu
o wahoddiadau i ddarllen fy ngwaith mewn gwledydd eraill a
gwelwn y gallai'r tueddiad hwn arwain maes o law at ysgrifennu
yn y ddwy iaith. Gwelwn hyn fel maen tramgwydd a allai
niweidio'r iaith Gymraeg yn y pen draw. Chwalwyd fy ofnau
wrth gwrs gyda dyfodiad to iau a gafodd addysg ddwyieithog,
a thrwy hynny fedru ysgrifennu yr un mor ddeheuig yn y ddwy
iaith. Erbyn hyn rhaid i mi gydnabod yn eironig ddigon i mi
fagu un ohonynt i fyw'r bywyd deublyg fel awdur dwyieithog,
ym mherson Fflur Dafydd. Ond i mi bryd hynny, ac o hyd, roedd
ymlynu wrth y Gymraeg yn rhan o'm hawydd a'm hymroddiad;
hi hefyd oedd unig iaith fy nychymyg a'm gweledigaeth.

Gofynnodd y golygydd, Alan Llwyd, i sawl awdur ymateb
i'r cwestiynau heriol a godais, gan fynnu i'r erthygl 'gynhyrfu'r
dyfroedd'. Gosodwyd tri chwestiwn i nifer o bobl, yn eu plith
Eluned Phillips:

Mae nifer o aelodau'r Gymdeithas wedi mynegi barn ar y
mater, ac wedi trafod pynciau fel y rhai hyn:

A ydi'r symudiad diweddaraf hwn yn profi ein bod ar
groesffordd ieithyddol a bod beirdd Cymru yn dechrau troi
at y Saesneg?

A ydi beirdd Cymru yn troi at y Saesneg oherwydd diffyg
cynulleidfa a diffyg cefnogaeth yn gyffredinol, fel beirdd
Gaeleg yr Alban?

A ydi cyfieithu o Gymraeg i Saesneg yn beth da a buddiol?

Roedd yr ymatebion yn rhai difyr. 'Dincod ar fy nannedd,' meddai Emyr Hywel gan ddyfynnu sylw Saunders Lewis ynghylch y cyfieithiadau o'i ddramâu ei hun. 'Cyfathrebu â'i bobl ei hun yw braint y bardd Cymraeg,' yn ôl Gwynn ap Gwilym, gan roi swalcen at ambell awdur Cymraeg a welwyd ar raglenni Saesneg! 'Gall ailiaith danseilio'r Famiaith,' meddai W. J. Arwyn Evans. 'Datblygiad naturiol i'w groesawu,' meddai W. R. P. George. 'Dim cefnogaeth i feirdd Cymru,' oedd sylw Alan Pinch. Ond gan Eluned Phillips y cafwyd yr ymateb gorau, a hynny am iddi achub ar y cyfle i ysgrifennu'n bersonol am y croeso a'r cyfleoedd a gafodd yn sgil defnydd o'r iaith Saesneg.

Yn wir, mae'n ysgrif dwt sy'n bwrpasol iawn wrth ymdrin â'r pwnc hwn. Ac fe'i chynhwysaf gan wybod i mi sbarduno'i hymateb a rhoi'r cyfle euraid iddi roi ambell gernod i'r byd bach cyfyng a'i heithriodd drwy ei hoes. Dyma hi:

> Mae gennyf feddwl uchel o Menna Elfyn, ond rhaid i mi anghytuno â'i safiad fod perygl o farddoni yn Saesneg. I mi, y perygl mwyaf i farddoniaeth Gymraeg yw plwyfoldeb, a'r cyfrolau o farddoniaeth Gymraeg sydd bellach yn cael eu gor-gynhyrchu fel o beiriant bupur. Teimlaf fel gweiddi 'Hwre' wrth weld beirdd ifanc o galibr Gwyneth Lewis, Einir Jones, Huw Jones ac ati yn cyfansoddi yn ddwyieithog ... Mi fydd y cerddi Saesneg yn cyrraedd cynulleidfa ehangach, a thrwy hynny yn tynnu mwy o sylw at y Gymraeg. Rhaid i estrysiaid godi eu pennau o'r tywod weithiau os ydynt am barhau i fyw.
>
> Tybed ai dyna reswm pennaf yr Albanwr craff ei fod yn cyfansoddi'n gyson yn ddwyieithog – tynnu sylw yn y pen draw at yr Aeleg? Synnwn i ddim. Mae angen defnyddio pob arf yng Nghymru hefyd i ledu gorwelion.

'Roedd gennyf flynyddoedd mwy o amheuon na Gerallt Jones ynglŷn â chyfieithu un adeg. Rhyw gawl eildwym – er bod hwnnw'n fwy blasus yn ôl rhai. Ond o gael gwahoddiad i ddarllen a thrafod cerddi Cymraeg y tu allan i Gymru, yn Neuadd Purcell, Llundain, o dan ymbarél Cyngor Celfyddydau India, neu ar draws America, ac ar radio'r wlad honno, neu yn wir yng Nghymru lle mae'r gynulleidfa yn aml iawn yn dri-chwarter uniaith Saesneg, sylweddolais fod cyfieithu o'r Gymraeg i'r Saesneg, nid yn unig yn fuddiol ond yn gwbl angenrheidiol os am ddal sylw a chael trafodaeth ddeallus. 'Rwy'n argyhoeddedig erbyn hyn, hefyd, fod hunan-gyfieithu yn fonws, gan mai'r bardd ei hun a ŵyr orau am y gwewyr a'i cymhellodd i greu'r gwreiddiol. Dof allan o'r sesiynau hyn yn fwy cadarn, yn fwy balch, ac yn fwy hyderus y bydd barddoniaeth Gymraeg yn goroesi pob arbrofi. Heb gyfieithiadau o gynnyrch beirdd yr Almaen, Rwsia, Tseina, a gwledydd eraill, mi fyddwn i, fel eraill tebyg, mor ddifywyd â llygoden anorecsïaidd. Mae gennyf gwestiwn – Ai doeth oedd cyfieithu Salmau'r Iddewon i wahanol ieithoedd – a'r Gymraeg yn eu plith?

Mae'r sylw olaf yn dangos sut y medrai Eluned yn ei ffordd hamddenol gyflwyno ac ennill dadl. Ond yr hyn a gawn yn y llith yw ei chyfle i danseilio'r cwestiynau. Wedi dechrau'n gwrtais, ganmoliaethus, mae'n tynnu sylw cynulleidfa farddol Barddas at y ffordd y newidiodd ei meddwl o gael darllen y tu allan i Gymru a gweld ei gwaith mewn goleuni newydd gyda chynulleidfaoedd na wyddai ddim oll am y plagio a fu arni o sawl cyfeiriad. A dotiaf at un frawddeg yn arbennig, sef ei bod yn dod allan o sesiynau lle bu'n darllen ei gwaith mewn cyfieithiad 'yn fwy cadarn, yn fwy balch, yn fwy hyderus y bydd barddoniaeth Gymraeg yn goroesi pob arbrofi'. Ond, mewn gwirionedd, hi ei hun sy'n teimlo'n well, â'i hunanddelwedd yn fwy cadarn o gael ei thrin gyda pharch ac edmygedd.

Gwenaf wrth feddwl i mi ennyn ei hymateb ac erbyn hyn ameniaf gyda hi a'i hedmygu am iddi hi arloesi a sefyll ei thir fel a grybwyllwyd yn y darn uchod. Yn fwy na hynny, dangosodd i'r beirdd llengar ei bod yn cael ei gwerthfawrogi am ei barddoniaeth.

Bûm yn chwilota'n ddyfal am ysgrifau am ei gwaith, neu'n wir am ysgrifau amdani fel bardd. Ac eithrio'r straeon am ei hadnabyddiaeth o rai o artistiaid enwocaf ddechrau'r ugeinfed ganrif, prin y cafwyd ymdriniaeth o'i gwaith o gwbl. Yn rhifyn Medi 1983 *Barn*, prin wythnosau wedi iddi ennill y Goron yn Eisteddfod Genedlaethol Môn, 1983, dyma Rhydwen Williams yn ei golofn olygyddol yn nodi'r canlynol wrth gyfeirio at yr Eisteddfod:

Manteisiwn ar y cyfle hwn i longyfarch rhai o'n cyfeillion: y brodyr o Ben-y-ffordd, Einion a Tudor Wilson Evans ar eu campau mawr yn Eisteddfod Ynys Môn ac am waith creadigol mor nodedig gan y ddau. Stuart Burrows ar ei gyngerdd ar y llwyfan sydd agosaf at ei galon, llwyfan Prifwyl Cymru; Dr Terry James ar ddychwelyd a chymryd ei le unwaith eto yn ein mysg; Dr Kate Roberts ar y deyrnged a roddwyd iddi a Kyffin Williams ar ei ddarlun eithriadol ohoni; Manon Rhys am nifer o resymau; David Bowen George ar ei benodi yn gyfreithiwr Undeb yr Annibynwyr; Hywel Teifi Edwards am ei ddarlith orchestol ar Llew Llwyfo; a'r cyfaill awengar, Elerydd, y Parchedig W. J. Gruffydd, ar ei benodi'n Archdderwydd Gorsedd y Beirdd ac am addunedu i gyfrannu hiwmor i fywyd yr Orsedd a'r Eisteddfod a'r genedl.

Soniwyd am gyfeillion; cyfeiriwyd at orchestion. Llongyfarchwyd y ddau frawd am i'r naill, Einion Evans, ennill y Gadair a'r llall, T. Wilson Evans, ennill y Fedal Ryddiaith. Ond am enillydd y Goron, ni chafwyd yr un cyfeiriad ati. Unwaith eto, fe'i hesgymunwyd o'r cylch cyfrin, ac ni ddywedwyd yr un gair am orchest Eluned Phillips. Fe'i hanwybyddwyd fel ag a wnaed wedi iddi ennill ei choron gyntaf yn 1967. Pam? Nid oes eisiau dyfalu yn rhy hir ynghylch ei habsenoldeb o'r cylch.

Rhaid fod hynny wedi'i siomi o gofio iddi gyfeirio at ei hedmygedd o waith Rhydwen Williams a'i bryddest 'Ffynhonnau', am mai dyna'r math o farddoniaeth yr ymlynai hithau wrthi. 'Optimist absoliwt'? A yw'r sylw a wnaeth fwy nag unwaith yn ymgais at fod yn obeithiol, er gwaethaf pawb a phopeth? A oes yna ymdrech yn y gosodiad, a ddywedir fwy nag unwaith ei bod yn ceisio'i gorau i godi ei hysbryd uwchlaw'r siom a byw sylw ei mam-gu i sefyll ei thir heb 'beco 'nôl'?

A dyna ryfedd, er efallai nad yw mor rhyfedd, i'r bererindod unig fod felly yn un unigolyddol, ac i Eluned gilio o'r neilltu ar wahân i fwynhau cwmni'r rhai a gredai yn ei gallu a'i didwylledd fel bardd. Mae'n cyfaddef ei hun yn ei nodiadau beth yw ei theimladau cymhleth:

> aros ar fy nhraed i gyfansoddi ar gyfer ryw Eisteddfod neu'i gilydd. Doedd dim posib ei wneud yn gynt. Deuai'r wefr ddim hyd yr unfed awr ar ddeg. Mae'r un peth heddiw. Noson o boen gwyllt yw'r ysgrifennu, er fod y thema, o bosib, wedi bod yn corddi yn yr isymwybod am hiroedd, nes yn wir, efallai i'r blas suro ... Yn rhyfedd, doedd hyn ddim yn digwydd wrth ysgrifennu cyfresi a storïau yn Saesneg ac ati ... dydw i erioed wedi medru rhesymu â mi fy hun

â'r gwahaniaeth safbwynt. Hwyrach 'mod i'n teimlo mai rhyw hobi Eisteddfodol yn unig yw sgrifennu yn Gymraeg.

A wnaeth blas ysgrifennu yn Gymraeg suro cyn diwedd ei hoes? Os dyna a ddigwyddodd, pwy a allai ei beio oherwydd iddi gael ei chystwyo'n gyhoeddus? Cafodd ail fywyd yn America ond mewn sylw trist ar ddiwedd ei hoes dywed hyn amdani hi a'i chwaer, Madge:

> Heddiw, mae Madge yn briod â Sais, yn byw yn Swydd Stafford, yn pregethu yn Saesneg, ac anaml y caiff y cyfle i glywed yr iaith Gymraeg. Rwyf innau yn ôl yng Nghymru, wedi fy nghyflyru gan addysg Lloegr i feddwl yn gyntaf yn Saesneg cyn trosi'r meddyliau hynny i'r Gymraeg a chan fod yr hen wlad wedi fy nenu'n llwyr, ei chael hi'n anos i lenydda'n Gymraeg oherwydd yr alltudiaeth gynnar hynny dros Glawdd Offa.

Ai'r cyfnodau maith dros Glawdd Offa oedd y gwir reswm pam roedd hi'n ei chael 'hi'n anos' llenydda yn Gymraeg, neu'n hytrach i'r gwynt gael ei dynnu allan o'i hwyliau? Ai diffyg cymhelliad am na allai gystadlu am y Goron ar ôl ennill ddwywaith oedd yn gyfrifol am y tawelwch mawr o safbwynt ysgrifennu yn Gymraeg? Ai teimlo'n nes at Loegr ac America a wnâi ar ddiwedd ei hoes? Eto, daliodd ei thir ac eistedd yn rhes flaen yr Orsedd o flwyddyn i flwyddyn, gan ddangos bod sirioldeb yn drech na surni, a rhadlonrwydd yn goresgyn pob eiddigedd. Ni phallodd ei mwynhad o'r Eisteddfod *per se*, fel y dywedodd mewn ysgrif na chyhoeddwyd, â'r pennawd 'Eisteddfod y Wladfa'. Mae'n dechrau fel hyn:

'Fe ele'r groten i ben draw'r byd er mwyn mynd i Eisteddfod.'
Sawl gwaith y clywais i mam yn trio esbonio fy rhuthr gwyllt
am ddal ryw Eisteddfod neu'i gilydd. Wrth gwrs, roedd 'pen
draw'r byd' i mam, rwy'n weddol siŵr y tu fewn i ffiniau
Cymru. Wel, rhaid cyfaddef fy mod yn Eisteddfodwraig
bybyr o'r funud cyntaf imi fustachu pedair llinell ar lwyfan
pan oeddwn rhyw ddyflwydd a hanner mae'n debyg. Mae
hanner canrif, o leiaf, ers imi golli Eisteddfod Genedlaethol,
ac erbyn hyn wedi cael y fraint o gynrychioli'r Orsedd yn
yr Alban, Iwerddon, Llydaw a Chernyw. Profiadau anhepgor
sy'n lliwio'r cof … y rali 'Ffiddlers' yn Motherwell; parabl
anhygoel y dyn fu'n y farchnad chwain yng Nglasgow; yr
hen wraig yn Nulyn yn rhoi datganiad o ganu gwerin fel
yn union o oes y Celtiaid. Mae'r cof yn orlawn o drysorau
Eisteddfodol. A bellach y mae gennyf un Eisteddfod arall i
gael lle blaenllaw ar silff y gemau. Ychydig a feddyliodd mam
yr elen ni y tu allan i Gymru ac y byddwn yn llythrennol
ryw ddydd mewn Eisteddfod fwy neu lai ym mhen draw'r
byd … wyth mil a mwy o filltiroedd o Gymru fach. Eisteddfod
y Wladfa.

Os oedd yn bererin unig yng Nghymru, ceir y teimlad iddi
fwynhau cael ymweld â'r Wladfa, ac iddi gael ei gwerthfawrogi
yno fel bardd o bwys. Cafodd hithau fodd i fyw a'r cyfle i gyfarch
yr eisteddfod â phenillion hudolus:

Y Wladfa
[cyfarchion ar ei hymweliad yn 1988]

Oet wlad hud breuddwyd plentyn, – yn cymell
    fel haul ar flodeuyn;
  a'r angerdd yn troi'n dwymyn
  wrth lyfu'r hanesion syn.

Dilyn cyffro'r arloesi o'r glanio
    trwy'r diffaith aceri;
  byw braw yr annisgwyl li,
  synhwyro'r taer addoli.

Teimlo poen y cyndeidiau fu'n ymladd
    Y didostur gnustiau [?]:
  Rhoesant eu ffydd dan yr iau
  A chreu'r Wladfa o gibau.

Syllu â llygaid heddiw, – gweld y Paith
    Yn ei natur ddi-liw;
  Ai dagrau'r arloesol griw
  fu'n dyfrhau'r lleiniau gwyrddliw?

Mor falch o'i phlant yw'r Henwlad, – trysorir
    Y cof am y Glaniad;
  Trwy rym eu hargyhoeddiad
  Ceir cywain cyson o'r had.

Dyma gerdd hyfryd am y Wladfa, yn ddwys ac yn ddyrchafol. A dyma'r union fesur a geir hefyd yn 'Clymau', sy'n profi'r ffaith ei bod yn mwynhau'r mesur ac yn medru creu naws a cheinder oddi mewn i'w ffrâm. Synhwyrir hefyd mai 'mawl' yw un o'r themâu cyson sy'n ei hysbrydoli, boed fel bardd gwlad neu fel bardd sydd â'i golygon tu hwnt i Gymru.

Ymddiddorai pobl nad oeddynt yn Gymry Cymraeg yn ei bywyd a'i gwaith. Enwa ŵr o'r enw John Adams o Gwmbrân a ddaeth i'w recordio yn adrodd wyth ar hugain o'i cherddi. Unwaith eto, person di-Gymraeg a ymddiddorai yn ei champ a'i chyfraniad. Ond gwneud hwyl am ei phen ei hun a wna oherwydd i'r sain a'i llais ymddangos fel pe baent wedi'u recordio yn Dan yr Ogof, lle mae'r stalactidau'n hongian ar dafod. Dyma'i dawn ymadrodd unwaith eto'n cyfiawnhau'r recordiad llai na chlir. Yn anffodus, methwyd â dod o hyd i'r tapiau hynny er i mi gael sawl tâp ohoni'n sgwrsio'n breifat gydag eraill. Ond wrth sôn am y profiad uchod, ceir cyfaddefiad arall ganddi ac amheuaeth ynghylch gwerth ei chyfansoddiadau:

> Surprisingly, those select persons who have listened to the effort have responded with enthusiasm, clamouring for more. I may just agree to that, if time permits. It really was a boost. I have never been good at discussing poetry publicly, having always thought that prayer and poems are personal and private.

A dyna reswm arall dros ei halltudiaeth o raglenni'n trafod llên a barddoniaeth, gan ei bod yn teimlo'n ddiffygiol wrth geisio egluro'r hyn a wna. Pwy all egluro 'gweddi' wedi'r cyfan? Onid rhywbeth sy'n digwydd rhwng y person a rhyw rym y tu allan iddo yw? Deallai Eluned hynny a chadwai ei drws awenyddol unwaith eto tan glo. Mae'n cloi'r sylw, er hynny, gan ddweud, 'such responses along with my commitment to working bilingually in America, have given me such joy'. Dyna ddangos i Eluned ar ei phererindod unig gael cynulleidfa hollol newydd a chroesawgar o fan mor bell i ffwrdd â gorllewin America. A chyn diwedd ei hoes arweiniwyd hi tuag at dylwyth newydd ym mhen draw'r byd.

Carwn gyflwyno cerdd a welwyd yn y ffeil a'r lloffion o gerddi a adawodd ar ei hôl. Mae'r gerdd yn ddychan pur ond hefyd yn atgyfnerthu'r ffaith mai defnyddio ffurf yr englyn heb gynghanedd oedd yn gweddu iddi. Deuai'n hawdd iddi. Yn ogleisiol ddigon, teitl y gerdd yw 'Gorseddgawl':

Mynnai'r beirniaid glew honni mai tywyll
ar 'naw oedd fy ngherddi.
Troes at Betjeman am eli
Â'm llygaid ar swydd o fri.

Brasgamais o'r tywyllwch: sgrifennais
yn syml er cael heddwch.
Mewn byd beirdd sy'n llawn tegwch
cawn help i'm codi o'r llwch.

A Leisa ar ei gorsedd, a Magi'n
Feistres ddidrugaredd,
onid yw yn beth rhyfedd
na chefais fy enwi i'r sedd?

Ond na, Ted Huws fu wrthi yn brolio
bedyddio'r crwt Harri;
Ef, Prifardd (Pencerdd, Ei Mawrhydi),
a'i ganu'n dduach na fi.

'Does dim tegwch i feirddesau – gwrywod
sy'n blaenu drwy'r oesau
a'm gwthio gyda'r creiriau
i gornel mud gyda'm gwau.

A dyna Eluned yn rhyddhau mewn cerdd yr hyn y bu'n dawel yn
ei gylch, gan ddefnyddio dychan fel arf grymus, sef: 'Does dim
tegwch i feirddesau'. Rhannodd ei gofid gyda chymydog fod y
wasg yn ei phoeni ac yn ei phryfocio pan godid y cwestiwn o gael
Archdderwydd newydd, ac a fyddai hi'n derbyn yr her: 'Mi ddaw
Archdderwydd o ferch ryw ddiwrnod ond rwy'n rhy hen nawr
i ystyried y peth ... pe bawn i yn ifancach yna, efallai.' Go brin
y byddai wedi llwyddo pe byddai wedi rhoi ei henw gerbron; yn
wir, tebyg y byddai hi unwaith eto wedi bod yn achos cyff gwawd

ac yn destun siarad, nid yn unig gan Gylch yr Orsedd ond gan gylch llai o lawer. Yn rhifyn 1984 o *Lol*, ceir llun ohoni ar lwyfan yr Eisteddfod a'r goron ar ei phen ac uwch ei phen y geiriau, 'Tu ôl i bob bardd mawr mae bardd mawr arall ...' – sylw crafog a digri o gofio yr arferir defnyddio'r sylw i gyfeirio at wragedd sydd yn gefn i'w gwŷr.

Ond daeth tro ar fyd y cylch barddol hefyd, a hyderaf y byddai wedi llawenhau o weld Archdderwydd o ferch ym mherson Christine James yn cael ei dyrchafu i'r barchus, arswydus swydd. Collwyd y cyfle efallai i Archdderwydd o ferch gydnabod cyfraniad Eluned i'r Eisteddfod a'r Orsedd, a hynny o lwyfan yr Eisteddfod Genedlaethol yn ystod canmlwyddiant ei geni yn 2014. Arwydd pellach o'i habsenoldeb o'r Sefydliad a wasanaethodd am ddeg a thrigain o flynyddoedd. Prin y sylwyd arni yn ystod ei hoes, felly pam y byddai'n rhaid cofio amdani wedi iddi fynd o'r byd hwn? Mor wahanol hyn oll o'i gymharu â'r sylw anferthol a roddwyd i'r bardd o Abertawe a oedd gyfoed â hi, a'r ddau'n rhannu'r un diwrnod a blwyddyn eu geni. Aeth ei chanmlwyddiant heibio heb siw na miw amdani, gan gadarnhau am y tro olaf ei dinodedd.

Pererindod unig felly oedd iddi. Rhyfedd yw cymharu'r gwahaniaeth a gafwyd a'r dathlu teilwng a gaed pan enillodd Mererid Hopwood y Gadair yn 2001, gan gyflawni camp hanesyddol sylweddol. Mor wahanol oedd yr hyn a deimlwyd wrth i Eluned ennill ei choron gyntaf, a hyd yn oed ei hail gan barhau'r ddrwgdybiaeth a'i dilynodd drwy ei hoes. Daeth y mileniwm â chyfnod newydd i fod, ac ymwybyddiaeth o statws y ferch yn ein cymdeithas. Dywed Eluned hyn am y seremonïau yn yr Eisteddfod:

Mae amryw o ferched wedi achwyn wrthyf am fod pob dim o'r seremonïau barddol yn gogwyddo tuag at y gwrywod – hyd yn oed Cân y Coroni a gyfansoddwyd y llynedd. Dydw i erioed wedi poeni am hyn, na theimlo erioed yn israddol i'r dynion. Er hynny, rwy'n cyfaddef mai shofinistaidd yw agwedd y beirdd tuag at fenywod sy'n mentro cystadlu.

Ceir elfen o wrth-ddweud yn y geiriau uchod, rhaid cofio o hyd nad un yn strancio yn erbyn traddodiad oedd Eluned. Yn hytrach, ceisiai ei gorau glas i gydymffurfio ag ef – er, hwyrach, bod y sylwadau clo yn awgrymu agwedd meddwl amgen. Onid yw'r gair 'shofinistaidd' yn cynrychioli meddwl anwleidyddol ag ieithwedd ystrydebol ac yn air nad yw ffeminyddion yn ei arddel oherwydd ei fod yn llwythog o emosiynau gwag.

Er cael ei chynnwys yn y *Cydymaith i Lenyddiaeth Cymru*, prin yw'r sylw a roid iddi. Ceir nodyn yn y *Gwyddoniadur* wrth gyfeirio at y cysylltiadau rhwng Cymru a Phatagonia ac at wrthuni'r rhyfel yng ngolwg llawer: 'Mae Eluned Phillips (g. 1915) [*sic*] yn cyfleu teimladau o'r fath yn "Clymau", y gerdd a enillodd iddi goron yr Eisteddfod Genedlaethol yn 1983, prin yw'r bobl sydd yn ei chofio am ei barddoniaeth.'

Wrth ddweud wrth rai fy mod wrthi'n llunio'r gyfrol hon, dyma'r math o ymatebion a gefais: 'Hi gafodd ffling gyda Dewi Emrys'; 'Dewi Emrys sgrifennodd ei cherddi, nage fe?'; 'Picasso's mistress'; 'Hi oedd 'da Cynan, ydw i'n iawn, nawr?' Neu, 'Ffrind gore Édith Piaf'.

'They've called me a lot of things,' meddai ar dâp wrth David Fielding, golygydd *Carmarthenshire Life*, a ysgrifennodd sawl erthygl amdani. 'Even been called a lesbian!' Clywir hi'n chwerthin yn uchel at y fath ensyniad.

Person anghonfensiynol oedd Eluned ym mhob agwedd o'i bywyd, ac o'r herwydd rhoddai gamargraff i lawer o'r hyn ydoedd. Gwisgai'n wahanol. Yn ôl un o'i chyfeillion, coleddai'r ddelwedd benchwiban ohoni ei hun ar glawr ei llyfr, *The Reluctant Redhead*: 'What about me wearing leathers and on a motor bike?' Yn y diwedd, un o'r cloriau hyllaf a welwyd erioed a gafwyd, sef llun o ddrych a rhyw fwclis yn hongian a phersawr mewn potel wrth ei ymyl – y gwrthwyneb llwyr i'r ddelwedd hoffus, feiddgar a gofia'r rhan fwyaf o bobl amdani. Darlun yw o ryw stafell fach ddiflas, tebyg i bordello yn rhywle, ac nid yw'n gydnaws â merch mor ddillyn ei buchedd.

Un o'r cerddi a deipiwyd ganddi ond na chyhoeddwyd oedd ei hymateb hithau i'r rhagfarn a fu yn ei herbyn – unwaith eto gan ddefnyddio'r mesur englyn heb gynghanedd:

Y Nhw

Gwawdio heddiw ac nid dychan sy'n rhemp
ar draws ein gwlad fechan;
beirniaid fel peiriant aflan
yn sgwari dom dros bob man.

Collwyr heb ddysgu colli yn hawlio
Taro 'nôl heb oedi;
Cleifion heb gysur eli
Fel nadredd yn poeri'u si.

Y rhyfedd wybodusion yn feistri
Ar bob ryw faterion.
Y Nhw'n gwybod atebion
A chyfrinachau pob bron.

Ego yn cosi ego, a charfan
Wrth garfan yn cydio,
A'u ysglyfaeth yn cilio'i
Diogelwch drws heb glo.

Pererindod unig?"Un o'r cymhellion dros ysgrifennu'r gyfrol hon oedd sicrhau na fyddai enw Eluned yn mynd yn angof na'i gwaith yn cael ei anwybyddu'n llwyr yng nghanon llenyddiaeth Gymraeg yr ugeinfed ganrif. Nid oeddwn am iddi fod yn un o ddiflanedigion y byd llenyddol, nes i rywun fentro ymhen degau o flynyddoedd i 'ddarganfod' o'r newydd ei gwaith a'i chyfraniad fel arloeswraig ym myd ysgrifennu ar bynciau trawiadol. Ar adegau,' cefais anhawster i fwrw ymlaen gyda'r llyfr heb deimlo elfen o siom, cydwybod a thosturi at y ffordd y cafodd ei thrin. Ond ni fyddai wedi dymuno imi ei gweld fel dioddefydd ychwaith. Brwydrodd yn ei ffordd hynaws a chael ei derbyn gan gynulleidfa frwd a chefnogol, yn enwedig dros y dŵr.

Wedi'r derbyniad llugoer a gafodd hi, daeth gwawr newydd wrth weld Mererid Hopwood yn ennill ei lle yn yr Eisteddfod Genedlaethol. Cymwys felly yw cloi gydag englyn cynnes a luniwyd gan Mererid ar gyfer yr ardd goffa yng Nghenarth.

Eluned roes oleuni – yn alaw
rhoes yr haul yn gwmni,
a rhoi hud holl ddireidi
ei gwên aur yn gân i ni.

Y Libretydd

Wedi iddi ennill y Goron yr eilwaith yn Eisteddfod Genedlaethol Môn yn 1983, ni chyhoeddwyd fawr ddim o waith barddonol Eluned, ar wahân i'w hymateb i ambell gais, megis 'Y Llygoden', cerdd ar gyfer *Cerddi'r Troad: Barddoniaeth Newydd i'r Mileniwm*, a olygwyd gan Dafydd Rowlands, a'i gyhoeddi gan Wasg Gomer, 2000. Ond camarweiniol fyddai credu iddi roi'r gorau i drin geiriau, ac mae'n bosibl mai yn negawdau olaf ei bywyd y ceir rhai o'i gweithiau mwyaf cyfoethog, rhai sydd heb eu llwyr werthfawrogi hyd yma. Wedi'r cyfan, mae'r gair 'cyfansoddi' yn amlweddog yn Gymraeg ac ymhlyg ynddo yr elfen gerddorol sy'n ganolog i'n dealltwriaeth hanesyddol o'r gair. Dyna'r math o gyfansoddi a wnaeth Eluned yn ei blynyddoedd olaf â'i chlust gerddorol yn creu libreti ar gyfer eu canu.

Daeth hynny i fod yn y lle cyntaf wrth i gyfansoddwr o'r enw Michael J. Lewis ofyn iddi ysgrifennu geiriau ar gyfer cyfansoddiadau o'i eiddo, a bu'r bartneriaeth honno yn dra ffrwythlon am flynyddoedd lawer. Un o Aberystwyth yn wreiddiol yw Michael J. Lewis, ac nid yn unig y mae'n gyfansoddwr ond am gyfnod ef oedd arweinydd Côr Cymraeg De Califfornia, Los Angeles. Ymysg ei gyfansoddiadau lluniodd gerddoriaeth ar gyfer ffilmiau megis *Julius Caesar* (John Gielgud), *The Madwoman of Chaillot* (Katharine Hepburn a Danny Kaye) a *The Medusa Touch* (Richard Burton). Anfonodd dâp o'i weithiau at Eluned yn 1997, ond oherwydd iddi fod mewn dwy ddamwain car ddifrifol methodd ei ateb bryd hynny, hyd nes iddi fynd draw i America a chyfarfod ag ef yno.

Yn dilyn eu cyfarfyddiad, lluniodd Michael Lewis alaw ar gyfer 'Llwyd Bach y Baw'. Dilynwyd honno gyda cherddoriaeth ar gyfer cân o'r enw 'True Love'. Ymhyfrydai oherwydd bod y gân honno yn ffefryn gan rai mewn priodasau ac mewn amryw achlysuron o'r fath. Cafwyd fersiwn Cymraeg hefyd â'r teitl 'Cariad Pur'. Rhyw weithio ar garlam a wnâi Eluned pan fyddai Michael yn ffonio, a hwnnw'n gomisiwn ar fyr rybudd gan orfodi iddi fynd weithiau ar y bws i Aberteifi ac at ei ffrind Jackie yn y siop trin gwallt er mwyn anfon ffacs at y cyfansoddwr. Roedd hynny yn y dyddiau cyn e-byst ac atodiadau electronig. Dyma flas ar ei gallu i gyfansoddi yn Saesneg:

True Love

Our life's a map of varied shades,
of sun and clouds and nights of fears.
And trees shed leaves like crying babes.
True Love will wipe away our tears.

We sow and reap and get our dues
in black and white and colours bright.
When life is low and spirits bruise,
True Love will set the balance right.

When hail of winters chill the air
and songs of birds no longer thrill.
And dreams are nightmares and claws tear,
True Love shall conquer with God's will.

Mae'r fersiwn Cymraeg yr un mor ddeheuig, a dyma ef yn ei gyfanrwydd:

Cariad Pur

Ein byw sy'n fap o frodwaith lliw
Mewn haul a stormydd mawr o hyd,
ond seithliw'r enfys greodd Duw
sy'n wên o Gariad Pur drwy'r byd.

Er ias y llw ym more oes,
mae serch dau gariad yn pellhau,
ond daw rhyw obaith er pob croes
yn falm i Gariad Pur rhwng dau.

Pan ddêl y rhew i'r gwanwyn ir,
a chân yr adar mwy yn fud,
a'r nos yn hunlle dros y tir,
deil Cariad Pur yr un o hyd.

Ceir hau a medi bob yn ail,
a'r cnawd yn gymysg o bob lliw;
os daw y siom i guddio'r haul
ar Gariad Pur mae gwenau Duw.

Daw'r haf a'i swyn i ddeffro'r fro,
a gwên yr haul ar lesni'r coed.
A'r ias a seriwyd yn y co'
yn Gariad Pur dau'n cadw oed.

Pa un o'r ddwy sy'n tycio orau? Yn sicr, mae naws hyfryd i'r naill gyfansoddiad fel y llall. Tybed a roddai'r cyfrwng yr ysgogiad iddi arllwys ei hemosiynau mewn ffordd nas ceir yn ei barddoniaeth, ar wahân i'r cerddi o fawl i berthnasau ac yn ysbeidiol yn 'Clymau'? Ceir cân arall ganddi ac iddi dinc hiraethlon ac ai meddwl am yr uniad na fu rhyngddi hi a Per a wnâi iddi lunio cerddi mor ddwys bersonol fel yn 'Rhamant Dau'?

Cerdded ar hyd glannau'r Rheidol,
rhamant dau yn cadw oed.
Drachtio rhin gwin serch dwy wefus,
cawod aur ym mrigau'r coed.
Gwrando'r cerrig mân yn sisial,
serch dwy galon ym mhob si,
dry'r afonig fach yn fôr fy
nghariad i.

Gweld nodwyddau y drain duon
ar y lan yn deg eu llun.
Maent yn gwylio ein calonnau'n
ymbil am gael bod yn un.
Gwrando'r cerrig mân yn sisial,
serch dwy galon ym mhob si,
dry'r afonig fach yn fôr fy
nghariad i.

Yn dy freichiau wrth noswylio,
gweld dy lun mewn pwll di-stŵr.
Dilyn rhediad afon cariad,
bale'r lloer yn wên ar ddŵr.
Gwrando'r cerrig mân yn sisial,
serch dwy galon ym mhob si,
dry'r afonig fach yn fôr fy
nghariad i.

Perl arall o gân a luniwyd ar gais Michael J. Lewis oedd 'Cenarth', a chenid y gân honno gan Gôr Cymraeg De Califfornia mewn digwyddiadau amrywiol yng Nghalifffornia a thu hwnt. Uchafbwynt y cyfansoddiad hwnnw i Eluned oedd clywed y côr arbennig hwn yn ei ganu yng nghapel y Methodistiaid yng Nghenarth, gyda'r tenor enwog Washington James yn diddanu'r Califfornwyr ag aria bwrpasol. Afraid dweud mai Eluned a drefnodd iddynt ddiddanu'r gynulleidfa pan oeddynt ar ymweliad â Chymru:

Cenarth

Creator through time
of all things sublime,
his true caring ways
enhancing our days.

God's faith we adore
and praise evermore;
let's sing in accord
our thanks to our Lord.

We'll all voice our love
to Heaven above,
again and again
a glorious refrain.

Hearts afire, we sing
Hosanna our King.
Hosanna to Heaven,
Amen and Amen.

Nid côr o America oedd yr unig gôr i werthfawrogi ei gwaith. Bu Côr Meibion De Cymru hefyd yn frwd eu gwerthfawrogiad o rai o'i chaneuon fel rhan o'u *repertoire* mewn cyngherddau. Yr hyn sy'n ddiddorol yw iddi barhau i ysgrifennu geiriau ar gyfer eu canu yn ystod ugain mlynedd olaf ei bywyd, fel pe bai'n ymddiried fwyfwy yng ngrym libreto yn hytrach nag mewn cerdd delynegol. Synhwyrir iddi lawenhau wrth gyflawni ei dyhead i gydweithio gyda chyfansoddwr nodedig er mwyn i'r gwaith gael ei berfformio ar lwyfan neu gyda cherddorfa yn gefndir. Oblegid yn y papurau o'i gweithiau nas cyhoeddwyd, y mae yna drysorfa o gynnyrch sydd at ei gilydd yn arddangos hanfodion y libretydd: dawn y dramodydd, telynegrwydd geiriol, creu golygfa a sefyllfa ynghyd â chymeriadu lliwgar.

Crybwyllais i gyfarwyddwyr drama radio, teledu a llwyfan – ac eithrio un cyfaill o gyfarwyddwr – golli'r cyfle i ddefnyddio gwaith rhyfeddol o gyfoethog y prifardd. Rydym ar ein colled o fethu â manteisio ar ddisgleirdeb y bardd. Bu'n ysgrifennu libreti tan ei marwolaeth yn 2009.

Rhyfedd, onid e, mai ei chyhoeddiad cyntaf oedd geiriau a luniwyd pan oedd yn ddeuddeg oed ac a gyhoeddwyd gan Wasg Gomer, sef *Caneuon i Blant*; cerddoriaeth gan Bencerddes Emlyn, geiriau gan Luned Teifi. Fe'i cyhoeddwyd yn 1936, yr un pryd ag y derbyniwyd Eluned i'r Orsedd gan ddefnyddio geiriau a luniodd pan oedd yn cael gwersi piano gan y Bencerddes. Dyna ddechrau gyrfa gerddorol Eluned yn ddwy ar hugain mlwydd oed drwy law garedig Rita Evans, Pencerddes Emlyn. Geiriau syml sydd i'r caneuon a oedd wedi'u bwriadu ar gyfer eu defnyddio mewn ysgolion dyddiol. Dyma un ohonynt, sef 'Yr Hydref':

> Hydref ddaw â'i ddwylo prysur
> I grynhoi y ffrwythau nghyd;
> Cuddia bopeth rhag y gaeaf
> Yn ei ysguboriau clyd.

Dyfal weithio mae'r amaethwr
Yn ei feysydd ŷd gerllaw;
Cnwd toreithiog aur sydd ganddo
Dros y gaeaf oer a ddaw.

O benillion syml a luniwyd yn ddeuddeg oed, gellir synhwyro'i swyngyfaredd wrth drin geiriau. Roedd yr ysfa i ddysgu'r piano a phrynu gitâr hefyd yn arwydd ei bod yn gwyro'n reddfol tuag at gerddoriaeth. Dyna ryfedd felly i chwe degawd fynd heibio cyn iddi ailafael yn y ddawn honno i greu geiriau i'w canu. Drwy droi at ysgrifennu libreti, yr oedd yn dangos yr awydd i ymroi i ddull artistig arall, gan ddatblygu ffurfiau newydd. Mae Dana Gioia, y bardd a'r awdur o America, yn trafod beirdd mewn cyfweliad â Lequita Vance-Watkins yn y cylchgrawn llenyddol *Acumen*, rhif 32, a gyhoeddwyd fis Medi 1998:

In Shakespeare's time, poets took for granted that they could work in all three basic forms – the lyric, narrative and drama. But nowdays poets are supposed to settle down and just write short lyric utterances. I want to try the larger forms of poetry that are now mostly neglected – the narrative and dramatic forms.There are some things a writer can only do in drama … opera allows a writer to explore all sorts of material that doesn't easily work in other forms.

Efallai bod y cyfweliad hwn yn crynhoi teimladau Eluned i'r dim. Wrth gyfeirio at y gwahaniaeth rhwng libreto a cherdd, pwysleisir natur gydweithredol y gwaith ac nad yw libreto wedi'i fwriadu i sefyll ar ei ben ei hun o ran gwerth llenyddol ond yn hytrach ei fod yn bodoli i ysbrydoli cyfansoddwr i greu drama gerddorol rymus ac ysgogol. Ai dyna'r cymhelliad i Eluned, a'r boddhad o wybod mai rhan ymylol sydd i awdur geiriau wedi i'r gwaith gael ei ysgrifennu? Hynny, yn ogystal â'r ffaith fod eraill yn cymryd yr awenau wrth weld gwerth i'w geiriau. Atega hyn sylw a wnaeth unwaith, mai dim ond ar wahoddiad yr anfonai unrhyw waith i gylchgronau.

Yn sicr, manteisiodd ar y cyfle a gynigiwyd iddi gan rai nad oeddynt yn rhan o'r byd Cymraeg. Onid perthyn i fyd amlddiwylliannol a wnâi o'r eiliad y cafodd ei thraed yn rhydd yn Llundain, ac yna ym Mharis? A dyma hi, yn ei hwythdegau, yn ffoli ar ehangder America ac yn cael y fraint o gadw at ei chariad tuag at yr iaith Gymraeg a'r diwylliant Cymreig. Yn awr, câi ei hanrhydeddu gan ddisgynyddion o Gymru a deimlai'n hiraethlon am yr henwlad. Tybed na hiraethai hithau hefyd am y teulu estynedig hwyliog yr hanai ohono a'r math o gymdeithas Gymraeg y'i maged ynddi? Hynny yw, erbyn iddi ymneilltuo i America am yn agos i draean o'r flwyddyn, fis ar y tro, tybed nad oedd yn loes calon iddi wylio'r bywyd gwledig a'r gymdeithas a fu'n gymaint testun balchder iddi ar drai?

Ond yr eironi yw y medrai ymroi i ysgrifennu yn Saesneg yn ogystal â'r Gymraeg, dawn nad oedd gan lawer o feirdd Cymraeg. Yn wir, gallai'n hawdd fod wedi cael gyrfa newydd fel libretydd yng Nghymru. Yn hytrach, cafodd ei gwaith ei werthfawrogi gan un o gorau mwyaf llwyddiannus Cymru, sef Côr Meibion De Cymru. Diddorol nodi bod nifer fawr o'r aelodau hynny yn ddi-Gymraeg, a dyna ni eto'n gweld Eluned yn cael ei dyrchafu a'i gweld fel brenhines yn eu mysg. Yn wir, un o brofiadau mwyaf rhyfeddol ei bywyd oedd cael eistedd yn y bocs brenhinol yn Neuadd Albert yn Llundain yn gwrando ar ei geiriau'n cael eu canu gan y côr. Smaliai wedyn ei fod yn brofiad unigryw iddi hi, ond am ei ffrind Trixie, a oedd yn bartneres iddi yn y cyngerdd, 'roedd honno yn hen gyfarwydd â'r fath driniaeth frenhinol!'

Ffordd ddihafal Eluned o ddefnyddio hiwmor i ddangos ei mwynhad amlwg o'r ffraint.

Roedd cael ei chydnabod a'i chanmol yn golygu llawer i Eluned, ynghyd â'r ffaith fod rhai artistiaid yn werthfawrogol o'i doniau. Hyd yn oed yn hydref ei bywyd, roedd ganddi gynlluniau a dyheadau am weld ei gwaith yn cael ei dderbyn gan gyfansoddwr a'i berfformio ar lwyfan. Anfonodd libreto at ysgrifennydd y côr ar y cymeriad hanesyddol Nest. Dywed yn ei llythyr:

> Dear Phil,
>
> I am sending you *Nest* which was an impudent impromptu suggestion on my part but I always value your reactions. If you can find time to read it through I would really like to know if you think it would be of interest as a Musical. I have never written one, but have always wanted to, so I have no judgment.
>
> The theme was 'True Love'. It started because a Los Angeles Director came to one of Michael's concerts, heard 'True Love' being sung and approached Michael and myself with a suggestion that we should write a musical. I had always intended to write up my childhood fairy Princess Nest so tried to combine both. It's a very first draft, composed on to the computer without a break, so of course, will need a lot of adjustment ... It just occurred to me that the new Millennium Centre in Cardiff would be ideal for a Princess of Wales production.
>
> It was meant for Broadway New York, but Sept 11th has rather damped that idea.
>
> Now that you are a man of leisure, I wish you would start an Agency for Musicians, Writers, etc ... It is very much needed and you would be ideal, for you know and have an

easy way with a varied number of media people etc. Just a thought – but I for one would be delighted if you would consider it.

Please don't hesitate to tell me that poor Nest is rubbish – I would welcome the truth.

Eluned

Ar waelod y llythyr mae nodyn brysiog mewn llawysgrifen ei bod ar frys oherwydd apwyntiad deintydd, gan gyfuno'r elfen 'fusnes' â'i byd beunyddiol, prysur. Un elfen a welir drwyddi draw mewn gohebiaeth rhwng Eluned a'i chydnabod yw'r elfen o frys. Doedd oedi na gwagswmera ddim yn rhan o'i geirfa.

Mae'r llythyr yn un dadlennol ac yn cyfleu ei phersonoliaeth fel awdur i'r dim. Sylwer at ei dull o gofnodi cafeat: drafft cyntaf, a'i wneud yn ddi-dor; y sylweddoliad y byddai angen ei addasu, ynghyd â'r rhybudd i fod yn onest a dweud yn blaen os yw'n ddiwerth. O'r ochr arall, mae'r ffaith iddi ei lunio yn y lle cyntaf, a hynny pan oedd yn ei hwythdegau hwyr, yn dangos plwc ac egni arbennig. Nid oedd pall arni ychwaith yn breuddwydio y gallai fod yn addas ar gyfer Broadway neu agoriad Canolfan y Mileniwm yng Nghaerdydd. Teimlaf unwaith eto elfen o dristwch gan i mi gael fy nghomisiynu i lunio geiriau ar gyfer cerddoriaeth Karl Jenkins ar gyfer agoriad Canolfan y Mileniwm. Unwaith eto, collwyd y cyfle i'w chydnabod ac i roi iddi hithau deilyngdod o fath arall.

Dyma bwt o'r drama gerddorol *Nest* a'r geiriau a geir ar y dudalen gyntaf i'r olygfa gyntaf. Mae'r gwaith ei hun yn cwmpasu 72 o dudalennau, ond gellir synhwyro naws ac arddull y stori sydd i ddilyn o waith y Derwydd sydd yn adrodd y digwyddiadau bob hyn a hyn:

Blind Barac, in Druid robes, peeps around the corner of the Curtain, hands uplifted in sympathy with the plight of the young couple, and shaking his head, mutters

Barac:
The paths along the road of love
are seldom without rubble;
and our Princesses of Wales
are seldom without trouble.

Barac shakes off his mood and comes centre Stage in front of the Curtain.

Barac:
I'm blind Barac, bard and soothsayer
to the family of Rhys ap Tewdwr,
the Prince who rules his kingdom Dyfed
from his Castle at Dinefwr,
in the country known as Wales
but to the native Welsh as Cymru.

So sit in comfort and listen to the story.

We bards are littered throughout Wales –
some call us scandalmongers.
We aim to bring you vibrant tales
to satisfy all hungers.
So,
climb with us the mountains,
walk the dales
and maybe you will understand
a little more about our Wales –
the country next to England.

Today (tonight) it is the story
of Nest, Princess of Wales –
a Cleopatra of her race.
Embracing, brave, intelligent, beautiful and ...
alright, alright, if you insist. I'll say it ...
beautiful and ... seductive ...
but always in true love with Owain
and her country,
with a burning wish to free it from
the Normans.
But the in-fighting of her kith and kin,
who, instead of slaughtering the enemy,
still slaughter one another,
thus taking centuries, if ever, to win ...

As ever, the paths of love and war are never smooth and easy.
So, why not stay around until the end of this near true story
and find if true love does exist and ever ends in glory?

CURTAIN.

Gwaith arall nas cyhoeddwyd ac ni wireddwyd ei dymuniad i'w
gael fel oratorio ar gyfer ei berfformio'n gyhoeddus yw 'Moliant
i Ddewi Sant'. Unwaith eto, dengys y gwaith ei gallu rhyfeddol
i ddeall strwythurau a thechnegau ysgrifennu oratorio, gyda'r
amrywiol gymeriadau yn canu yn eu tro. Ceir y canlynol:
Angylion, Côrws, Padrig, Dewi Sant, Non, Llais, Lleisiau, Satan,
Pawl Ddall, Côr, a hyd yn oed Colomen. Cefais wefr anghyffredin
o'i darllen. Dyma ddetholiad ohoni yn unig, sy'n dangos ei
chynildeb wrth greu ar gyfer cyfansoddiad cerddorol. Mae'r
geiriau canlynol yn rhan sy'n berthnasol o gyfoes:

(Cerddoriaeth offerynnol addas yn arwain at unawdau Non)

Non:
'Rôl naw mis blin fe ddaeth yr awr i esgor,
rwyf megis llong yn dryllio heb yr un angor,
Fendigaid Fair, rho gymorth yn fy ngwendid,
cymylau duon sydd yn peri gofid.
Cenfigen sydd yn rhemp a Herod eto
yn troedio'r tir a'i fryd sydd ar lofruddio
baban o'm bron sydd wedi ei ragenwi
yn nawddsant sydd i achub pobl Cymru.
Dduw Hollalluog, dyro imi arwydd
dy fod yn maddau imi yn fy aflwydd.
Ti wyddost im dynghedu yn wirfoddol,
na chawn ag undyn mwy gyfathrach rywiol.
Mi fyddaf fyw ar fara-dŵr tra byddaf
a'th foli Di bob dydd, y Duw Goruchaf.
Mae seirff gan Satan yn y gwrych yn poeri,
a'r storom wyllt o'm tu yn cynddeiriogi;
cyllyll rheibus sy'n bygwth y fam feichiog.
O, gwarchod fy mab bach, fy Nuw trugarog.
Rho im faddeuant, mae'r poenau yn dwysáu,
a gwyrthiol awr y geni'n agosáu.
Mae dichell yn y gwrych ac yn y llwyni,
ond gwn dy fod, O Dduw'n waredwr imi.
O Arglwydd Dduw, 'rwy'n erfyn am Dy Arwydd
a'r nefol hedd ddaw drwy Dy agosatrwydd ...

[*Special effects of wild thunderstorm*]

[*Non yn ymateb eto wedi'r storm*]

Dy Arwydd ddaeth imi mewn llachar oleuni;
rhoes bwysau fy helbul ar garreg yn ymyl.

O, diolch; O, diolch, fy Nuw.
Y garreg a holltodd, un hanner gofnododd
farc olion fy mysedd, grafangau mewn llesgedd,
a'r llall fu yn fargod i guddio fy swildod.
O, diolch; O, diolch, fy Nuw.
Mae'r mab wedi'i eni, bydd balchder yng Nghymru,
a Non gaiff ei chofio, am ddewrder ei brwydro,
O Diolch. O. Diolch fy Nuw.
Dduw mawr, mi a'th folaf â'm hanadl olaf,
ac eglwys a godir ar fan lle bu'r gwewyr.
'Rwy'n diolch, 'rwy'n diolch, fy Nuw.

Mae'r ailadrodd patrymog yn gweddu'n berffaith i glust y cyfansoddwr. Hwyrach mai dyma'r llinellau hwyaf yn y gwaith ac mae llawer o'r darnau eraill yn fwy cwta, strobaidd. Ond dewisais y darnau hyn am eu bod yn dangos ei dealltwriaeth o famolaeth dan amgylchiadau anodd a'r adduned a wna Non i foli Duw drwy ei hoes. Gellir casglu, yn y darn sy'n gyforiog o beryglon seirff Satan, i Eluned ymdeimlo i'r byw â'r geiriau wrth uniaethu'n llwyr â'r profiad hwnnw.

❧

Os oes un thema yn rhedeg drwy weithiau cerddorol Eluned, y gair 'rhamant' yw'r nodwedd amlycaf, a phoen a gorfoledd cariad yn cyfnewid lle bob hyn a hyn. Ai yn y gweithiau lle roedd cerddoriaeth a geiriau yn priodi'n berffaith y teimlai hithau undod serch a siom, a'r llon a'r lleddf yn asio'n gyfanwaith?

Hyderaf y bydd y gweithiau a fu dan gêl, a than glo hyd yma, yn agoriad llygad i'r rheiny a wnaeth amau ei gallu. Roedd hi'n medru troi ei llaw at wahanol ffurfiau llenyddol, a hynny drwy ymlafnio ar ei phen ei hun, ac yn y dirgel yn aml iawn. A bu'r cydweithio rhyngddi â'r cyfansoddwr Michael J. Lewis yn un cymodlon. Gan mai gweithio ar y cyd a chyfaddawdu yw un o gyfreidiau'r libretydd, roedd gan Eluned y bersonoliaeth a'r meddylfryd i wneud y cydweithio hwnnw'n llwyddiant diamheuol.

Er imi fenthyca geiriau Waldo 'Merch Perygl' fel teitl i'm cyfrol ddiweddaraf o farddoniaeth, credaf fod y soned honno'n gweddu i'r ffordd y cafodd Eluned ei hystyried.[21] Cymwys felly yw nodi'r geiriau hynny sy'n cloriannu'r darlun a roddwyd i mi dro ar ôl tro gan ei ffrindiau a'i theulu:

Merch perygl yw hithau. Ei llwybr y mae'r gwynt yn chwipio,
Ei throed lle diffygiai, lle syrthiai, y rhai o'r awyr is.
Hyd yma hi welodd ei ffordd yn gliriach na phroffwydi.
Bydd hi mor ieuanc ag erioed, mor llawn direidi.

---

[21] Waldo Williams, 'Cymru a Chymraeg', *Dail Pren* (Gwasg Gomer, 1956), t. 100.

Cyfeillion Diwedd Oes

... dal yr hyn sydd gennyt, fel na ddygo neb dy goron di.

Datguddiad 3:11

Cyflwynodd Eluned ei hunangofiant, *The Reluctant Redhead*, i dri chôr: Côr Cymreig De Califfornia; Côr Merched Llandybïe; a Chôr Meibion De Cymru, yn ogystal â'i chyfaill Eira Thomas. Yr unig beth y gellir ei gasglu oddi wrth hynny yw mai dyma'r cymdeithasau yr ymfalchïai yn ei pherthynas agos â hwy. Dyma'r bobl a ddangosodd barch tuag ati, gan deimlo'r anrhydedd o'i chael yn teithio gyda hwy i fannau pell ac agos. Hwy oedd ei chyfeillion hoff, cytûn. Ynddynt hwy yr ymddiriedai, gan rannu'r math o gwmnïaeth yr arferai ei chael ar ei haelwyd gartref. I raddau, gwelai hwy fel ei theulu estynedig ac edrychent hwy arni hithau fel y bardd enwog, chwareus a difrifol yn ôl y galw. Nododd ambell un ei bod hi'n fasgot y côr. Fe'i gwnaed hefyd yn Is-lywydd Côr Meibion De Cymru, braint amheuthun ac anarferol hwyrach i ferch o berfeddion cefn gwlad Cymru. Darllenai ei gwaith yn eu cyngherddau a chymerai ran flaenllaw yn eu digwyddiadau.

Ond prin oedd y gwahoddiadau i annerch mewn achlysuron llenyddol, ar wahân i ambell seremoni yn yr Eisteddfod Genedlaethol neu i gynrychioli'r Orsedd mewn gwyliau yn y gwledydd Celtaidd. Weithiau, câi wahoddiad i ddarllen gan

gymdeithasau diwylliannol lleol. Ymddangosodd am y tro olaf
mewn digwyddiad cenedlaethol ar banel o brifeirdd yn Nhŷ Newydd
rai blynyddoedd cyn iddi farw. Cilwenodd un prifardd a oedd yn
bresennol wrth ddweud wrthyf am rai o'r straeon a adroddwyd
ganddi. Gwyddwn na chredai ef mohonynt. Ond doeddwn innau
ychwaith ddim yn gwybod ai gwir ynteu gau oedd y straeon
hynny. Cydymdeimlwn â hi, am ei bod yn wraig oedrannus.

Ym mlynyddoedd olaf ei hoes, felly, gellir gweld iddi glosio at
dair carfan o bobl. Y cyntaf oedd ei chymdogion a chydnabod,
rhai a oedd wedi'u geni a'u magu o fewn ei milltir sgwâr neu'r
dalgylch gyfagos yng Nghenarth. Roeddynt yn ei hadnabod ac
yn gwybod yn arbennig am haelioni ei theulu tuag at bentrefwyr
a phobl a gyfrifid yn bobl frith. Hwy oedd ei selogion, y rhai a
oedd yn ei hadnabod fel person annwyl, hoffus a hael. Ymysg y
rhain hefyd yr oedd perthnasau teuluol Cymraeg o Aberystwyth
i Sir Benfro, rhai a arddelai'r berthynas rhyngddynt ac sy'n
teimlo balchder a diolchgarwch fy mod yn ysgrifennu amdani
fel hyn. 'Roedd hi mor annwyl' oedd y gri a glywn droeon wrth
holi aelodau o'r teulu. Mynnai Eluned fynd i bob angladd a phob
digwyddiad teuluol fel y dôi'r galw. A, meddai Ann Morgan
Evans, perthynas o Aberystwyth, amdani: 'Fe fyddai hi wedi bod
wrth ei bodd ac yn werthfawrogol eich bod yn cywain a gosod
trefn a goleuni clir ar waith a bywyd person oedd mor annwyl,
caredig, llawn asbri, diymhongar a galluog'.

Carfan arall o bobl a glosiai ati oedd y rhai a ddeuai i'w
hadnabod drwy weithgareddau diwylliannol: y corau a nodwyd
eisoes, aelodau dethol o'r cyfryngau, yn arbennig Gareth
Rowlands, a wnaeth sawl rhaglen amdani. A'r garfan olaf oedd y
rhai a ddaeth i'w pharchu yn negawdau olaf ei hoes pan fyddai'n
ymweld â hwy yn America. Arferai letya gyda hwy, weithiau, am

fis ar y tro. Dim ond bag bychan y byddai'n ei gario allan i'r Unol Daleithiau gan adael wardrob o ddillad yno, arwydd clir ei bod yn gweld y lle fel ail gartref. Ymddengys mai noddfa hawdd ei chael ydoedd iddi.

Am y cymdogion o gyfeillion, caiff llawer enw ei nodi yn ei hunangofiant ac mae cynhesrwydd yn y ffordd y sonnir amdanynt – hwn neu hon yn galw i'w gweld bob hyn a hyn, yn fwy na pharod i wneud cymwynas â hi. Dyna a wnâi Rhiannon Lewis, athrawes gerdd yn Ysgol y Preseli hyd at ei hymddeoliad, a Jeff, ei gŵr, un o Genarth a fu'n bennaeth ysgol gynradd Castellnewydd Emlyn, ill dau'n gymdogion agos ac yn galw heibio'n gyson i weld a oedd yn iawn. Roedd eraill, fel Tim a Hettie Jones yn mynd â hi i apwyntiadau ysbyty pan ddôi'r galw. Cafodd Eluned ddwy ddamwain ddifrifol yn ystod ei blynyddoedd diweddar a bu'n rhaid iddi ymweld yn rheolaidd ag ysbytai o'u herwydd. Rhaid cydnabod cymwynasgarwch Monty, y carcharor rhyfel o'r Eidal a ymgartrefodd yng Nghenarth; bu yntau'n was da a ffyddlon i Eluned fel gyrrwr ar hyd y blynyddoedd.

Yn ogystal ag ef, bu Andrew Gilbert yn gynorthwywr parod iddi, gan wneud llu o orchwylion drosti, yn enwedig yn ei degawd olaf pan oedd gofyn mynd â hi i Lundain neu i Fanceinion i ddal awyren i America. Dengys hyn nid yn unig y gymdogaeth dda o'i chwmpas ond mai talu'r gymwynas yn ôl a wnaent gan i nifer gydnabod ei haelioni hithau iddynt ar hyd y blynyddoedd. Yn hynny o beth, mae Andrew yn dal i gofio amdani hyd heddiw a chreodd safle ar ei weplyfr yn ei henw, i gadw ar gof ei chyfraniad pwysig i Gymru a'r byd ac iddo yntau a'i deulu, yn bersonol. Er iddi farw yn 2009, mae ei henw yn dal i fyw drwy gyfrwng technoleg; mor hyfryd yw hynny o gofio'i hoffter o'r cyfrifiadur yn negawd olaf ei hoes.

Cyfaill arall a fu'n gyfaill triw iddi oedd Jackie Edwards, perchennog tŷ gwallt yn Aberteifi, un a fu'n trin gwallt Eluned ac yn ei chynghori ynghylch nifer o bethau. Byddai'n gofyn i Jackie yn gyson i wneud sylw ar yr hyn a wisgai gan ei bod yn berson oedd yn hoffi ei gwisgoedd ffasiynol. Cofia sawl un am ei *bomber jacket* ledr, a wisgai â balchder. Adroddodd Jackie sut y daeth Eluned i lansiad ei llyfr *The Reluctant Redhead* mewn siwt drowsus fach dwt, ddu, a sgarff lachar o gwmpas ei gwddf; edrychai fel merch yn ei harddegau, meddai. Soniodd hefyd amdani'n gofyn cyngor ynghylch y math o lun y dylid ei roi i gyd-fynd â'r record a wnaethpwyd am ei darn 'Cenarth' allan yn America. Dangosodd lun ohoni ei hun mewn dillad lledr ar gefn beic modur. Dyna'r llun a ddylai fynd ar y clawr, yn ôl Eluned, ond rhwng Jackie a'i merch, Sara, llwyddwyd i'w pherswadio i ddewis y llun ohoni â'r cwrwgl ar ei chefn. Mae'r llun hwnnw'n un eiconig ac yn ei dangos yn ei chynefin a'r hen draddodiad o gwrwgla yn saff ar ei hysgwyddau. Purion.

Wrth holi Jackie amdani, ces fy rhoi i eistedd yn yr union sedd y byddai hi'n eistedd ynddi yn y siop gwallt pan fyddai'n picio i mewn. Yn aml, byddai'n gofyn a oedd hi'n brysur ac yna am gael sedd er mwyn eistedd am seibiant ac ysgrifennu. Dyna lle y byddai wedyn yn gwneud nodiadau mewn llyfr neu'n gofyn am bapur sgrap i ysgrifennu arno. Nodais eisoes fel y byddai Get, wrth lanhau a thwtio'r tŷ, yn symud neu'n colli'r union bapurach oedd eu hangen ar Eluned o bryd i'w gilydd. Un peth arall a nodwyd oedd ei bod yn aml yn anghofio union ddyddiadau'r apwyntiadau gwallt, ac yn galw i mewn ar ddiwrnod pan nad oedd ganddi drefniant – arwydd arall o'r elfen 'sgaprwth' a 'didoreth' ynddi sydd hefyd yn egluro pan nad aeth ati i gyhoeddi mwy o'i gwaith yn ystod ei bywyd.

Yna, roedd cyfeillion capel yn bwysig iddi. Y capel oedd canolbwynt ei bywyd yng Nghenarth a bu'n aelod ffyddlon o gapel Bryn Seion, Pontseli drwy ei hoes. Bob Sul, yn ddi-ffael, pan oedd gartref, byddai'n cael ei chario gan June Gray i'r capel, addoldy a olygai 'y byd iddi'. Hi fyddai'n darllen yr emynau bob Sul, a hynny'n rhannol am fod y gweinidog, y Parchedig Ddoctor Wynford Thomas yn canu'r organ yn ogystal â phregethu. Câi'r gweinidog sgyrsiau difyr gydag Eluned a thynnodd yntau sylw at ei chwerthiniad bodlon. Yn ôl aelod arall, deuai i'r capel yn ei dillad lledr a byddai'r lledr yn gwichian bob tro y codai i ddarllen yr emyn. Byddai hi a June yn mwynhau cydaddoli fel hyn, gan fynd ambell dro, pan na fyddai cwrdd bore, allan i ginio Sul. Cofiodd June am un tro iddynt weld eu gweinidog yn gyrru heibio, a 'diawch eriôd' oedd sylw Eluned wrth ddychmygu ei wyneb yn eu gweld yn mynd am y dafarn, cyn cael pwl o chwerthin afreolus. Roedd gan Eluned barch aruthrol at swyddogaeth y gweinidog a byddai'n ei hedmygu. Adlewyrchir hyn yn ei hunangofiant wrth iddi osod lluniau o gyn-weinidogion fel Herber Evans, Gwallter Ddu a'r gweinidog ar y pryd, Y Parchedig Ddoctor Wynford Thomas. Rhannai athroniaeth ei bywyd ag ef, athroniaeth a'i galluogodd i edrych yn oleuedig ar fywyd. Heddiw, mae llun o Eluned yn hongian yn barchus yn festri Bryn Seion.

Wrth holi un o'r pentrefwyr iau yng Nghenarth sut yr adwaenai ef hi, ei sylw cyntaf oedd mai 'menyw gyffredin' oedd hi. Yna, wrth sylweddoli y gallwn gamddeall y sylw hwnnw ychwanegodd, 'Beth rwy'n ei feddwl yw ei bod hi mor isel, jyst fel pawb arall'. 'Isel' efallai, er cyrraedd yr entrychion gyda'i gwaith, ond mentraf ddweud nad oedd hi fel unrhyw un arall chwaith!

Un a'i hadnabu dros ddegawdau ac a oedd yn bartneres Eisteddfodol iddi oedd Trixie Smith, a byddai'n mynd ati i aros am gyfnodau, yn ôl y galw. Bob Eisteddfod, byddent yn trefnu i gydletya yn yr un gwesty ac yn mwynhau mynd i ddigwyddiadau'r nos, yn gyngherddau a nosweithiau llawen. Yr hyn oedd yn ei gwneud yn gwmni mor dda, meddai Trixie, oedd y ffaith eu bod yn cael hwyl yng nghwmni ei gilydd, ac mae 'chwerthin' yn un o'r geiriau a ddaw o wefusau pawb a'i hadnabu. Cyfeilles arall y bu ei chwmni a'i chyfeillgarwch yn amhrisiadwy i Eluned oedd Eira Thomas, Telynores Dinefwr ac arweinydd Côr Merched Llandybïe. Teithiai gydag Eluned i fannau pell fel ffrind agos. Bu'r ddwy ar daith gyda Chôr Meibion De Cymru yng Nghanada a mannau eraill, ac Eira yn gyfeilydd i'r Côr. Pan fu farw Eira yn sydyn yn 2002, mynegodd Eluned hiraeth mawr ar ei hôl. Mewn llythyr at gydnabod, dywed: 'Thank you so much for Eira's philosophy ... I came back late last night from America – and hell, the gap is already horrendous ... I am finding her absence difficult to accept.'

Ymddengys i golli cyfaill mynwesol a ymddiriedai ynddi adael bwlch nad oedd modd ei lenwi. Gydag Eira yr ymwelodd â Per am y tro olaf yn Santa Monica, ac mae'r ffaith na ddatgelwyd hyd yn oed suon amdani a'i pherthynas ag ef mor ymgeleddol oedd Eira o'u cyfeillgarwch.

Dywedodd Phil Howells, aelod o Gôr Meibion De Cymru, brodor o Lansadwrn a'r sawl a dderbyniodd y llythyr am y ddrama gerdd *Nest*: 'Just reading the prologue just makes Eluned come back to life – her sense of fun, touched with a bit of naughtiness (even wickedness perhaps!), in the context of the history of Wales.' Nododd, pan oedd y côr ar daith yn Awstralia, fod Eluned wedi cerdded dros fwa pont harbwr Sydney, ddwywaith.

Mewn nodyn ataf, dywedodd Haydn James o Gôr Meibion De Cymru fel hyn, 'Eluned was a great supporter of the choir and during the five year period when I was its conductor we shared many a laugh at concerts and on tour.'

Sylw tebyg a ddaeth oddi wrth Wyn Calvin a'i wraig, Carole, wrth iddynt gofio'r teithiau gydag Eluned i fannau pellennig, a hithau'n cymryd rhan yn nosweithiau'r côr, gan nodi'r hwyl ddi-ben-draw a ddeuai yn aml o fod yng nghwmni Eluned. Byddai'n ymweld â nhw yn eu cartref yng Nghaerdydd a buan iawn y byddai ei llawenydd yn llanw'r aelwyd.

Trist cydnabod bod rhai o'i chyfeillion yn America wedi marw erbyn hyn neu'n rhy lesg i mi fynd ar eu gofyn i'w holi. Ond cefais sgyrsiau gyda rhai y bu'n ymwneud â hwy yn gyson yn ystod y nawdegau a dechrau'r ganrif hon. Un pâr priod y bu'n aros gyda hwy yn rheolaidd oedd Dafydd ac Olive (Olivia) Evans o Manhattan Beach, a, meddai am y lle hwnnw, 'a place that has come subsequently my second home'. Dywed yn ei hunangofiant ei fod yn ail gartref i nifer o bobl eraill, gyda Dafydd wedi'i hyfforddi'n denor a'i wraig, Olive, yn awdur ac adroddwraig chwedlau. Ni allai fod wedi dewis cyfuniad gwell fel cyfeillion, ac yn niolchiadau'r hunangofiant mae'n cydnabod cymwynas Olive wrth hwylio'i chyfrol hunangofiannol i'w gwely, gan ddweud: 'For saving the draft, editing it, and urging its publication, I am grateful to Olive Evans, one well used to drawing her expert editorial toothcomb through the work of seasoned authors.'

Dyma dystiolaeth cyfaill arall, Caroline Roper-Deyo o Galiffornia, sydd unwaith eto'n crynhoi mewn geiriau yr asbri a berthynai i Eluned:

> During each of the concerts Eluned was introduced to the audience and she absolutely enchanted them. She may have been a woman in her 80s but she had the spirit of an ageless soul and the performance savvy of a seasoned performer.

She told them how happy she was to be with them in spite of the harrowing ten hour plane trip … in the post 9/11 age she, at 86, had been suspected by the security forces of being a terrorist. Somehow in spite of these crazy challenges, she was able to make it all very funny. That was another of her gifts. Making mischief.

Dyna nodwedd o'i phersonoliaeth y cyfeirir ati'n ddi-baid gan gyfeillion, sef ei direidi a'i mwynhad o ddifyrrwch o bob math. Un arall o'i nodweddion oedd ei gallu i ddyfalbarhau. Meddai'r un cyfaill eto:

One of the most important lessons I learned from Eluned was to do what you love to do and never allow your age or your circumstances to deter you from your course. In her eighties and nineties, Eluned was still writing and composing poems. When under a looming deadline for an upcoming concert, she would often compose ten or twenty drafts of a poem for our demanding music director at the cost of no sleep. She didn't seem to mind and in fact did it quite cheerfully.

A dyna'r egni a welir yn ei gwaith a'r cynnyrch sydd heb ei gyhoeddi. Hwyrach i'r comisiynau a gafodd i gyfansoddi caneuon yn ei degawdau olaf roi pwrpas a boddhad iddi, a hynny gan rai nad oeddynt yn rhan o unrhyw sefydliad barddol ac felly heb wybod am y suon annymunol.

Wedi iddi ddod i adnabod Michael J. Lewis, daeth yntau'n gyfaill iddi, a'r cyd-edmygedd hwnnw'n ei amlygu ei hun unwaith eto. Os dechreuodd fel comisiynydd o gyfansoddwr, buan y trodd yn llinell einioes i'w gwaith. Dyna'r patrwm a welir drwy ei hoes, sef iddi, wrth fwynhau cydweithio â rhywrai, ddod yn ffrindiau iddynt. Dyna a ddigwyddodd gyda Roy Evans, clerc y llys, wedi iddi ddechrau ar y gwaith hwnnw. Yn yr un modd, ymddiriedai yn John Griffiths, cynhyrchydd y BBC, ac yntau'n cyd-barchu ei gallu i gyflwyno sgriptiau bywiog. Ceir yr argraff hefyd, o ymddiried ynddynt, nad oedd pall ar ei hamyncdd tuag atynt wrth geisio cyflawni eu dymuniadau. Pwy arall yn ei nawdegau fyddai'n trafferthu i arllwys geiriau dros y ffôn ar ôl clywed pa fesurau oedd eu hangen ar y cyfansoddwr? Bob tro y byddai Eluned draw yn Los Angeles, canai'r côr ddwy neu dair cân neu emyn. Yn wir, byddent yn dechrau pob cyngerdd gyda 'Cenarth'. Byddent hefyd yn canu 'True Love' a 'Let all things now living'. Yn y cyngherddau a drefnwyd ar gyfer ei phen-blwydd yn naw deg milwydd oed, canwyd pedair cân o'i gwaith, sef 'Cenarth', 'Myra (God is Love)', 'La Môme Piaf' a'r gân 'True Love'.

§

Beth a ddywed y ffaith i Eluned ysgrifennu llawer yn Saesneg ar ddiwedd ei hoes? Tybed a oedd ei hymwneud â chyfeillion di-Gymraeg yn rhan o'i dynesiad at gyfansoddi yn yr iaith fain? Dengys ei llyfrau breision mor hyblyg oedd ei defnydd o'r Gymraeg a'r Saesneg a pha mor rhwydd yr ysgrifennai yn y ddwy iaith. I rywun o'i chenhedlaeth hi a faged ar aelwyd uniaith Gymraeg, amheuthun oedd gweld un heb astudio Saesneg mewn coleg na phrifysgol yn ymdrin â'r Saesneg mor feistrolgar. Rhaid cofio iddi dreulio cyfnodau'n ysgrifennu'n llawrydd yn Llundain ac mai dyna a ddymunai fel gyrfa cyn i amgylchiadau bywyd ei dwyn yn ôl i Gymru.

Pa fardd arall yng Nghymru a gafodd nid un ond tri chyngerdd i ddathlu ei phen-blwydd yn naw deg mlwydd oed, a hynny ym mhen draw'r byd yng Nghaliffornia? Noda yn ei hunangofiant, i'r cyngerdd cyntaf gael ei gynnal yn Eglwys Gadeiriol Sant Pawl yn San Diego a'r ail yng nghapel y Presbyteriaid yn Wiltshire Street, Los Angeles. Cafodd gyngerdd arall yn San Ffransisco, yn Eglwys Gadeiriol Grace. A'r hyn a ddaw i'm meddwl wrth glywed am fwynhad y bobl a drefnodd hyn oll oedd y medrai ei chapel bach hi ym Mryn Seion, Pontseli, fod wedi ffitio i mewn i gornel un o'r mannau anferthol hyn yn hawdd. Darlledwyd rhaglen amdani ar S4C, yn dathlu'r digwyddiadau hyn, ac onid yw'n eironig y bu'n rhaid mynd yr holl ffordd i America, chwe mil o filltiroedd, i fawrygu'r bardd a hanai o Genarth? Yno, yn ei chynorthwyo i ddathlu yr oedd cyfaill triw arall iddi, Gwenno Dafydd, un fel hithau a ddotiai at ganeuon Édith Piaf. Meddai Caroline Roper-Deyo, aelod o'r côr yng Nghaliffornia:

When the Welsh choir from south California went on tour to Wales for two weeks in the summer of 2003, Eluned accompanied us the entire time. In addition to being our own poet laureate, she was also an informal docent advising us of Welsh history and culture as we travelled along the way. We walked all over Cenarth with her, saw the coracles (cwrwgl) she liked to ride in, and gave an impromptu concert at her local church. She never tired of educating or inspiring us.

Ond ar wahân i'w mawrygu am ei doniau, nododd Caroline i Eluned ddeall y natur ddynol i'r dim ac y medrai gydymdeimlo â gwewyr pobl yn ogystal. Wrth i honno wynebu ysgariad a theimlo i'r byw ei bod yn 'discarded,' sylw'r wraig ddoeth o Genarth oedd hyn: 'You have not been discarded. You have been delivered. Trust me. It will all come to good.'

Bron na allwn ddychmygu mam-gu Eluned yn ei dydd yn dweud pethau tebyg wrth rai o enethod yr ardal ac wrth aelodau ei theulu ei hun. Medrai Eluned hefyd liniaru dant gofid a'i wneud mewn byr eiriau, fel y doethineb Solomonaidd a briodolai hi i'w mam-gu unwaith. Daeth y geiriau hyn o weledigaeth â'r person at ei choed, ac meddai Caroline wedyn am y digwyddiad hwnnw:

> Those words pierced my soul, made it easier to surrender the self-pity I was feeling, and strengthened me to face my future. I know now that her words were effective because Eluned did not have an easy life. During her life she faced many difficulties and disappointments but she never allowed them to warp the basic joyful view of life. She never allowed these caustic events to make her bitter or angry. She found incredible spiritual strength in music ... Painful events never interfered with Eluned's ability to find joy in life. And she was determined to the end of her days to teach others how to be happy.

Ychwanegodd yr un cyfaill mai tri gair a ddeuai i'r meddwl wrth gofio amdani yw: *enthusiastic, enchanting* ac *energetic*. Rhyfedd i bob gair ddechrau â'r llythyren 'e'. Hwyrach iddi gael yr enw cywir wedi'r cwbl.

Roedd Eluned mor werthfawrogol o'r croeso a gâi gan y Cymry oddi cartref fel y bu iddi lunio penillion ar gyfer dathliad Dydd Gŵyl Dewi yn America a adroddwyd ganddi hi a Chymraes a hanai'n wreiddiol o Geredigion:

> Yn ninas yr Angylion mor hyfryd
> Bod ymysg cyfeillion,
> Cael rhannu ias pob calon
> Wrth gael blasu'r gyngerdd hon.

Cyd-gwrdd i ddathlu geni – ein nawddsant
Yr hynafol Dewi;
Braf dwyn o Gymru i chi
Gyfarchion gan ddwy Gardi …

Un gynulleidfa ddedwydd yn cofio
Eu gwreiddiau a'u broydd;
Heibio'u gorwel, haul eu ffydd
Yn lliwio eu llawenydd …

Hi roes i'r Eglwys yma – gadw gŵyl
Filltiroedd o Walia.
Boed iddi ddal yn noddfa
I'n hen draddodiadau da.

Bu'r cyfeillion o America yn rhai hollbwysig iddi yn ystod dau ddegawd olaf ei bywyd. Fel hyn yr adroddodd Dafydd Evans amdani yn rhifyn 34 o *Ninnau*, o Ionawr/Chwefror 2009: 'Eluned Phillips, an icon of Welsh literature and culture, has died after a short illness. Eluned was one of the most learned and well travelled people one could ever meet. She was an intellectual without being pompous, a brilliant poet, public speaker, music lyricist, hymn writer and raconteur.'

Mae'r rhestr hon yn swnio'n ddieithr i nifer ohonom fel Cymry Cymraeg. Ni welsom mohoni'n annerch cynulleidfaoedd mawr, llai fyth ei chlywed yn adrodd storïau ar wahân i'r pytiau a gafwyd mewn rhaglenni teledu neu wrth gyfarch prifeirdd ar lwyfan yr Eisteddfod Genedlaethol. Siawns na chollodd y Gymru Gymraeg ddawn a llafaredd y ferch hon oherwydd i straeon celwyddog amdani wenwyno meddyliau llawer iawn o bobl. Clywais un cyfaill yn dweud iddi gynnig enw Eluned fel gwestai ar gyfer digwyddiad er mwyn codi arian ar gyfer elusen, ond i fudandod mawr ddilyn wedi iddi yngan yr enw. Enwyd rhywun arall, a chafodd yr enw hwnnw ei dderbyn yn syth ac anwybyddwyd yr enw cyntaf. 'A! Eluned! Roedd hi'n hoffi'r dynion,' oedd sylw un. Gan nad oedd honno'n adnabod Eluned, methai'r cyfaill â deall sut y daeth y fath gred i fod. Wrth gyf-weld cynifer o'i ffrindiau, merched gan fwyaf, ni chodwyd gan yr un ohonynt y syniad fod Eluned mewn perthynas â dynion eraill, ond dywedodd gŵr o gyfaill yn America iddi gasáu'r ffaith fod pobl yn credu ei bod yn fenyw anfoesol, yn enwedig gan ei bod hi mor grefyddol, ac meddai: 'She was deeply religious and was offended by that.'

Awgrym eto, mae'n debyg, i rai suon o bob cyfeiriad ei chyrraedd. Ai ei hadnabyddiaeth o Dewi Emrys oedd yn gyfrifol am hyn neu ai'r ffaith ei bod yn ferch sengl, yn mynd a dod yn ôl ei mympwy ei hun ac yn galifantan o gwmpas y wlad a'r byd heb unrhyw hualau.

Roedd un nodwedd arall amdani a'i gwnâi yn synhwyrus a hunanymwybodol o'i phersonoliaeth, sef cochni ei gwallt. Noda hanner dwsin o weithiau yn yr hunangofiant sut yr oedd ei gwallt fflamgoch yn effeithio ar ei byrbwylltra neu ei thymer. Un o'r sylwadau olaf yn y diolchiadau yw'r cyfeiriad hwn:

> As a topsy-turvy person, I hope for forgiveness. What is more, I urge all the redheaded readers out there, stay true to yourselves and remember the magic of tinting is gloriously acceptable. Today, you will find men with rainbow coloured hair sitting next to you on the bus!

Unwaith eto, ceir y cyfuniad o gellwair ond hefyd yr awgrym i gochni ei gwallt fod yn fwrn arni ar adegau. Adroddir amdani'n dod adref o Lundain yn y pedwardegau gyda gwallt gwyrdd. Tebyg y byddai hynny wedi cael ei weld fel datganiad anghonfensiynol, gwaradwyddus bryd hynny.

Ai llenwi gwacter a wnaeth drwy gasglu cyfeillion di-ri o'i chwmpas? Ymddengys drwy'r cyfan mai un cariad gydol oes a fu ganddi, a hwnnw'n bresennol o absennol yn ei bywyd. Per a enillodd ei chalon, a daliodd i feddwl amdano hyd y diwedd, heb rannu dirgelwch eu perthynas. Er na fu uniad priodasol cyfreithlon rhyngddynt, parhaodd y ddelwedd ohono fel delfryd. Eto, 'cau'r drws' a wnaeth am eu carwriaeth a'r helbul a'i dilynodd. Ni ddatgelodd wrth neb a holais y rheswm pam na allent fod wedi ailafael yn eu perthynas, dim ond crybwyll i garchar effeithio'n andwyol ar ei iechyd. Hwyrach mai mytholeg yw'r gred ei bod hi'n hawdd ailgynnau tân ar hen aelwyd.

Dywed Dafydd Evans ymhellach:

> Eluned travelled the world on one woman expeditions. Her recounting of her travels was interesting and uproariously funny. She got into jams but, through her charm and wit, would find her way out of all predicaments. Her favourite country to visit was the USA where she found the people to be open, friendly and generous with their time and encouragement. In the USA she loved Southern California which she considered 'her second home'.

Mae'r geiriau olaf hyn yn gweddu i'w phersonoliaeth: 'Eluned Phillips was a patriotic Welsh woman who loved people from all countries, races, religions, and social structure. Her loss is deeply felt by all who knew her.' A dyna grisialu ei chyfrinach yn y sylwadau hynny – y ffaith ei bod yn caru pobl o bob math – y 'social structure'. I raddau bu'n byw fel merch annibynnol, gref. Bu'n byw fel un oedd yn medru rheoli ei thynged ei hun heb gymorth yr un adyn byw arall. Bodlonodd ar fyw ar ei thelerau ei hun. Yn hynny o beth, nid oedd mor wahanol i'w mam a'i mam-gu, menywod cryf yn byw bywyd oedd yn llawn gwaith ac afiaith. Ni allai Eluned ei hun eistedd yn llonydd am funud; rhaid oedd iddi wneud rhywbeth, boed hynny'n dorri'r lawnt neu lunio cerdd.

Pan gâi hamdden, doedd dim byd yn well ganddi nag ymlawenhau mewn cwmnïaeth, a bod yng nghanol ei chyfeillion. Carai pawb a'i hadnabu. I mi, fel ymchwiliwr i'w bywyd, ymddengys iddi fabwysiadu ffrindiau ar hyd y blynyddoedd a'u troi'n deulu arall iddi, teulu a oedd, hwyrach, yr un mor catynedig â'i teulu y'i magwyd ynddo. Arferai gwrdd yn fisol â Rosemary Beard mewn caffi yng Nghaerfyrddin, er iddynt gwrdd yn wreiddiol yng ngwesty Los Angeles Hotel, De Califfornia pan aeth Eluned allan am y tro cyntaf yno ar Ddydd Gŵyl Dewi yn 1990. Arferent gael sgwrs ffôn bob nos Sul. Cadwai mewn cysylltiad â hi drwy gerdyn post ble bynnag yr âi gan ddechrau ambell gerdyn â'r sylw nodweddiadol ohoni: 'Christmas time is hard labor. Don't think I'll ever finish. I'm all over the place at the moment but hope to give you a call before going to Shrewsbury. Roll on New York and a little time to have a little gossip.'

Dro arall, 'Living it up here in Dublin' neu, 'I have been away from home for days and now have to cope with mowing grass'. Neu'r nodyn sy'n dangos ei hiraeth am America: 'The weeks are speeding past and I hardly have time to breathe. I do miss the Californian sun and all the croeso I receive from you all. Hurry up and come to Wales again soon. Next time I hope to be in residence in my little bungalow.'

Negeseuon ffwrdd-â-hi i Rosemary Beard sydd, er hynny,

yn cyfleu'r bersonoliaeth hawddgar, heb unrhyw chwerwder na digofaint o fath yn y byd. Carai ymwneud â phobl. Onid oedd wedi gwneud hynny drwy ei hoes, boed ar yr aelwyd neu ar ei hamryfal deithiau? Eisteddais innau unwaith yn Starbucks yn Minneapolis, a phwy a welwn yn cerdded yr ochr draw i'r heol lydan ar garlam fel pe bai'n hwyr i ddal trên neu fws ond Eluned Phillips. Roedd hithau fel minnau wedi ei gwahodd i Ŵyl y Gymanfa Fawr yn America. Collais gyfle arall i fod yn ei chwmni, y tro hwnnw yn 2001 – colled yn wir.

Ymddengys mai cylch cyfrin iawn a ddaeth yn agos at adnabod Eluned, os llwyddwyd i'w hadnabod go iawn. Un a fu'n gyfaill da iddi oedd Gwenno Dafydd, gan ei gweld fel mentor arni wrth iddi hithau droi at ysgrifennu. Dangosai ei gwaith i Eluned a'i chael yn ei olygu'n ofalus fel y gwnaeth i'r anthem a luniodd. Cadwai mewn cysylltiad â hi a bob tro y byddai'n mynd i Sir Benfro, i'w bro enedigol, galwai i'w gweld yn gyson. Câi Gwenno ambell gerdyn post oddi wrthi pan oedd ar ei theithiau. Unwaith eto, dengys hyn i Eluned gofio'i ffrindiau, hyd yn oed pan oedd ymhell i ffwrdd. Canodd Gwenno hefyd mewn digwyddiad a gynhaliwyd yng Nghenarth gan Andrew Gilbert adeg dathlu canmlwyddiant ei geni yn 2014. Cyfeiria'n gynnes ati mewn llythyr at gyfaill ar ôl clywed oddi wrthi am y tro cyntaf ym mis Mai 1987: 'Newydd glywed gan Gwenno Dafydd … fod yna sioe yn y Sherman cyn hir yn seiliedig ar fywyd Piaf – yn Saesneg – Gwenno yn portreadu Piaf. Mae'n galw yma yr wythnos nesa i gael sgwrs. Diddorol! Awgrym y dylswn ysgrifennu fersiwn Gymraeg ar eu cyfer.'

Er yr holl ffrindiau oedd ganddi, yn bell ac agos, o Genarth i Galiffornia, ei theulu oedd ei hangor, ac ymfalchïai ynddynt. Bu Ann Evans, ei nith, nid yn unig yn ysgutor ei hewyllys ond hefyd yn gyfaill a chydymaith iddi ar sawl taith dramor gan ei chynorthwyo gyda'i hymchwil ar bynciau dyrys. Galwai yn eu cartref ac aros dros nos yno ar ei ffordd, yn ôl Ann, i rywle arall o hyd. Cofiai iddi un tro aros gyda hi a'i gŵr, Bryan, am ragor na'r un noson arferol. Wrth i mi holi pryd oedd hyn, sylweddolais mai dyma adeg y cynnwrf gyda Thomas Parry. Awgryma hyn mai dianc o Gymru oedd ei bwriad rhag cael newyddiadurwyr ar stepen ei drws yn ei holi'n ddi-baid am yr helynt. Ac roedd hi, Eluned, yn gwybod yn iawn y câi nodded a lloches gan ei theulu, y rhai a wyddai'n iawn mai bardd o'r iawn ryw oedd. Dyna braf iddi allu troi at ei theulu am gefnogaeth dawel ac aelwyd ddedwydd. Wynebodd sawl brwydr, ac yn achlysurol awgrymir hynny'n gynnil ganddi yn ei llythyron: 'Rwy'n dal yn fyw – o brin. Does neb wedi ymosod arnaf yn gorfforol hyd yma, ond fe ddaeth yn lled agos.' Cau'r drws, dyna a wnaeth hi. Digon yw datgan i mi fynd yn weddol agos at 'yr enaid clwyfus'. Ond rhagoriaeth personoliaeth Eluned oedd iddi oresgyn unrhyw ddiflastod gyda dogn dda o hiwmor gan godi uwchlaw 'cymylau amser,' ac fel y dywedodd wrth derfynu llythyr arall: 'mae bywyd yn dal yn werth ei fyw'.

Cafodd fywyd llawn. Ni fydd Eluned arall debyg iddi. Gobeithiaf na fydd yna achos arall o ferch dan amheuaeth oherwydd dilysrwydd ei gwaith am ein bod ni, ferched, bellach yn yr unfed ganrif ar hugain yn medru hawlio ein lle. Wrth i mi ysgrifennu'r gyfrol hon, nodaf â balchder fod yna feirdd llawryfol yn yr ynysoedd hyn: Carol Ann Duffy, Jackie Kay yn yr Alban a Sinead Morrissey o Ogledd Iwerddon, oll yn ferched. O, fel y trodd y rhod awenyddol o blaid y ferch.

Testun ei gweinidog yn llith angladdol Eluned oedd yr adnod yn Llyfr y Datguddiad 2:10 sy'n cyfeirio at goron arall a enillodd:

'Bydd ffyddlon hyd angau, ac mi a roddaf i ti goron y bywyd'. Do, fel y dywedodd ei gweinidog yn nydd ei hangladd, cafodd dair coron mewn gwirionedd.

Diwedd y Daith, nid Diweddglo'i Hanes

Pan glywais am farwolaeth Eluned Phillips, dywedais wrth gyfaill, 'Tybed a gawn ni wybod y gwir yn awr?' Oedd hi'n fardd neu ai ffugio bod yn fardd oedd hi? Ai cael help llaw a wnaeth gan ryw brifardd – fel ag a glywyd ar goedd gan hwn ac arall? Ai rhyw fytholeg fyddai'n parhau i'r oesau a ddêl fyddai ei hanes? Y bardd hynod o ddisglair, athrylithgar neu'r bardd a dwyllodd y genedl a thaflu anfri ar y sefydliad Cymraeg hynaf mewn bodolaeth? Y sylw olaf a ddaeth i'm meddwl pan glywais iddi ddarfod oedd hyn: tybed pwy sydd wedi etifeddu ei gwaddol?

Wrth waddol, nid meddwl am eiddo materol yr oeddwn ond yr eiddo ysgrifenedig a fyddai'n dystiolaeth o'i bywyd fel bardd ac awdur. Pwy fyddai'n cael didoli'r papurau? Pwy fyddai'n cael twrio trwy dudalennau a llyfrau nodiadau, a llythyrau personol at hwn ac arall? Os byddai'r rheiny'n bod wrth gwrs. Mae digon o enghreifftiau o rai sy'n llosgi eu papurau am ba reswm bynnag. Tybed ai mynd ati i wneud hynny a wnaeth Eluned rhag i eraill eu darllen a'u dadansoddi a dod i'r casgliad efallai nad oedd ei llyfrau nodiadau breision yn profi'r ddawn ddiamheuol a gafwyd yn ei phryddestau?

Mae rhywbeth gwrthnysig am dwrio drwy loffion yr ymadawedig. Gellid ei ystyried fel ymddygiad cigfrain yn mwynhau'r ysglyfaeth a ollyngwyd. Ychydig feddyliais i bryd hynny y deuai'r dasg honno i'm rhan i. Digwyddodd y cyfan mewn modd annisgwyl. O edrych yn ôl, gallaf weld mai fi oedd un o'r ychydig feirdd o'm cenhedlaeth a wyddai beth oedd yr amheuon a ddaeth ar draws ei gyrfa. I feirdd o ferched iau, bu'n ffigwr annelwig efallai, yn wraig brydferth, oedrannus a oedd bob amser yn cael eistedd yn rhes flaen yr Orsedd, naill ai am ei bod mor dwt a byr fel y gallai weld y seremonïau'n ddiymdrech neu efallai er mwyn i'r gynulleidfa weld bod yna ambell ferch yn cael bod yn flaenaf! Rhyfeddais at y rhai na wyddai ddim oll am yr helyntion amdani, am eu bod, diolch i'r drefn, heb glywed y murmuron. Nid oedd unrhyw amgyffrediad ychwaith gan eraill o'r cynnwrf a fu. Iddynt hwy roedd hi yno, yn ei lle yn yr Orsedd, oherwydd iddi ennill ei lle. Roeddynt yn llygad eu lle yn hynny o beth. Gan i Eluned sefyll ei thir a gwenu ar y byd, dyna'r ddelwedd a gofiai'r rhai iau a holais yn ei chylch. Gwyddai Eluned sut oedd gwenu. Gallai gystadlu'n beryglus gyda D. J. Williams â'r wên honno 'na phylodd amser', chwedl Dafydd Iwan. Ond gellid dweud iddo ef, ar wahân i'r un cyfnod annifyr pan fu ym mhlasau'r brenin, gael mwy o resymau dros wenu. Cafodd ei ddyrchafu'n eicon Cymraeg, yn arwr i aelodau Cymdeithas yr Iaith ac yn rhoddwr hael i Blaid Cymru. O'i chymharu â D. J. Williams, chafodd Eluned fawr o sylw eiconaidd. Caethiwed o fath arall a gafodd hithau. Nid cell ychwaith ond ei chloi allan o'r byd barddol Cymraeg yr un fath. Alltudiaeth, hwyrach. Yn y gyfrol *Cymru 2000* gan R. Merfyn Jones, a gyhoeddwyd gan Wasg Prifysgol Cymru yn 1999, yr unig ferch â'r cyfenw Phillips sy'n cael sylw gan yr awdur yw Siân Phillips. Nid nad yw hithau'n haeddu ei lle ond dengys i ni mor dlawd yw'r gydnabyddiaeth a gaiff merch fel Eluned a gyflawnodd rywbeth rhyfeddol yn ystod yr ugeinfed ganrif.

Ond nid wyf wedi esbonio sut y daeth ei gwaith a'i gwaddol i'm dwylo. Dechreuodd gyda galwad ffôn un noson. Byddaf fel arfer yn ddrwgdybus o ateb y ffôn yn hwyr yn y nos. Yn fwy drwgdybus fyth pan glywaf lais dieithr yn gofyn am fy enw. Ond nid oedd yn rhaid i mi boeni. Dywedodd iddo fod yn ffrind da i Eluned ac mai ef oedd yn ei gyrru yr holl ffordd i'r maes awyr pan fyddai'n hedfan i America. 'She was like a mother to me,' meddai; yna, gan gywiro'i hun, 'or grandmother. I learnt so many things from her.' I ddiolch iddi am fod yr hyn ydoedd, roedd am godi gardd goffa iddi. Galarai am ei cholli gan i Eluned ddymuno byw nes ei bod yn gan mlwydd oed, arwydd arall o'i mwynhad o fyw bywyd i'r eithaf. Onid oedd wedi mynd ar wyliau cerdded pan oedd hi'n naw deg un mlwydd oed? Ond byrdwn ei alwad ffôn oedd gofyn a fyddwn yn barod i gymryd rhan mewn noson goffa iddi gan ddweud y byddai Côr Meibion De Cymru yn dod i Rosygilwen i ganu a nifer eraill o bobl yn cyfrannu i'r noson, gan gynnwys Gwenno Dafydd a fyddai'n canu ambell gân o waith Eluned; dywedodd y byddai Tom Jones yno hefyd i ddweud gair. (Deuthum i wybod wedyn mai T. James Jones oedd y Tom hwnnw!) Cytunais, heb feddwl llawer am y peth. Roedd ei ymbiliad yn un mor daer fel y cefais fy hun yn derbyn y gwahoddiad heb ystyried rhyw lawer yr hyn y gofynnwyd i mi ei wneud, sef darllen ei gwaith. Edrychais ar y ddwy bryddest eto a chael fy nghyfareddu o'r newydd gan ei gwaith.

Darllenais bwt o'r bryddest 'Clymau' yn y noson goffa a chael fy synnu at ddeubeth: yno, yr oedd trigolion Cenarth a phobl ei chynefin. Yno, hefyd yr oedd aelodau o Gôr Meibion De Cymru, rhai ohonynt yn ddagreuol wrth sôn am golli Eluned. 'Our Eluned' oedd hi iddynt. Eu masgot! Mynegwyd hyn oll drwy gyfrwng y Saesneg. Ar y naill law, yr oedd yno bobl o gefn gwlad a'u gwreiddiau'n ddwfn ym milltir sgwâr Cenarth a Cheredigion, ac ar y llaw arall, rai nad oeddynt yn rhannu'r iaith nac yn gallu darllen ei barddoniaeth ac eto'n ei mawrygu fel y bardd a'r libretydd disglair a oedd wedi llunio cynifer o ganeuon i'r côr eu canu ar draws y byd ac yn America yn arbennig. Cyfarfûm â sawl newydd-ddyfodiad i'r ardal a'i gwelai fel seren loyw yn eu ffurfafen. Es adre yn gymysg oll i gyd. Darllenais eiriau Andrew Gilbert eto, gan iddynt wneud y fath argraff arnaf:

In Celebration of the Life and Work of Eluned Phillips 1914–2009

In recent months, whilst organising this concert and gathering support from a variety of sources, I have been asked many times for the reasons behind my efforts to celebrate the Life and Works of Eluned Phillips.

Like many other people who came into contact with Eluned, I had a deep affection and respect for her, and am very grateful for the help and friendship she gave me and my family over the years. I acted as her driver and chaperone when she travelled around West Wales and further afield, as she attended a wide range of events and gatherings. And, on those trips, I witnessed the warmth and cordial reception she received wherever she went. Through her frequent trips to North America, she became one of Wales' best unofficial ambassadors at all sorts of events from Gymanfa Ganu to local eisteddfodau. The respect and affection felt for her in the States is evidenced by the fact that a similar tribute to her is being organised this year in California.

Eluned was not only a very good friend to myself and many others, but someone whom I found inspirational because of her energy, enthusiasm and her interest in, and appreciation of, all with whom she came into contact.

Mae'n gorffen ei deyrnged drwy ddweud iddo drefnu'r cyngerdd, 'in recognition of the remarkable contribution to Welsh cultural life by one of life's truly original characters, the unique, Sara Adeline Eluned Phillips, poet'.

Yn dilyn y noson honno, bu Andrew Gilbert mewn cysylltiad â mi gan fy annog i'w helpu i geisio llunio cystadleuaeth ysgrifennu yn enw Eluned. Gwobr Eluned Phillips fyddai teitl y wobr, a byddai ar gael i unrhyw un fyddai'n ysgrifennu yn Gymraeg neu yn Saesneg ac yn byw yng Nghymru neu o dras Cymreig yn America. Dyna gytunon ni fyddai'r nod. Ceisiais ennyn diddordeb ambell sefydliad ond er mynd i ambell gyfarfod a llunio rheolau'r wobr a manion felly, ni ddaeth y peth i fwcwl. Dyma ddechrau meddwl o'r newydd mai'r broblem fwyaf o sefydlu gwobr yn enw Eluned Phillips oedd ei henw hi. Unwaith eto, yn lle afon yn llifo, deuthum at ferddwr. Methais yn llwyr yn fy ymdrech i sefydlu gwobr yn ei henw ac e-bost anodd oedd yr un y bu'n rhaid i mi ei ysgrifennu at Andrew Gilbert yn mynegi i mi wneud ymdrech deg ond methiant fu.

Ond, fel y dywedwyd mewn ffilm boblogaidd, pan fo un drws yn cau mae yna ffenest yn agor. Dyna ddigwyddodd yn dilyn yr e-bost yna. Daeth nith Eluned Phillips, Ann Evans, sef y sawl a oedd wedi etifeddu ei heiddo ac ysgutor ei gwaith, i gysylltiad â mi. Ceisiais egluro ymhellach pam na lwyddais i gyflawni fy addewid i sefydlu gwobr. Trodd y cysylltiad hwn yn ohebiaeth rhyngom, a heb yn wybod i mi erbyn diwedd ambell neges yr oedd wedi fy ngwahodd i'w chartref yn Dorchester i drafod ei Modryb Lyn ymhellach. Yno y gwelais mewn blwch rai o weithiau Eluned, a dechreuais feddwl hwyrach y dylwn wneud rhywbeth â'r deunydd a gynigiwyd i mi. Nododd Ann iddi roddi blwch o sgriptiau ei modryb i'r Llyfrgell Genedlaethol. Dechreuais ar y gwaith o ddarllen rhai o'r sgriptiau hynny a sylweddoli pa mor wreiddiol a chyfoethog oeddynt. Yn sgil twrio ymhellach, daeth un o ffrindiau Eluned i'r adwy a throsglwyddo rhagor o'i deunydd i mi. Erbyn hyn roedd fy nghegin yn dechrau gorlenwi â blychau ac yn y rheiny roedd gwaith nas cyhoeddwyd gan Eluned, yn llythyrau a chynlluniau ar gyfer cwblhau gweithiau yn y dyfodol. Roedd rhai o'r cynlluniau mwyaf uchelgeisiol wedi'u drafftio pan oedd hi yn ei nawdegau. Ond ar brydiau cefais drafferth i drawsysgrifo rhai o'r pethau hyn, gan fod ei llawysgrifen yn hynod o annealladwy. Sylweddolais nad oedd dim amdani ond torchi llewys, a mynd ati yn gyntaf i roi trefn archifol ar y gwaith, a thrawsysgrifo'r hyn a fedrwn o'r myrdd o lyfrau nodiadau, gan eu dosbarthu yn llyfrau coch, gwyrdd neu las ac ati. Euthum ati i geisio gwerthuso'i gwaith a dod i ddeall y bersonoliaeth gymhleth hon yn well.

Yn rhyfedd o eironig, dechreuais ar y dasg yn 2014, sef y flwyddyn y bu dathliadau mawr i gofio'r bardd Dylan Thomas o Abertawe a aned yr un diwrnod yn union ag Eluned. Ond, yn wahanol iddo ef, ni chafwyd unrhyw gyhoeddusrwydd cenedlaethol na rhyngwladol i'w bywyd na'i gwaith. Daeth yr amser felly i adolygu bywyd a gwaith Eluned Phillips. O'i phlentyndod, nid oes unrhyw arwydd ym mywyd Eluned iddi fod yn dawedog nac iddi ddilyn cyngor Telemachus yn yr *Odysseia*, sy'n mynnu mai dynion biau llafaredd wrth iddo anfon Penelope i fyny'r llofft i nyddu. Ond dyna a wnaeth Eluned hefyd:

nyddu geiriau, creu brithlenni o gerddi lliwgar a dieithr. Yn aml, cyflawnai rai o'r tasgau hyn pan oedd wrth erchwyn gwely Anti Hannah, a honno ar ddarfod. Gwnâi ei gwaith ysgrifennu yn oriau mân y bore pan nad oedd gorchwylion teuluol yn galw am ei sylw. A chafodd syniadau euraid a chyffrous wrth deithio i Foroco neu wrth fynd mewn rafft i lawr i Chile.

Dechreuais gydag Andrew Gilbert am mai ef i mi yw'r ymgorfforiad perffaith o deitl llyfr Michael Ignatieff, *The Need for Strangers*. Llwyddodd yntau yn y dasg o ariannu gwobr yn ei henw yn 2014 gan dderbyn cymorth o fan annisgwyl arall, sef gan David Llewellyn, un oedd yn asiant i gwmni cyhoeddi Curtis Brown yn Llundain. Enillydd y wobr oedd Rhian E. Jones, a'r bwrsari yn ei galluogi i gael cwrs ar-lein i ddysgu sut i ysgrifennu nofel. Ymgeisiodd dros gant am y bwrsari ac un o reolau'r gystadleuaeth oedd: 'Writers either born in Wales or currently residing in the country to send in the first 3,000 words of their novel, along with a one-page synopsis from which we would choose the best'.

Pan ddaw ffrwyth y nofel honno i fodolaeth a'i chyhoeddi, bydd enw Eluned unwaith eto wedi bod yn fodd i egin-nofelydd flaguro a chwblhau ei gwaith. Yr eironi yw mai yn yr iaith fain y daw hyn i fod ac y gweinyddir y wobr o Lundain. Chwithdod ar ben chwithdod yw mai'r rhai na allodd ddarllen na gwerthfawrogi gweithiau Eluned yn y Gymraeg yw'r union rai a fu fwyaf pybyr dros hyrwyddo a chofio amdani fel bardd.

Yn wahanol i Rhian E. Jones, nid oedd gan Eluned y fath beth â mentor. 'Doedd ganddi neb yn gefen iddi,' meddai un o'i chymdogion wrthyf. Gellid rhestru nifer o ffactorau a'i gwnaeth yn anodd iddi eu goresgyn fel bardd. Yr oedd yn ferch a aned mewn cyfnod pan nad oedd merched yn cyfrif mewn gwirionedd, a heb gael y bleidlais hyd yn oed. Yn ail, roedd yn ddibriod ac felly'n anesmwytho byd ceidwadol y cyfnod. Roedd Eluned yn rhydd i fynd a dod ar ei phen ei hun fel y mynnai, gan wibio draw i Ffrainc, a threulio cyfnodau yn Llundain a thu hwnt pan oedd gwragedd eraill ynghlwm wrth ddyletswyddau cartref. Dilynai draddodiad anrhydeddus beirdd Cymraeg drwy fynd ar deithiau, fel y gwnâi T. H. Parry-Williams neu T. Gwynn Jones. Onid cymaint mwy o beth ydoedd i ferch deithio heb gymar yn y cyfnodau hynny?

Mae'n stori dylwyth teg. Dyma ferch a gododd o deulu tlawd, a thrwy nerth deg ewin aeth ati i gyflawni ei dyheadau. Ymdrechodd, boed hynny mewn darlleniadau yn y capel neu drwy roi cyngherddau i'r milwyr a oedd yn dychwelyd am benwythnosau. Dyma'r gwrth-gyffur i'r rhyfel yn ei dwylo wrth iddi greu digrifwch mewn cyfnod pan nad oedd llawer o reswm dros chwerthin. Gyda'i sgriptiau i'r BBC ac yna'i gweithiau barddonol, ymlafniodd i fireinio'i Chymraeg. Gwnaeth gyfeillion cywir ar hyd ei hoes. A thrwy'r cyfan, gwenodd. Bu'n rhadlon, bu'n hynaws a boneddigaidd. Ni chwerwodd ac os cafodd ei siomi, cadwodd hynny dan gaead. Wrth holi cynifer o bobl ddi-Gymraeg pam, yn eu tŷb hwy, na chafodd ei derbyn yn fwy graslon gan y byd Cymraeg, eu hateb yn ddieithriad oedd, 'am iddi siarad Saesneg gyda gohebwyr ar ôl ennill y Goron'. Ni ddywedais air wrthynt fod ei hanes yn fwy cymhleth o lawer na hynny. Ond gan iddynt ddweud mai dyna a ddywedodd wrthynt, deuthum i'r casgliad mai dyna oedd ffordd Eluned o osgoi arllwys ei chŵyn. Ei ffordd ddyfeisgar o wyro'r drafodaeth am y peth. Roedd hynny'n ateb hawdd i'r rhai na fedrai'r Gymraeg ac yn anffodus yn bwydo'r sensitifrwydd rhwng y ddwy iaith; a chan fod yna reol Gymraeg yn yr Eisteddfod, roedd yn ateb slic na fyddai'n codi'r bwganod mwy. A'r bwgan mwyaf un oedd hwn – pwy mewn gwirionedd oedd gwir awdur y cerddi buddugol?

Ni chyfeiriais at eraill a fu'n gefn iddi yn ei hymgais i fod yn llenor. Ceir cynhyrchwyr radio a oedd yn dotio at ei chyfraniadau, rhai megis Lorraine Davies, Eleri Hopcyn ac eraill a wnaeth yn siŵr eu bod yn cael eitemau ac ysgrifau ganddi ar gyfer y radio. Yn ystod cyfnod Jennie Eirian Davies fel golygydd y *Faner*, mynnai gyfraniadau oddi wrth Eluned wrth i'r arloeswraig honno, na chafodd hithau ychwaith gydnabyddiaeth haeddiannol, ddenu llu o ferched i gyfrannu at y papur. Un o ffaeleddau Eluned oedd iddi ddefnyddio rhaglenni a cholofnau felly i ysgrifennu am bynciau fel Piaf, yn hytrach na hwylio'i chwch ei hun a hawlio'i hawdurdod dros lenyddiaeth, fel yn ei herthygl 'Nabod Piaf' yn rhifyn 23 Mawrth 1979 o'r *Faner*. Dro ar ôl tro, gwelir yng ngwaith ac yng ngohebiaeth Eluned gyfeiriadau at ddisgleirdeb artistiaid eraill.

Dylai fod wedi sefyll ei thir a hawlio'i lle dyladwy. Ond haws i awdur y llyfr hwn ddweud y drefn. Nid dyna oedd y cymhendod mindlws disgwyliedig gan ferch yn hanner cyntaf y ganrif ddiwethaf.

Bellach, dyma finnau'n dod at yr hyn na wyddwn wrth ddechrau'r siwrne. A fyddwn yn cael fy siomi neu fy llonni gyda'r gwir? Y gwir awdur. Y gwir fardd. Brwydrodd yn erbyn y 'gwir yn erbyn y byd' am ddegawdau heb gael 'heddwch' ar wahân i'r heddwch mewnol mai hi oedd awdur 'Corlannau' a 'Clymau'. A llawer mwy hefyd. Mwy hirben o lawer oedd y ffordd y deliodd hithau â'r cyfan. Os disgyn, wel, codi drachefn oedd ei ffordd hi o ddelio ag anghyfiawnder. O hynny y tarddai ei graslondeb.

❧

Rwy am wneud un daith olaf i Genarth cyn cloi'r llyfr. Ffordd
o dalu'r deyrnged olaf iddi efallai, cyn ffarwelio â rhywun a fu'n
gymaint rhan o'm bywyd am yn agos i ddwy flynedd. Teithiodd
hi gyda mi i bobman. Pan awn i fannau mor bellennig â Hong
Kong, yr oedd hi yno, ac yn America cerddwn y strydoedd yn
dychmygu'r rhyddid a'r rhyddhad a gâi o adael ei milltir sgwâr.
Siaradais amdani'n ddi-baid wrth gyfeillion nes eu gweld yn
dechrau anesmwytho. Bu'n destun ar yr aelwyd a chydag unrhyw
ddieithryn a ofynnodd i mi beth oedd fy mhrosiect diweddaraf.
Euthum i berlewyg yn rhy aml wrth draethu am y fenyw ryfeddol
hon yn Saesneg, cymaint felly nes cael fy annog i lunio'r llyfr
yn yr iaith Saesneg. Dywedodd ambell un yn reit gwta wrthyf
y câi well derbyniad yn yr iaith Saesneg, gan ymuno â'r llu o
ferched a gafodd gam gan draddodiadau barddol ar hyd yr oesau.
Gwrthwynebais gan ddweud mai yn Gymraeg yr oeddwn am
ysgrifennu amdani, gan mai yn Gymraeg y cafodd ei chollfarnu
a'i chamddeall. Haedda'r gynulleidfa Gymraeg wybod amdani,
atebwn. Haeddiant, yn ystyr arall y gair, y sawl a fyddai'n gorfod
newid ei feddwl am ei dawn ddiamheuol.

Mewn cyfrol yn dwyn y teitl *Women in Dark Times* mae'r
awdur Jaqueline Rose yn dweud:

> One reason women are so often hated, I would suggest,
> is because of their inability to force to the surface of the
> everyday parts of their inner life – its visceral reality, its
> stubborn unruliness – which in the normal course of our
> exchanges we like to think we have subdued. For me this is
> also their gift.[22]

---

[22] Jaqueline Rose, *Women in Dark Times* (Bloomsbury, 2014), t. 5.

Hwyrach fod y gair 'hated' neu gasineb yn air rhy gryf i gyfleu teimlad ac ymagwedd rhai tuag at Eluned. Efallai i rai ei hofni: ei hiwmor, a'i dull agos atoch, cellweirus o gyfeillgar. Cychwynnais y siwrne drwy chwilio am ysbryd Eluned a chael yr ysbryd hwnnw yn un o oddefgarwch a thosturi, a hithau'n gwybod yn iawn am y chwerthin gwatwarus yn ei herbyn hyd yn oed. Pe bai'r rhai oedd yn gyfrifol am y murmuron yn y lle cyntaf wedi ymarfer pwyll a synnwyr o degwch, hwyrach y byddent wedi sylweddoli'r ymdrech a wnaeth o'r crud i'r bedd i gael ei chlywed, a'i chymryd o ddifrif. Gallasai'n hawdd fod wedi troi ei llaw at ysgrifennu yn Saesneg yn unig, ond lwc dda ein cenedl yw na chollwyd hi i'r miloedd sy'n gadael Cymru bob blwyddyn. Safodd ei thir. Daliodd y ffydd, er mai gwraig unig oedd hi ar y gorwel.

Ac eto, yn ei ysgrif goffa i Eluned yn *Barn* ym mis Chwefror 2009 byrlymai Lyn Ebenezer gan ei hoffter naturiol ohoni gan gofleidio pob agwedd o'i phersonoliaeth: 'Syllai i fyw llygaid unrhyw un a fyddai'n oedi i sgwrsio â hi … Disgrifiad o'n hardal ni, sy'n disgrifio'r fath fenyw yn berffaith, yw "tipyn o haden". Roedd y natur chwareus hon a'i hymddygiad lliwgar yn rhan annatod o'i phersonoliaeth. Petai'r fath beth ag ailymgnawdoliad yn bod, disgwyliwn i Eluned ddod yn ôl fel glöyn byw.' Meddai Dic Jones amdani yn y deyrnged a dradoddodd iddi yn ei hangladd ac a gyhoeddwyd yn rhifyn Chwefror 2009 o'r *Gambo*, 'roedd rhywbeth yn ddi-amser yn perthyn iddi. Rhyw gyfriniaeth ar yr un pryd ac agosatrwydd cwmnïaeth. Roedd hi fel 'tae wedi bod erioed – does neb bellach yn cofio Cenarth heb Eluned … Fe awn i mor bell â honni fod y ffaith iddi gael ei magu â'i thraed bron yn nŵr y Teifi wedi llunio'r holl gymeriad. Roedd rhyw hud a rhamant yn perthyn iddi … Go brin y gwelwn un arall yn union yr un fath â hi.' Yn wir, un o'r pethau olaf i Dic ysgrifennu cyn ei farwolaeth yntau oedd cerdd goffa i Eluned ar gais John Gwilym Jones, Parc Nest. Medd Lyn Ebenezer eto, 'Ac oedd, roedd hi'n fohemaidd wrth natur, ac yn gwbl egsentrig. Ac fel pob ecsentrig go iawn, heb erioed sylweddoli hynny. Ac os byddai ambell un yn ei chael hi'n anodd llyncu rhai o'i storïau heb gymorth pinsied dda o halen, roedd Eluned ei hunan yn eu credu. Ac mae hynna'n ddigon da i mi.' Coffa da gan ddau a'i hadwaenai hi.

Prifardd arall o Geredigion a luniodd deyrnged iddi, ar ffurf englyn yn 2009, oedd Idris Reynolds:

Rhwng yr afon a'r tonnau – yn y dŵr
Roedd stori o liwiau
A rhwng Teifi'r gwir a'r gau
Roedd Iwerydd o eiriau.

Hyd yn oed yn ei nawdegau, wynebodd fywyd yn llawen a dirwgnach er nad oedd ei hiechyd yn dda wedi'r ddwy ddamwain. Ond daliodd i deithio a herio pob aflwydd a oedd arni.

❧

Rwy'n eistedd unwaith eto ar y fainc a luniwyd ac a roddwyd gan drigolion yr ardal er cof amdani ac mae afon Teifi yn llifo'n dawel o'r tu cefn i mi. Wn i ddim am bysgota am na brithyll nac eog. Ond am y sewin, mae rhywbeth arbennig yn y pysgodyn hwnnw ac mae'n rhaid gen i i Eluned ddysgu ei holl gwyrcs.

Mae dywediad yng Ngheredigion am un sy'n ymestyn stori ei fod 'canu ar y mesur hir' – ymadrodd penigamp i grynhoi dawn Eluned o ddifyrru rhai gyda'i phrofiadau ond un a oedd yr un mor abl i farddoni'n goeth 'a chanu ar y mesur hir'.

Daeth diwedd ar sibrydion. Dyma geisio unioni'r cam a wnaed ag un o bersonoliaethau llenyddol mwyaf diddorol yr ugeinfed ganrif. Roedd hi'n fardd o'r iawn ryw – ond nid o'r iawn ryw yn ei dydd. Ond y mae hi yn awr, ar ôl pori yn ei llythyrau, ei llyfrau nodiadau a'i gweithiau, i mi yn fardd o sylwedd. Llai na phum troedfedd ohoni, yn brifardd, yn sgriptwraig, yn libretydd ac yn Gymraes. Lluniais hyn o gofiant drwy ofyn i mi fy hun – os na wnaf i, pwy a'i gwna? Os na wnaf i nawr, pa bryd? Am i mi weld 'ei hurddas drwy niwl ei hadfyd'. Dyma Eluned: y bardd o Genarth, ac yn ddiweddarach o Galiffornia! A gadewch i'r siarad amheus amdani droi'n siarad o fawl. Diolch, Eluned, fy mod wedi eich adnabod drwy'r siwrne a gefais wrth ysgrifennu'r gyfrol hon: 'Merch a lwyddodd i weld y seren ddisglair drwy y cwmwl du.' A thrwy'r cyfan, chwarddodd. Os bu fyw ar ymylon Cymru, bu fyw i'r ymylon yn ferch lawen, fodlon ei byd. Ni adawodd yr un drefn i'w llorio na'i hatal rhag credu'n waelodol yn ei gallu ei hun. Fel y dywedodd merch Lynette Roberts am ei mam hithau, y bardd rhyfeddol o Lan-y-bri, 'She always knew her own worth'. Gellid dweud yr un peth am Eluned. Gwyddai gadernid, diogelodd ei hunanddelwedd. Delwedd yw o ferch a chanddi ruddin. Ac am ei mabinogi, haedda gael ei thrysori.

🌿

Hwyrach yr af eto, ar ddydd ei phen-blwydd, i eistedd ar y fainc yn yr Ardd Goffa wrth ymyl afon Teifi. Fydd hi ddim yno wrth gwrs, ond bu'r modd i mi deimlo'r daith olaf, nid yn lawog a gwyntog fel y troeon o'r blaen, ond yn heulog o gynnes, yn falm i'r enaid. Cedwais at fy addewid i ddweud ei stori. A mynnu na fydd modd i mi bellach feddwl am ei bywyd na'i sylw 'am yr haul na fu'. Dywedodd Emily Dickinson un tro fod *phosphorescence* yn air i godi eich het iddo. Mordan neu ffosfforedd yw yn Gymraeg. Mae'n air sydd hefyd yn cyfleu i'r dim lewyrch gallu Eluned. Bydded iddi barhau i arllwys ei disgleirdeb yn ein mysg. Boed i'r goleuni o fod wedi ei hadnabod drwy ei geiriau fy nhywys adre wedi cyflawni'r gorchwyl a osodais i mi fy hun, Y mae un peth yn sicr: thâl hi ddim i fod yn unrhyw beth ond optimist absoliwt yn yr oes sydd ohoni.

Cerddi'r Ddwy Goron

Corlannau

Yma, yn ffald y Dwyrain
Mae'r imam defosiynol ar sgawt o dan segurdod y palmwydd
A pharchusrwydd ei bais yn llyfu trothwyau pebyll y tlodion.

'I ble yr ei di, Mohamed ŵyr Abdwl?'

'At y weddw amhlantadwy sy'n byw y tu hwnt i'r Orendy.'

Pan oedd y cyllyll crefyddol fel cesair
Ym Mlwyddyn yr Anrhaith
Trengodd ei dad yn dafodlaes fel camel wedi blino,
Cyn tynnu mab o'r groth i groen dafad aberthol o ŵyl El Kabir,
Cyn i'r fydwraig wrachaidd luchio'r halen traddodiadol
I erlid yr ysbrydion o gafell y geni.

Yn y Dechreuad
Y creodd Allah ddyn o'r dolchen waed.

Un Gwener yr Hollalluog
Gwelais yr Anner Felen yn chwipio'r pryfed
Wrth dalcen y mosg yn Al-Madïnah.

Ar yr unfed ar bymtheg o Orffennaf
Treiddiodd y Llais rhwng yr esgyrn a'r mêr gwyrdd
Hyd at y gerddi eneidiol o dan lifeiriant afonydd y meddwl.

I glustiau'r Bugail y daeth –
'Ysgrifenna ar asgwrn ysgwydd y ddafad,
Ar ddail y balmwydden,
Ac ar groen yr anifail darfodedig.'

Yn y Mis Gwaharddedig
Pan grechwenai'r camelod

Yr oedd machlud haul yn danbaid ar benolau'r praidd;
Eu cefnau llwydion yn crynu fel cenfaint yn y gwres
A'u trwynau yn turio llwch awr y penllâd.

'O'r tafod sanctaidd diferodd geiriau Allah i ni –
O'r Ogof sy'n oernadu yn y storm,
O'r Gwartheg sy'n honcian eu hesgyrn yn y stryd,
Ac o'r Gwynt-sydd-yn-nithio ar y bryn aflonydd.'

Gwelais y dwylo melyn yn bendithio'r asynnod a'r geifr
Cyn diddyfnu'r baban, a chyn sychu'r bronnau.

'Fel corwynt yn chwythu'r llwch oddi ar y graig,
A fydd Ei anadl yn dinoethi enaid yn y Farn?'

Dawns y llygaid drygionus
O dan benwisg yr achau.
Chwilio am ferch doreithiog ar ei ffordd i'r pydew.
Tomen o aur,
Ceffyl a nod ei feistr ar ei dalcen,
Gwartheg a thiroedd – pob dedwyddwch cnawd.

Ym Mrwydr y Ffos
A'r hyrddio gwaedlyd rhwng y corlannau
Penliniodd y Bugail yn y baw cysegredig.

'Mae cariad gwyryfon yn cynhesu'r lwynau
A'r pridd sydd yn gymylau yn pereiddio'r corff.'

Pan rwygwyd y lleuad
Syrthiodd y sêr rhwng dail y pomgranadau;
Chwarddodd yr afr wrth ganfod ei barf yn nyfroedd Tasmîn.

O socedau llidus planedau
Daw Dydd yr Addewid i brocio'r fflam,
A chwip y bore i alw'r camel o'i freuddwyd.

A welaist ti Allah yn llorio meistr yr Eliffant,
A'r caglau clai ar gynffonnau'r asynnod?

Camau brysiog y dyn-claddu
Wrth redeg ras â llygredigaeth.
Rhwyd werdd ar weddillion
Cyn cludo'r gwely-elor o stabl Marwolaeth,
Cyn gosod y trancedig ar ei ochr a'i wyneb i Fecca.
Ei adael yno yn stad ei gydwybod.
Rhwng dau angel cwerylgar hyd fore'r Farn.

Yng ngwawr y Dydd Olaf
Fe ddaw'r aderyn i sipian o'r piser
Pan fyddo'r plentyn-enaid yn gwisgo adenydd
A'i gnawd atgyfodedig yn nythu ar frig y balmwydden.

O diriogaeth y ffald –
'Tyngaf wrth y Ffigysbren a'r Olewydden,
Wrth y Pridd Dihalog,
Wrth Haram – y fforest gysegredig.

Mae seilam eneidiau yn seler y ddaearen,
Rhedaf i gôl Arglwydd y Greadigaeth
Rhag drygioni'r Fandaliaid
A llygaid y blaidd,
Rhag malais y nos sy'n ceulo'r gwaed yn y dyffryn,
Rhag breichiau puteiniaid y pebyll.

Mae sibrwd cyfrin rhwng esgyrn y fynwes;
Gwaedodd fy nhraed lle bu dichell Abu Lahab
Yn cuddio'r drain o dan lwybr y tywod.'

Ifanc a thyner yw'r cucumerau heno
Pan fo'r asyn yn nadu ar oerfel yr haf.

Daw adar y nefoedd i regi'r cybydd
A'r pryfed i ganu yng ngweddillion y ddafad.

Ceiliog y domen yn dannod ei dras i'r llwynog
Wrth yr harem ieir sy'n chwilota ei syndodau.
Tlodi fel cyfrwy coch ar geffyl gwyn;
Cŵn yn llarpio'r cig sy'n cerdded,
A'r gath a'r llygoden ym mrawdoliaeth y sgerbwd.

Pan ddinoethir pengliniau'r dynion,
Pan ddanodo'r ffrwyth ei dyled i'r ddeilen
Yn Nyffryn y Morgrug,
Fe benlinia'r dolchen gerbron y Bugail.

Ar y pedwerydd dydd
Pan chwyso'r halen o gorff y lletywr
Bydd y gwaed ar ystlysau'r clwydi,
Ac Allah yn cau ei lygaid
Cyn disgyn o'r gawod fwlturiaid yn y cwm pell.

Pais wen yn llusgo o dan segurdod y palmwydd
A'i godre yn llyfu trothwyau pebyll y tlodion.

*

I gorlan y Gristnogaeth
Cerddodd Lasarus adref o'r bedd i'w ginio
A golchi llwydni'r Angau o'i gorff atgyfodedig;
Newidiodd o galico'r amdo i'w ddillad-bob-dydd.
Estynnodd y cig, y bara, a'r ffigys i'w Westai.

Yfwyd y gwin angladdol ym mhriodas y bywyd.

Bethania yn wyn fel y galchen yn yr haul.
Y Pharisead yn cicio'i wraig o'r ystafell weddi.

Yn ôl yn y Dechreuad
Hesb oedd bronnau merch Pharo i'r baban Hebreig.

Yng nghyflawnder amser ein Tynged
Dringodd y llyffaint i orweddle'r teyrn;
Llwch yn llau,
Afon waed yn llifeirio,
Meirch a chamelod, asynnod a gwartheg yn gelanedd cegoer;
Cerddodd tân ar hyd y ddaear.
Difaodd y locustiaid wyrddlesni'r coed.
A bu nos
Cyn i'r oen frefu ei ddiniweidrwydd ar fainc y Pasg.

Bu bara fel llwydrew yn ffald yr etholedigion.

Roedd sŵn adenydd y pethau byw yn cyffwrdd â'i gilydd
Pan agorodd mab dyn ei safn i fwyta'r llyfr;
Daeth yr eryr crechwenus i frigyn y gedrwydden
A thyfodd yr helygen megis gwinwydden wasgarog.

Pwy sy'n barnu rhwng y milyn bras a'r milyn cul?
Yn hawlio bustach ifanc ar y newydd loer,
Yn troi anifail o frenin i bori glaswellt?

Mae'r llew a'r adenydd eryr yn bwyta'r moroedd
A'r Hen Ddihenydd yn eistedd ar falurion gorseddfeydd;
Daeth y gwybed i farw yn enaint yr apothecari.

Cleddyf yr Arglwydd a lanwyd o waed –
Tewychodd gan frasder arennau hyrddod;
Llanwyd y Dyffryn gan dawch draenogod yn pydru.

Ym more bach y byd
Tramwyodd mam ym mysg y llewod i fwyta dynion
A'i merched yn colli gwaed fel diferlif meirch.

Tramwyodd y bwystfil
Drwy waradwydd y byd,
Ei ddannedd haearn yn malurio'r creigiau,
A'i balfau yn sarnu cnawd etifeddion y Gors.

Ymgnawdolodd y Bugail
Yn eiddilwch mewn gwair ym mlwyddyn Llofruddio'r Diniwed;
Chwyddodd mynwes aderyn y to,
A phendiliodd corff Jwdas ar goeden y comin.

Casglodd yr iâr ei chywion o dan ei hadenydd
Rhag y cudyll sy'n plygio llygaid y diymadferth.

Mae Ei anadl Ef yma
Megis y gwynt sy'n chwythu lle y mynno;
Yn neffroad y blagur, ac yng nghwymp y dail,
Yn yr anasthetig sy'n gwsg cyn cyllellu'r cnawd.

Pan oedd y ganrif yn cropian
Rhwng Casllwchwr a'r môr,
Neidiodd i'r gorlan i ymgeleddu puteiniaid Ei Eglwys –
I Salem a Seilo, i'n Capel Ni a'u Capel Nhw.

Surodd y cwrw dioglyd yn seler y Ceffyl Gwyn,
Melynodd llygaid y dominos yn y bar,
Ac ni wybu neb fod drafften ar goll;
Gwenodd cyfarwyddwyr y cwmnïau paraffin.

Heddiw
Mae ystyr yn wag fel blwch-casglu Moreia,
A'r gastanwydden ffyddlon yn oedi wrth ddrws y Tŷ Capel.

Ond ni ddywedir yn unman –
'Yma mae'n gorwedd.'
Galwyd dau angel adref o'u tridiau-wylio ...

Pan wywo'r fforest ar simneiau'r strydoedd
A thagu o gwteri troellog y cnawd
Bydd Yntau yn gusan ar wefus
A'i ddwylo creithiog yn trwsio'r gorlan.

Bydd yma ac acw,
A'i lygaid blinedig yn gwylio'r ffald
Hyd oni wlycho Ei draed ar lannau Iorddonen
Wrth dynnu Charon i dir y bywyd wedi'r siwrne olaf,
A gadael y cwch i ddawnsio i ddistryw.

*

Rhwng y môr dihenydd a'r Mur Mawr
Eang yw corlan y diadelloedd melyn;
Yno yn y dechreuad
Pan erthylodd y Fam Ddaear
Aeth y Mwnci a'r Mochyn a'r Mynach ar daith.

Hen yw'r caeau reis,
Hen fel llygod, a llau, ac adar y to.

Eleni, blodeuodd y cwyros
Ar y Pumed Dydd o'r Nawfed Lleuad;
Disgynnodd y glaw gwyn ar ddail y banana,
A gwyrdd yw'r helyg tyner yn y niwl.

Tu hwnt i afon Wei
Carlamodd y gwanwyn drwy'r goedwig
Heibio i'r het wellt sy'n dilyn gafr,
Heibio i'r gastanwydden ger gwindy Lin Wang.

Llwybrau gwartheg a defaid
Rhwng beddrodau cyntefig
A'r meirwon byw yn preblan ym mhlanhigion y fynwent.

Unwaith,
Nythodd y ffenics ger Pont yr Aderyn Coch
Pan lynai aroglau'r lili ar sandalau'r Mandarin.

Gweld
Helygen drws nesa' yn grwca ac eiddil,
Ymysgwyd y gwragedd golchi wrth bwnio'r cotwm.
Crychydd melyn yn canu yn y mellt.
Cormorant a'i goler yn rhy dynn i lyncu pysgodyn
A'r Difeddwl mawr yn cyrcydu i lenydda a'r prysgwydd.

 brws blew camel
Paentiwyd celfyddyd yr iaith ddi-wyddor
Yn ôl i ddechreuadau prydferthwch y cyfrolau
Cyn i'r saeth wanu'r graig
Ar fryniau Yu-Chang.

Yng nghorlan yr eneidyddiaeth
Mae'r bwrdd bambŵ yn siarad, a'r mab yn ymgrymu i'w dad.
Yn Sikang
Noetha'r ddraig ei dannedd ar fondo'r deml
Wrth wylio cwch Kuan Yin
Yn cludo eneidiau'r ffyddloniaid ar frys i baradwys
Gan adael ar eu hôl
Rialtwch angladdau swnllyd a chyrff rhwng ffiolau lliwgar.

Pwy yw hwn sy'n cerdded yn llafurus
Drwy ardd y morwydd,
A'i gapan sidan yn dawnsio yn yr haul?

Chu Chin Chou,
Mor hen â phechod,
Dwybig ei farf yn sgubo'i bengliniau,
Ei blethen wallt ar ei grwmach

Yn hongian fel neidr farw,
Canhwyllau ei lygaid yn diffodd yn holltau ei benglog.

'I ble yr ei di heno gyda'r hwyr, hen ŵr?'

'I ymgynghori â'r goeden gamffyr ger y ffynnon
Rhag peswch blin yr Angau,
Yno mae enaid 'nhad yn dal i rybuddio
Rhwng dail y drydedd gangen.'

Serch mewn llyffethair yn y gegin a'r tŷ golchi,
Gwerthfawrocach yw gwyryfdod na dysgeidiaeth y byd,
Bysedd ifanc yn brodio mewn breuddwyd,
Colomennod a chariadon yn gaeth yn indigo'r platiau.
Dihangodd yr edau sidan o'r crau,
Cnodd hithau ei gwefusau yn glaf o gariad
Cyn eu cau am ddwyres o had y pomgranadau.
Ei haeliau fel lleuadau newydd
Yn pontio dwy fricyllen ei llygaid
A'r goleuni ynddynt megis hydref mewn llyn.

Mynach bwydlysiol
Yn golchi'r ast yn nyfroedd yr afon Felen
Rhag i'r llau aflonyddu enaid ei nain.

Cardotyn yn cludo'i gornwydydd
Dros y perchyll pinc o ddrws i ddrws yn y stryd,
Bu yntau yn fynach unwaith
Leuadau oer yn ôl yn bwyta porc ar y slei.

Ifanc, ifanc yw'r lleian
Sy'n penlinio ar ei chlustog wellt;
Ei phen wedi ei eillio
A'i chroen fel blagur bambŵ;
Yn gwario'i gwyryfdod a'i grudd yn ei llaw

A'r prior yn puteinio'i feddwl
Ar lyfnder ei chnawd rhwng canhwyllau'r allor.

Pan ddelo Ch'ingming
Bydd y weddw hesb yn gorwedd ar fedd ei gŵr
Cyn cipio ei enaid adref yn golwyn maldodus.

Ond daw'r Aderyn Mawr
I'r ddaear i glwydo o'r lleuad a'r sêr.
Yfory,
Fe ddeora yntau yr wyau dur.

Clymau

O'r niwlen daeth sŵn mudo ym Mhant Glas
a llef gwraig yn wylo,
yna, mudandod cofio –
a llidiart ffald o dan glo.

Cadlas heb waedd yr heusor, a miri
llygod mewn sgubor.
Gwthio teulu diangor
fel llong heb lyw ar y môr.

Bu gorthrymder ysweiniaid yn chwalu
cartref yn ddienaid.
Cludwyd celfi amddifaid
ar gambo trwy lôn o laid.

Etholwyd sgweier boliog drwy bleidlais
y cynffonwyr taeog,
cyn dyfod bradwr gwarrog
ar ei hald i nyth y gog.

Dyn Duw, y cymunwr caeth, yn parchu
erwau ei ddeiliadaeth,
a hawlio i'w genhedlaeth
ryddid, heb ormes nac aeth.

Daeth bwmbeili i'w orchwyl. Rhoed offer
a stoc o dan forthwyl.
Bu dydd fel dydd o arwyl.
Darfu gwaith, a darfu'r hwyl.

*

Mentro i Lerpwl nad oedd gynt iddynt
ond 'Llynlleifiad' *Y Faner*, a throwynt
emosiwn yn corddi megis cerrynt,
gan wanu hunllef ei ofnau trwyddynt.
Tynhau wnâi'r clymau rhyngddynt, a rhwymyn
Pant Glas fel tennyn hiraeth amdanynt.

Araf oedd hynt *Mimosa*
i nefoedd Patagonia.
Mordaith o gyfog a phla.

Cefnau ar dir y gorthrwm i chwilio
am wlad eu rhyddid wedi'r gwarthruddo.
Cael i'r gydwybod effro gymdeithas
mewn tiroedd bras, ac ailgychwyn eto.

Canrifoedd hir o forio,
ac ing hiraeth fel brath cno.
Canu yng ngŵydd y Saeson
na wybu am loes y fron.

Plant ar fwrdd llong eu hantur
heb eto adnabod cur
yn wyllt mewn storm ddigysur.

Colli merch yn eu cyni;
rhoi eurwallt i erwau'r lli,
a'r môr yn cau amdani.

Y gŵr a heriodd gyfraith,
ar ddeulin â llygaid llaith.
Ei weddill yw ei obaith.

Mam dirion o dan ei phwn
yn crefu mewn emosiwn
am ateb i'r hen gwestiwn.

Beio deddf, plygu i Ffawd.
Colli merch er pob arawd.
Colli hon oedd gnawd o'i chnawd.

Er cur, er cuddio craith, daw i'w byd
esmwythyd o'r artaith.
Gwefreiddiol yw y gobaith
o weld tir a diwedd taith.

Gadael mynyddoedd cefnfor.
Gadael caban oedd allor.
Gadael merch ar waelod môr.

Hiraeth yn clymu'r galon
am y tegwch rhwng gwymon.
Colli llygaid; colli hon.

                    *

Gorffennaf hir yn eira o groeso.
Mimosa ar donnau'r traeth yn siglo.
Parseli o gnawd yno'n ddigalon,
a'r holl freuddwydion yn gandryll eto.

Pentiroedd o ysgerbydau sychion
fel gwarged hen ddreigiau
yn ymestyn eu safnau
i'r môr o dalcen y bau.

Cwlwm llinglwm o hiraeth
yn tagu eu harwriaeth,
a'r tonnau'n chwerthin ar draeth.

                    *

Daw alltud â'i gaib at wreiddiau'r ddraenen,
a gweddill ei deulu amdano'n garthen.
Rhwyga wyryfdod cramen yn ddi-baid,
a gwêl ei lygaid dirlun ei Eden.

Bustachu mewn anialdir, a'i wellgaib
yn tasgu o'r crasdir.
Chwilio am lain ddienwir,
a'r dydd yn undonedd hir.

Ymchwil feunyddiol drwy'r oriau dyfal
fel marchog Arthur yn ceisio'r Greal,
nes darganfod ffrwd risial, a synnu
gweld dŵr yn saethu o lestr yr anial.

Codi tŷ, llunio cartref. Ail Bant Glas
yn wyrth, o lwch hunllef.
Cysgod wedi'r dioddef,
Tŷ amrwd yn seithfed nef.

Emynau Bethel yn afiaith
o gân rhwng caledwaith,
a Duw Cymru ar y paith.

*

1982

Dringodd mieri i hawlio'r plasty,
a daeth llygod mawr i'w stabl a'i feudy.
Mae hipis mewn cywely, a'r seler
heb glo'r sgweier, yn wâl i'r dilety.

I fro wen daeth Cyfalaf
i brynu fflyd o dai haf.

Datod clymau brogarwch,
troi cartws yn llety cwch.

Aeth y Felin yn encil
i bensiynwyr di-epil:
ei gwerthu am ddeugain mil.

Nid oes neb yn y Betws
neb ond Almaenes findlws,
a gafr yn addoli'r drws.

Beddfeini rhwng blodau'r clôr,
a chlwyd mynwent ar agor
megis ceg yn ymagor.

Mae ywen yno'n wylo
dros weddillion hen ddwylo.
Annatod yw clymau gro.

*

Mae mab Pant Glas ar Fannau Brycheiniog
yn ei siwt gaci yn laslanc arfog.
Credodd gelwydd am wyliau ardderchog
i weld y byd, â'i waled yn feichiog.
Gadael yr aradr a'r og i rydu,
i ddysgu saethu, a gwanu â bidog.

Cefnu ar fro'r diweithdra.
Gweld y byd, heb ryfela.
Onid oedd yn ddewis da?

Bolymgreinio drwy'r marchwellt;
sgrechian lloerig dros laswellt
i drywanu dynion gwellt.

Cennin aur, tiwnig, a chap
cadfridog, uwchben llinfap, –
gyrru cad i gorsydd map.

Rhosod gwefusau cochion,
o bridd wynebau duon,
yn ymgyrchu, ton ar don.

Teimlo, heb weld, yn y dydd,
y llygaid yn y corsydd;
a syllu ysbienddrych
liw nos fel dau lygad ych.

Milwr mewn siwt tywydd teg
heb dderbyn lladd yn dechneg.

Gweld trwy uffern yr oriau
nef Pant Glas, â llygaid cau.
Llun ei fun mewn dŵr afon
yn ddelw o serch yn ei fron.

Pelydr haul rhwng dail coeden yn fribys
aur ar fys eithinen.
Yfed gwin rhin mwyaren.
Bale'r lloer ar lyn yn wên.

Llais fel bom yr uwch-ringyll
yn chwalu'r clymau'n gandryll,
a'u claddu'n anghofrwydd gwyll.

Daw tâl ar ddiwedd wythnos,
daw hwyl yr anfarwol nos.
Ni ddaw rhyfel i'r deyrnas.
Ni ddaw alaeth i Bant Glas.

*

Egwyl fer mewn encilion, gyda'r ferch
nwydus o Gae Meillion,
a nodwyddau drain duon
yn gwnïo'r ffin rhwng dwy fron.

Anghofio'r bywyd brogla;
gwisgo hedd mewn clogyn gra.
Gweld gwanwyn yn deffro'r pren.
Cerfio cof yn rhisgl derwen.

Daeth gwŷs i gyrchu ar frys i'r fyddin,
y glasoed o gyffro ei gynefin.
Ffarwelio, a gweld hesbin yn ei phoen
yn bwrw oen yng nghornel Cae'r Eithin.

Mae *Syr Galahad* fel rhyw anghenfil,
â'i cheg ar agor fel genau morfil.
Sudda'r tanciau yn ufudd i'w chrombil,
a'r gynnau swrth yn wrych ar ei gwegil.
Balchder rhyfelgar ei hil ar gefnfor,
wrth dennyn angor yn fyw i'w hymchwil.

Mab Pant Glas yn y gofwy –
cyfenw a rhif ydyw mwy.
Peiriant lladd, yn un o'r llwyth
ar y fordaith i'r adwyth.
Glaslanc, â'i ddryll ddydd a nos
iddo'n gydymaith agos.

             *

Pan gyll y tonnau eu tymer, fe gofia
am saga yr antur i Batagonia, a chyrraedd tir
wedi'r misoedd hir yn stumog *Mimosa*.

Yntau yn morio i'r un cyfeiriad,
a phwrs y wlad yn talu ei gludiad.
Yn ei galon mae'r un hen ddyhead
am gyrraedd traeth, ond nid i'r un bwriad.
Gweld moroedd maith eu parhad – gweld morfil
megis bwystfil o lyfr y Datguddiad.

Daw oerni fel oerfel iâ ar ddydd cad
er cwlwm henwlad wrth Batagonia.
Dwy wlad fach o dan orthrwm,
a'u cystudd yn gystudd trwm.

Ofni gweld cadlong yn poeri ar orwel.
Ofni'r arf marwol yn gwibio ar annel.
Ofni'r llong danfor sy'n cripian yn isel.

Ofni'r bomiau â'u tanchwaoedd anochel.
Ofni'r llonyddwch tawel â'i undonedd,
ac ofni cael bedd am byth rhwng y cwrel.

Ni fydd dagrau na chofeb
uwchben esgyrn ym Môr Neb.

*

Mae Cymry mewn oerfel a gwres
ar strydoedd Buenos Aires.
Hil o dras y dewrion gynt
a ymfudodd o'u helynt.
Buont yma'n cadw gŵyl
ar ddydd Gwener y Brifwyl.

Mae'r brifddinas yn ysgum o gyffro,
a'r Casa Rosada'n fyw o ddawnsio.
Wedi'r hir anghytuno, a'u lluddias,
daeth y Malfinas yn ôl i'w dwylo.

Daeth dydd yr armagedon
â'i dywyllwch ar wendon.
Dydd haul du, dydd rhwygo bron.

Gwib Lleurith, a thranc
yn ymollwng o'i grafanc
cyn ffoi adref dros greigfanc.

Syr Galahad yn wenfflam.
Y rhuthr i'r dŵr mewn bedlam
rhag gweflau uffern o fflam.

Cacwn o helicoptrau
yn sugno'r byw i'w bollau
cyn i lygaid gobaith gau.

Angau creulon i'r truain
yn y tân a'r dolefain.
O'u catraeth ni ddaw y rhain!

Llyncu'r gwir un dydd gorffwyll.
Darfu esgusodion twyll.

Dwy wlad yn dwyn hollt nod Cain
yw Ariannin a Phrydain.

Claddu'r meirwon na wêl haf,
ar Fehefin o aeaf;
a chludo'r cyrff clwyfedig
i'r sied a fu'n rhewi cig.
Eu halio ar hast yno
i ward ysbyty-dros-dro;
a'r llanciau oedd elynion
yn cyd-ddioddef yn hon.

O geg y botel mae gwaed Prydeiniwr
yn llifo'n araf i fraich Archentwr.
Gwaed dau genedlgarwr heddiw sydd
yn gymysg â'i gilydd yng nghnawd milwr.

*

Pwy yw hwn na wêl ond nos
yn y sied yn San Carlos?
Llanc â'i feunydd yn unnos.

Gwrendy ar sŵn prysurdeb
wrth syllu'n wag heb weld neb
yn erchylltra'r trychineb.

Y llygadrwth dilygaid
yn sbio, sbio'n ddi-baid
i'r nos hir o ochenaid.

Pan leddfa'r morffia ing ei arteithiau
mae eto'n cerdded dros yr hen lwybrau
o Bant Glas drwy weirgloddiau'r Cae Meillion,
a merch dirion yn llamu i'w freichiau.

Gweld cerfio cariad yn rhisgl derwen.
Gweld clwstwr o waed ar griafolen.
Gweld Iesu Bethel ar bren yn hongian.
Gweld Angau'n llercian yng nghysgod ywen.

Gweld cae yn wefr o ŵyn bach
a gweld mam nas gwêl mwyach.

Pwy yw hwn sy'n dod yn nes
at ei wely anghynnes? –
Glaslanc o Fuenos Aires.

Llanc o dras y tlawd eu byd
a ddihangodd o'u hadfyd
un gaeaf o Gwm Hyfryd.

Erys yn waddol ar fin
eiriau bach, cyfrin eu rhin,
yn frawddegau anhydrin.

Unfraich yn cyfarch y dall,
a chytgord, er camddeall
rhwng y ddwy genedl anghall.

Celtiaid o'r un gwaed ydynt.
Cowyll heniaith sydd iddynt,
a dau o'r un tylwyth ŷnt.

Trech ydyw clymau na chlwy',
a oes modd plethu'r adwy?

Bratiog eu cyfathrebu,
ac yna eu gwahanu.

Ai byth yw'r dyfodol du?

*

Nid oes a erys ond gwae'r atgofion,
a hatling hael y wlad dlawd i'w dewrion.
Dyddiau hirlwm i fyseddu olion
cof a gerfiwyd yn nerwen gobeithion.
Mae clo ar ddrws Cae Meillion. Nid yw merch
ond twyll a thraserch i dorri calon.

  Y cwlwm bregus, olaf,
  i'r mab na fu iddo haf.

Llyfryddiaeth Eluned Phillips

Gweithiau cyhoeddedig:

Caneuon i Blant, cerddoriaeth Pencerddes Emlyn a geiriau gan Luned Teifi, Gwasg Gomer, 1936

Cofiant Dewi Emrys, Gwasg Gomer, 1971

Cerddi Glyn-y-mêl, Gwasg Gomer, 1985

The Reluctant Redhead, Gwasg Gomer, 2007

Sgriptiau – cyfresi yn rhan o dîm sgriptwyr (1955–64):

Teulu Tŷ Coch

Teulu'r Mans

Y Sgwlyn

Y Gwyliwr

Sgriptiau nodwedd a dramâu:

Ar Bwrs y Wlad (15 Mawrth – dim dyddiad ond rywbryd yn ystod yr 1960au)

Chwilio am Dŷ (Hydref 1964)

Brethyn Cartref – Bois yr Hewl (dim dyddiad)

Brethyn Cartref – Pysgotwyr Glannau Teifi

Diwrnod Ffair (Tachwedd 1951)

Dyn y Banc (dim dyddiad)

Galwch y Plymer (Ionawr 1958)

Ffoniwch y Fet (Hydref 1956)

Yr Hen Felinydd neu Hen Ŷd y Wlad (dim dyddiad)

Miss Jones y Post (Mehefin 1961)

Nyrs y Wlad (dim dyddiad)

Yr Ocsiyner (Mawrth 1955)

Oes Lle ar yr Aelwyd? (dim dyddiad)

O Flaen eich Gwell (dim dyddiad)

Bywyd y Sipsiwn (dim dyddiad)

Cartref – Cynhaeaf (dim dyddiad)

Dal Pen Rheswm, cynhyrchydd Ruth Price, Rhydderch Jones, Hydref 1967. Yn cymryd rhan: Eluned Phillips, Dyfnallt Morgan, Eiri a Caryl. Hanes Eluned sy'n cael ei adrodd a'i hymateb i feirniadaeth pobl am ei cherdd 'Corlannau'.

Drama lwyfan (heb ei chyhoeddi):

Robot

(Archif Llyfrgell Genedlaethol Cymru)

Libreti a gyhoeddwyd:

'Cenarth'

'Llwyd Bach y Baw'

'True Love – Cariad Pur'

Rhaglenni teledu:

Eluned Bengoch – cynhyrchydd/cyfarwyddwr Gareth Rowlands (1994)

Llwyd Bach y Baw – cynhyrchydd/cyfarwyddwr Gareth Rowlands (1994)

Clymau – ffilm deledu, cyfarwyddwr Gareth Rowlands (1984)

Rhith y Lloer gan Ewart Alexander: ffilm yn seiliedig ar hanes Eluned Phillips (1989)

Feu Follet – yr un ffilm mewn Llydaweg, a ddangoswyd yng Ngŵyl Ffilmiau Lleiafrifol Douarnenez, Llydaw (1988)

Paned 'da Picasso: i ddathlu ei bywyd yn 90 oed – gyda Gwenno Dafydd; cyhyrchydd Euros Wyn, cyfarwyddwr Rhodri Davies (2004)

Rhaglenni Radio:

Y Llwybrau Gynt – Hunangofiant ar gyfer y radio
Gwaith Merched yn ystod y Rhyfel
Pe Meddwn i'r Ddawn

Gweithiau heb eu cyhoeddi:

'Yr Ifaciwî' – stori fer
Giovanni – darn o nofel
Shadows – nofel hunangofiannol
Cyfrinachau – nofel hunangofiannol
Nest – drama gerdd Saesneg
Mollant i Ddewi Sant (Cymraeg a fersiwn Saesneg) – oratorio
The Lost Miners – Requiem (rhan yn unig)

Mynegai